|光明社科文库|

小学教师教育课程史研究

黄思记　魏臣宇　荆怀福◎著

光明日报出版社

图书在版编目（CIP）数据

小学教师教育课程史研究 / 黄思记，魏臣宇，荆怀福著. --北京：光明日报出版社，2023.9
ISBN 978－7－5194－7505－5

Ⅰ.①小… Ⅱ.①黄… ②魏… ③荆… Ⅲ.①小学教师—教师教育—课程设置—教育史—研究—中国 Ⅳ.①G625.1

中国国家版本馆 CIP 数据核字（2023）第 185183 号

小学教师教育课程史研究
XIAOXUE JIAOSHI JIAOYU KECHENGSHI YANJIU

著　　者：黄思记　魏臣宇　荆怀福

责任编辑：刘兴华　　　　　　　　责任校对：宋　悦　李佳莹
封面设计：中联华文　　　　　　　责任印制：曹　净

出版发行：光明日报出版社
地　　址：北京市西城区永安路 106 号，100050
电　　话：010-63169890（咨询），010-63131930（邮购）
传　　真：010-63131930
网　　址：http://book.gmw.cn
E - mail：gmrbcbs@gmw.cn
法律顾问：北京市兰台律师事务所龚柳方律师
印　　刷：三河市华东印刷有限公司
装　　订：三河市华东印刷有限公司
本书如有破损、缺页、装订错误，请与本社联系调换，电话：010-63131930
开　　本：170mm×240mm
字　　数：373 千字　　　　　　　　印　　张：20.5
版　　次：2024 年 3 月第 1 版　　　　印　　次：2024 年 3 月第 1 次印刷
书　　号：ISBN 978－7－5194－7505－5
定　　价：99.00 元

版权所有　　翻印必究

序

教师之于教育事业、之于学生的培养和培育，具有不可置疑的巨大作用，尤其是在小学的启蒙教育阶段。中国教育史上，对教师作用的肯定、对教师以身作则的要求，是一以贯之的，正如汉代著名思想家扬雄所说："师哉！师哉！桐子之命也。"①（这里的"桐子"一词，即指未成年的青少年。）联合国教科文组织在《教育——财富蕴藏其中》的报告中也指出："知识可以用各种方式获取，而且远距离教学和在教学方面使用新技术已表明卓有成效。但是，几乎对全部学生，尤其是尚未掌握思考和学习方法的学生而言，教师仍是无法取代的。"② 因此，"我们无论怎样强调教学质量亦即教师质量的重要性都不会过分"③。进入21世纪，我国对教师教育这项事业日益重视，并出台多项政策予以落实。2018年1月20日颁布的《中共中央国务院关于全面深化新时代教师队伍建设改革的意见》指出："百年大计，教育为本；教育大计，教师为本。教师承担着传播知识、传播思想、传播真理的历史使命，肩负着塑造灵魂、塑造生命、塑造人的时代重任，是教育发展的第一资源，是国家富强、民族振兴、人民幸福的重要基石。到2035年，教师综合素质、专业化水平和创新能力大幅提升，培养造就数以百万计的骨干教师、数以十万计的卓越教师、数以万计的教育家型教师。"同时指出，要"加大对师范院校支持力度。实施教师教育振兴行动计划，建立以师范院校为主体、高水平非师范院校参与的中国特色师范教育体系，推进地方政府、高等学校、中小学'三位一体'协同育人"。教育部于2018年9月17日印发的《教育部关于实施卓越教师培养计划2.0的意见》，针对小学教师的培养，提出了"面向培养素养全面、专长发展的卓越小学教师"的要求。

---

① 贾谊，扬雄. 贾谊新书扬子法言［M］. 上海：上海古籍出版社，1989：4.
② 联合国教科文组织总部中文科. 教育——财富蕴藏其中［M］. 北京：教育科学出版社，1996：138.
③ 联合国教科文组织总部中文科. 教育——财富蕴藏其中［M］. 北京：教育科学出版社，1996：139.

培养"面向培养素养全面、专长发展的卓越小学教师"的根基和关键环节是职前教育，而小学教师职前教育的主体是高等师范院校小学教育专业，提高小学教育专业培养质量为培养新时代卓越的小学教师奠定了坚实的基础。高等师范院校小学教育专业的教学计划或课程方案是其质量建设的重中之重。1998年的《中华人民共和国高等教育法》规定了高校拥有制定教学计划的自主权，小学教育专业教学计划的制定也是如此。这一规定为小学教育专业课程改革提供了广阔的空间，各具特色的小学教育专业课程类型开始呈现，如理论型与实践型、分科型与全科型、偏重教师教育课程与学科课程等。这些在带给我们惊喜的同时，也带来了些许困惑。我们究竟要构建什么类型的课程体系？有没有必须开设的小学教师教育的根本性的课程门类？诸如此类的问题，是新时代培养卓越的小学教师而不可回避的重要研究课题。

当前，研究者从国际课程方案比较、国内课程方案分析，或者实践探索分析等方面进行了深入的探讨，提出了颇多有益的建议。如王嘉毅等人基于国际视角提出："基于认知心理学的研究，以培养'反思性实践型'小学教师为目标的课程体系为我国课程设置提供了内在框架。"[1] 李梁以温州大学小学教育专业为例，分析了温州大学小学教育专业的职前教师"分段—反思式"教育实践课程，即结合教育见习、教育实习课程，分段设定实践反思目标和任务，提供反思支架，开展反思、研习活动，这种教育实践课程使职前教师获得对小学教育教学的全面体验和职业认同，提高了教育教学实践能力和反思能力，为从事小学教育教学工作和持续的专业发展奠定扎实基础。[2] 谢培松认为，本专科小学教师教育课程方案的构建，应顺应世界小学教师教育课程设置的发展态势，总结和借鉴我国本专科小学教师教育课程设置的实践经验，整合学科专业课程，夯实通识教育课程，重视教育专业课程，强化教育实践课程，增加自主选修课程。[3] 在课程结构上，他主张采取"四三二一"模式，即学科专业课程、通识教育课程、教育专业课程、教育实践课程的课时比为4：3：2：1。[4] 高慧珠探讨了16所大学在《教师教育课程标准（试行）》出台后其小学教师教育课程改革中

---

[1] 王嘉毅，曹红丽. 国际视野下小学教育专业课程设置及其对我国的启示[J]. 课程·教材·教法，2020，40（1）：136.

[2] 李梁. 师范院校教育实践课程探索——以温州大学小学教育专业为例[J]. 教育研究，2017，38（4）：152.

[3] 谢培松. 本专科小学教师教育课程方案的研究与构建[J]. 课程·教材·教法，2004（3）：82.

[4] 谢培松. 本专科小学教师教育课程方案的研究与构建[J]. 课程·教材·教法，2004（3）：85.

存在的异同，在此基础上考察了大学课程改革多样性背后的社会背景。① 这些研究，从不同侧面探讨了教师教育课程，对进一步提高教师的培养质量具有不容否认的价值与意义。

该书以我国百年小学教师教育课程史为研究对象，以对我国百年来小学师教师教育课程的系统研究和案例剖析相结合为主要研究方式，综合采用了历史研究法、文献研究法和案例研究法，按照历史发展的先后顺序，以不同时期的中等师范教育课程、小学教育专业（专科）课程、小学教育专业（本科）课程为研究内容，以相应历史时期我国小学教师教育相关课程政策为研究背景，全面分析了我国相关课程政策，并把安阳师范学院小学教师教育的百年课程史作为典型案例进行分析，揭示小学教师教育课程发展的内在逻辑和基本规律，总结基本历史经验并分析重要历史启示，同时提出了小学教育专业的课程改革建议。

从近代开始的制度化的小学教师教育，即师范教育已有一百多年的历史，系统研究百年小学教师教育课程史无疑对构建具有中国特色、中国风格、中国气派的小学教师教育课程具有重要的理论意义与实践价值。当前，小学教师教育课程史的相关研究多涵盖于师范教育史或教师教育史之中，对其历史进行专题研究，特别是以案例研究师范院校小学教师教育课程史的成果更为缺失。就此而言，该书具有较高的学术价值。

肇始于清末的"州县师范传习所"是我国制度化师范教育之始。州县师范传习所短时间内培养了大批小学教师，为中国近代小学教育走向大众化、普及化迈出了关键的一步，具有重要的历史意义。发展到21世纪，开设小学教育专业的高等师范院校成为培养新时代卓越小学教师的主力军。安阳师范学院小学教师教育肇始于彰德府安阳师范传习所小学教师培养，历经清末、民国和中华人民共和国三个时期一百多年的历史发展，积淀厚重，享誉中原，可谓中国地方师范院校的缩影，是研究地方师范院校小学教师教育课程史的典型案例。

除结语之外，该书分为中等师范教育课程（1904—2000年，含第一章至第五章）和高等教育小学教育专业课程（2000—2022年，含第六章至第九章）两大部分。第一部分主要分析了中等师范教育阶段小学教师教育课程的设置及其特点，具体包括：清末彰德师范传习所的课程、民国时期的中等师范教育课程、20世纪50—70年代的中等师范教育课程、20世纪80—90年代的中等师范教育课程和中等师范教育课程的特点与启示。第二部分主要分析了高等教育阶段小

---

① 高慧珠. 教师教育课程标准视野下的小学教师教育课程模式分类［J］. 全球教育展望，2019，48（2）：106.

学教师教育课程的设置及其特点，具体包括：小学教育（专科）课程、小学教育（普本）课程、小学教育（全科）课程和小学教育（专升本）课程。结语部分主要分析了小学教师教育课程的历史发展特点与启示。

　　该书的创新之处与学术价值主要体现为三个方面：一是研究内容的创新。该书以小学教师教育课程史为专题研究内容，一定程度上可以弥补当前教育和小学教师教育课程史专题研究不足的现状，凸显本研究的学术价值；二是研究方式的创新。该书以我国百年小学教师教育课程史为研究对象，系统分析了我国小学教师教育的历史发展，同时以具有114年小学教师教育史的安阳师范学院为典型案例，进一步剖析小学教师教育课程的发展特点。这样的系统研究与案例剖析相结合、整体与局部相结合的研究方式，更有利于发现其历史发展规律，得到更加有价值的发现；三是该书所取案例较为典型。安阳师范学院小学教师教育历经清末、民国、中华人民共和国三个不同时期114年的发展史，基本与我国近现代地方师范院校培养小学教师的发展史同步，是我国小学教师教育课程史的缩影，是较为典型的研究案例。

　　同时，该书也具有重要的实践价值：该书可为当前高等师范院校的小学教育专业课程改革提供经验借鉴，为相关教育行政部门决策提供咨询，为从事教师教育课程教学与研究的相关人员提供参考，还可以作为小学教育专业本科生和研究生的专业阅读材料。

　　希望黄思记及其团队成员继续努力，进一步做好相关研究，为高质量小学教师的培养做出更大的贡献。

李申申

2022年9月10日于河南大学金明校区

目 录
CONTENTS

第一部分　中等师范教育课程（1904—2000） ············· 1

第一章　清末初级师范教育课程 ············· 3
第一节　清末初级师范教育课程政策概要 ············· 3
第二节　彰德师范传习所的课程设置 ············· 18
第三节　基本特点 ············· 19

第二章　民国时期中等师范教育课程 ············· 22
第一节　民国时期中等师范教育课程政策概要 ············· 22
第二节　安阳县立师范学校的课程设置 ············· 50
第三节　基本特点 ············· 59

第三章　20世纪50—70年代中等师范教育课程 ············· 64
第一节　20世纪50—70年代中等师范教育课程政策概要 ············· 64
第二节　安阳师范学校的课程设置 ············· 73
第三节　基本特点 ············· 76

第四章　20世纪80—90年代中等师范教育课程 ············· 80
第一节　20世纪80—90年代中等师范教育课程政策概要 ············· 80
第二节　安阳市第二师范学校的课程设置 ············· 101
第三节　基本特点 ············· 102

第五章　中等师范教育课程历史发展特点 ……………………………… 107

第二部分　高等教育小学教育专业课程（2000—2022）…………… 117

第六章　小学教育专业（专科）课程 …………………………………… 119
　第一节　小学教育专业（专科）课程政策概要 ………………………… 119
　第二节　安阳师范学院小学教育专业（专科）课程设置 ……………… 130
　第三节　基本特点 ………………………………………………………… 141

第七章　小学教育（普本）课程 ………………………………………… 144
　第一节　我国小学教育专业相关课程政策概要 ………………………… 144
　第二节　安阳师范学院小学教育专业（普本）课程设置 ……………… 157
　第三节　基本特点 ………………………………………………………… 184

第八章　小学教育（全科）课程 ………………………………………… 186
　第一节　小学教育（全科）相关课程政策概要 ………………………… 187
　第二节　安阳师范学院小学教育（全科）课程设置 …………………… 192
　第三节　基本特点 ………………………………………………………… 238

第九章　小学教育（专升本）课程 ……………………………………… 241
　第一节　普通专升本教育相关政策概要 ………………………………… 241
　第二节　安阳师范学院小学教育（专升本）课程设置 ………………… 242
　第三节　基本特点 ………………………………………………………… 272

结语　小学教师教育课程历史发展特点与启示 ………………………… 278

参考文献 ……………………………………………………………………… 289

附　录 ………………………………………………………………………… 293

后　记 ………………………………………………………………………… 318

第一部分 中等师范教育课程（1904—2000）

从清末新政教育改革开始，1904年颁布《奏定初级师范学堂章程》系统设置小学教师教育课程，师范教育制度的确立与实施开始，一直到2000年前后，培养小学教师的主体是中等师范学校，从培养层次而言，整体属于中等教育。安阳师范学院小学教师教育从1908年彰德师范传习所开始，直到2000年，小学教师的培养层次也是中等师范教育。本部分主要从不同历史阶段分析2000年之前"中师"课程的设置与特点，一共有五章内容：清末初级师范教育课程、民国时期中等师范学校课程、20世纪50—70年代中等师范教育课程、20世纪80—90年代中等师范教育课程和中等师范教育课程历史发展特点。

第一章

清末初级师范教育课程

清末颁布的《奏定初级师范学堂章程》系统设置了初级师范课程，正式开启了师范教育培养模式。1908年彰德府安阳师范传习所创立，开始培养小学教师，课程设置主要依据国家、省相关政策。

第一节 清末初级师范教育课程政策概要

中国传统的教育模式是为科举制度服务的，是为了培养未来的官僚队伍，即所谓的"精英教育"，这种教育模式并未把普及国民知识、开启民智作为教育目标。近代之后，为了适应形势的需要，统治集团内部的洋务派官员兴办了一批新式学堂，但几乎都以培养洋务人才为目的，只是重视专业技术教育。直至清末新政时期，清政府才开始认识到国民教育的重要性，逐渐对普通国民教育予以重视。

1901年，清政府谕令全国各地传统书院设学堂，以发展普通教育。1904年的《奏定学堂章程》明确指出："开通国民知识，普施教育，以小学堂为最要。"国民文化素质高低，关系到国家的强弱盛衰，应以小学堂为基础，大力发展国民教育。该章程要求，初等小学堂大县城至少设三所，小县城至少设二所，各县著名大镇必须设一所，高等小学堂则"以培养国民之善性，扩充国民之知识，强壮国民之气体"为宗旨。此处虽未明确规定国民义务教育，但在初等小学堂入学年限的具体规定中，已详细介绍了外国实行"强迫性"教育的十条规则，并要求各地官绅及学生家长"家劝户勉，总期民皆知学"。

1901年，清王朝为了缓和国内外日益激化的矛盾，进行了一次自上而下的改革运动，由此开始了晚清"新政"时期。改革的内容涉及政治、经济、法律、军事等诸多方面，改革传统教育内容是其中最重要的方面。废除了科举制度，建立近代学制是"新政"时期教育的巨大进步。"新学制"的颁布使小学教育有了统一的宗旨，教学内容、教材、教学组织形式、教学方法以及管理规章都有了较为严格的标准和要求。① 表明清政府的教育理念与政策正处于转轨的关键点，其目标已"不在造就少数之人才，而在造就多数之国民"②。

清末启动"新政"后，出于培养教员，尤其是培养小学教员急切性的认识，一些有识之士尝试建立了以培养小学教员的师范学堂，如武昌师范学堂、通州师范学校等，在"壬寅学制"公布前后，又有保定师范学堂、贵州公立师范学堂、湖南的三路师范学堂等学堂建立，在全国范围内兴办中等师范教育拉开了帷幕。

1904年1月颁行的"癸卯学制"对中等师范教育的发展而言，不仅以其对师范教育的重视，以其"初级师范学堂，造就小学之师范生，尤为办学堂者入手第一要义"③ 对中等师范教育的极大关注调动了社会办学的积极性，而且《奏定初级师范学堂章程》以法令形式出现了对初级师范学堂内部各方面比较全面的规定，初级师范学堂各州县需设立的规定，以及经费有地方自筹、允许民间办理的规定，也调动了社会办学的积极性，从而促进了中等师范教育的发展，如江苏师范学堂（1904）、两湖总师范学堂（1904）、浙江两级师范学堂（1905）、四川通省师范学堂（1905）、北洋师范学堂（1906）等。

奏定初级师范学堂章程④

光绪二十九年十一月二十六日（1904年1月13日）

立学总义章 第一

第一节 设初级师范学堂，令拟派充高等小学堂及初等小学堂二项教员者人焉；以习普通学外，并讲明教授管理之法为宗旨；以全国人民识字日多为成效。每日功课六点钟，五年毕业。

第二节 初级师范学堂为小学教育普及之基，须限定每州、县必设一所。惟此时初办，可先于省城暂设一所；俟各省城优级师范学堂毕业有人，再于各州、县以次添设。

第三节 初级师范学堂经费，当就各地筹款备用，师范学生无庸纳费。

第四节 各省城初级师范学堂，当初办时，宜于教授完全学科外，别教简易科，以应急需；俟完全学科毕业有人，简易科即酌量裁撤。

---

① 舒新城. 中国近代教育史资料：上册 [M]. 北京：人民教育出版社，1961：63.
② 舒新城. 中国近代教育史资料：中册 [M]. 北京：人民教育出版社 1961：742.
③ 舒新城. 中国近代教育史资料：上册 [M]. 北京：人民教育出版社 1961：200-201.
④ 陈元晖. 中国近代教育史资料汇编：学制演变 [M]. 上海：上海教育出版社，2007：403-415.

第五节 各州、县于初级师范学堂尚未齐设之时，宜急设师范传习所，择省城初级师范学堂简易科毕业生之优等者，分往传习。其讲舍可借旧有书院、公所或寺院等类；其学生凡向在乡村市镇以教授蒙馆为生业，而品行端谨、文理平通、年在三十以上五十以下者，无论生童，均可招集入学传习，限定十个月为期。毕业后给以准充付教员之凭照，即令在各乡村市镇开设小学。照此办法，可以速设小学，广开风气，多获教员，成就寒士，实为要举。各省学务处宜督饬地方官实力举行；俟各省城及各州、县初级师范学堂毕业有人，传习所可渐次裁撤。惟传习所毕业生所教授之小学堂，未必能一一合法，将来必酌派初级师范学堂毕业生为正教员以董率之，且改正其教授管理诸法。

第六节 初级师范学堂除完全科及简易科外，并应添设预备科及小学师范讲习所。预备科以教欲入师范学堂而普通学力未足者，使补习之；小学师范讲习科以教由传习所毕业，已出为小学堂教员，复愿入初级师范学堂学习，以求补足其学力者，及向充蒙馆塾师，而并未学过普通科，亦未至传习所听受过教法者。至若蒙养院、保姆学堂，须酌量地方情形再议设置，详见专章。

第七节 初级师范学堂应设置旁听生，以便乡间老生寒儒，有欲从事教育者来学堂观听，即可便宜多开小学，而寒士亦可借资馆地。不限额，不定功课，不给奖励，久暂、来去听其自便；惟须肃静，不得扰乱堂规；每日来堂随班听讲，本学堂宜以礼相待。

第八节 外国初级师范学堂，除男子初级师范学堂外，有女子初级师范学堂；有一师范学堂而学生分男女并教者。但中外礼俗不同，未便于公所地方设立女学，止可申明教女关系紧要之义于家庭教育之中。

第九节 初级师范学堂师范生之数，本应视本管内应入小学堂之儿童有若干班数酌定（幼童每六十人为一班）；但如此则一省应需师范生之数太多，此时户口未清，物力艰绵，可暂定省城初级师范学堂师范生以三百人为足额（学师范生可分六班，能多者更善），各州、县初级师范学堂师范生以一百五十人（可分三班）为足额（如僻小州县，力实不及者，尚可酌减），俟以后详细审量，渐为扩充。

学科程度章 第二

第一节 初级师范学堂完全科科目分十二科：一、修身，二、读经讲经，三、中国文学，四、教育学，五、历史，六、地理，七、算学，八、博物，九、物理及化学，十、习字，十一、图画，十二、体操。视地方情形，尚可加外国语、农业、商业、手工之一科目或数科目。其加数科目者，系就各学生所长，各专课一科目，并非令一学生兼习数科目。

初级师范学堂，与中学堂入学学生学力相等，故学科程度亦大略相同；惟初级师范学堂着重在教育学，故特增此科，其钟点除经学外为最多，乃中学堂所无。且教幼童亦重习字，故习字列为专科。

第二节 学班视学生之人数而定，每班最多以六十人为限。

第三节 入学年限为四年，教授日数每年四十五星期，教授时刻每星期三十六点钟。

第四节 初级师范教育总要如下：

一、一切教育事宜，必应适合小学堂教员应用之教法分际。

二、变化学生气质，激发学生精神，砥砺学生志操，在充教员者最为重要之务；故教师范者务当化导各生，养成其良善高明之性情，使不萌邪妄卑鄙之念。

三、尊君亲亲，人伦之首，立国之纲；必须常以忠孝大义训勉各生，使其趣向端正，心性纯良。

四、孔孟为中国立教之宗，师范教育务须恪遵经训，阐发要义，万不可稍悖其旨，创为异说。

五、国民之智愚贤否，实关国家之强弱盛衰；师范生将来有教育国民之重任，当激发其爱国志气，使知学成以后必当勤学诲人，以尽报效国家之义务。

六、膺师范之任者，必当敦品养德，循礼奉法，言动威仪足为模楷。故教师范者宜勉各生以谨言慎行，贵庄重而戒轻佻，尚和平而忌暴戾；且须听受长上之命令训诲，以身作则，方能使学生服从。

七、身体强健，成业之基；须使学生常留意卫生，勉习体操，以强固其精力。

八、教授学科，当体认各学科教育之用意所在，且著眼今日国势民风，讲求实益。

九、讲堂教授，固贵解本题之事理，尤贵使学生于受业之际，领会教授之有法。

十、教师善于语言者，则其讲解学理，醒豁确实，启悟必多故当教授之际，宜时使学生演述所学以练习言语。

十一、学生造诣，不可仅以教员所授为足；尤当勖勉学生，使自行深造学识，研精技艺，勿得偷安自画，致阻学业进境。

十二、各种学科，务以官定之教科书为讲授之本。

第五节 初级师范学堂分科教法如下：

一、修身 摘讲陈宏谋五种遗规：一、《养正遗规》，二、《训俗遗规》，

三、《教女遗规》，四、《从政遗规》，五、《在官法戒录》（以教为吏胥者），理极纯正，语极平实。入此学堂者年已渐长，教法宜稍恢广；所讲修身之要义，一在坚其敦尚伦常之心，一在鼓其奋发有为之气，尤当示以一身与家族朋类国家世界之关系（以上与中学堂同）。教为师范者，须并讲教修身之次序法则，尤须勉以实践躬行，使养成为师范之品也。

二、读经讲经 学生年步已长，故讲读《春秋左传》《周礼》两经，以备将来学成经世之用。讲读《左传》，应用武英殿读本，讲读《周礼》，应用通行之《周官精义》（其注解系就钦定《周礼义疏》择要节录，最便初学寒士），此两书既本古注，又不繁冗，最于学者相宜讲《左传》宜解说其大事与今日世界情形相合者；讲《周礼》宜阐发先王制度之善，养民教民诸政之详备，与今日情形相类可效法者；但解说须简要。

讲经者先明章指，释释文义；务须平正明显，切于实用，勿令学童苦其繁难。其详略深浅，视学生之年岁程度而定，尤不可好新务奇，创为异说，致启驳杂支离之弊。至于经义奥博无涯，学堂咨刻有限，止能讲其大义；若欲博综精研，可俟入大学堂后为之。此乃中小学堂讲经通例。

现在所定读经讲经钟点，悉用中学堂例，每星期读经六点钟，讲经三点钟。间日一讲，另有每星期温经三点钟，在自习时督课，不在表内。专读《左传》《周礼》者，因初级师范学生系自高等小学毕业后始行入学，其经学之程度正与中学等，故应授以《左传》《周礼》也。每日约二百字者，因每年除假期以二百四十日计算，五年应共读二十四万字：《春秋左传》（十九万八千九百四十五字），《周礼》全本（四万九千五百十六字），合共二十四万八千四百六十一字。若用黄叔琳《周礼节训》读本（约二万五千字，学生读、用《周礼节训》本，教习讲、用《周官精义》本），则不过二十二万三千余字，尚有余力温习。

三、中国文学 入初级师范学堂者，乃年已长而文理已经明通之人；然师范为教幼童而设，故须合深浅以教之。其学为文之次第：一曰文义。文者积字而成，用字必有来历（经、史、子、集及近人文集皆可），下字必求的解，虽本乎古，亦不骇乎今。此语似浅实深，自幼学以至名家，皆为要事。二曰文法。文法备于古人之文，故求文法必自讲读始；先使读经、史、子、集中平易雅驯之文，《御选古文渊鉴》最为善本，可量学堂之日力择读之（如乡曲无此书，可择较为大雅之本读之）；并为讲解其义法。次则近代有关系之文亦可浏览，但不必熟读。三曰作文。师范生作文，题目大小，篇幅长短，皆可不拘；惟当以清真雅正为主；一忌用僻怪字，二忌用涩口句，三忌发狂妄议论，四忌袭用报馆陈言，五忌以空言敷衍成篇。次讲中国古今文章流别、文风盛衰之要略，及文章与政事身世关系处。

次讲为师范者教学童作文之次序法则。凡教学童作文者，教字法句法入门之法有三：一、随举一二俗字，使以文字换此俗字（虚实皆可）；二、使以俗话翻成文话；三、使以文话翻成俗话。教篇法入门之法有三：一、文气联贯，二、划分段落，三、反正分明。引导用心之法有四：一、空字令补（实字、虚字皆可），二、谬字令改（实字、虚字皆可），三、同字异用者令分析（实字、虚字皆可），四、题目相类者令用古人文调。扩充篇幅之法有四：一、不止说正面，兼说反面，旁面，题前、题后；二、多分条理（谓篇中平列事理数项，句法相同，条目愈多，文气愈厚；经传诸子之文皆如此，但需实在意义）；三、多设譬喻；四、引证经史群书。自然进功之法有二：一、熟读，二、拟古（文章乃虚灵之物，其佳否半自由悟，不能尽教；惟诵读极熟，兼常令拟古，则自能领悟进益。拟古谓古有此题此文而拟作之，或古有题无文而代补之；如《代秦报吕相书》之类）。其作文之题目，当就各学科所授各项事理及日用必需之事理出题，务取与各科学贯通发明，既可易于成篇，且能适于实用。

练习官话，即用《圣谕广训直解》，以便教授学童，使全国人民语言合一。

四、教育　先讲教育史，当讲明中国、外国教育之源流，及中国教育家之绪论，外国著名纯正教育家之传记，使识其取义立法之要略。但外国历代教育家立说亦颇不同，如有持论偏谬易滋流弊者，万万不可涉及。

次讲教育原理，当讲明心理学之大要，及中国现在教育之宗旨，及德育、智育之要义，并讲辨学（日本名论理学）及教授法之大要。

次讲教育法令及学校管理法，当据规定之教育法令规则，讲学校建置、编制、管理、卫生、筹集经费等事，宜兼讲关系地方治理之大要。

次则实事授业，当使该师范学生，于附属小学堂练习教育幼童之法则。盖初级师范学堂，在解说小学教育之理法，不可过驰高远，以实能应用为主。其在附属小学堂实事授业，则以次使师范学生教授幼童；而师范各科教员及附属小学堂之堂长与教员，务须会同督率师范生监视其授业，品评其当否，且时自教授之，以示模范。

五、历史　先讲中国史，当专举历代帝王之大事，陈述本朝列圣之善政德泽，暨中国百年以内之大事；次则讲古今忠良贤哲之事迹，以及学术技艺之隆替，武备之张弛，政治之沿革，农、工、商业之进境，风俗之变迁等事。

次讲亚洲各国史，先就日本、朝鲜、安南、暹罗、缅甸、印度、波斯、中亚细亚诸小国，讲其事实沿革之大略。宜详于日本及朝鲜、安南、暹罗、缅甸，而略于余国；详于近代而略于远年；五十年以内之事尤宜加详，说近世事者十之九，说古事者十之一，并示以今日西力东侵、东方诸国之危局。

次讲欧洲美洲史，宜就欧美诸国讲其古今历史中重要事宜（上古不必多讲）；详于大国而略于小国，详于近代而略于远年：五十年以内之事尤当加详，说近世事者十之九，说古事者十之一。

次讲为师范者教历史之次序法则。凡教历史者，注意在发明实事之关系，辨文化之由来，使得省悟强弱、兴亡之故，以振发国民之志气。

六、地理　先讲地理总论，次及中国地理，使知地球外面形状、气候人种及人民生计等事之大概，及中国地理之大要，兼使描地图。

次讲外国地理，使知亚洲、欧洲、美洲、非洲、大洋洲（指澳大利亚及太平洋各岛）诸国地势。

次讲地文学，使知地球与天体之关系，并地球结构及水陆气象之要略（外国谓风、云、霜、雪、雷、电等物为气象）。

次讲为师范者教地理之次序法则。凡教地理者，在使知大地与人类之关系；其讲外国地理，须尤详于与中国有重要关系之地理，且务须发明中国与列国相较之分际，养成其爱国心性志气。其讲地文，须就中国之事实教之。

七、算学　先讲算术（外国以数学为各种算法总称，亦犹中国《御制数理精蕴》定名为数之意；而其中以实数计算者谓之算术，其余则为代数、几何、三角。几何又谓之形学，三角又谓之八线）。其笔算讲加减乘除、分数、小数、比例、百分算，以至开平方、开立方而止，其珠算则但讲加减乘除而止。

次讲簿记之学，使知诸账簿之用法及各种计算表之制式。

次讲平面几何及立体几何初步，兼讲代数。

次讲为师范者教算术及几何、代数之次序方法。凡教算学者，其讲算术，解说务须洋明，立法务须简捷，兼详运算之理，并使习熟于速算。其讲代数，贵能简明解释数理之问题；其讲几何，须详于论理，使得应用于测量求积等法之实际。

八、博物　其植物当讲形体构造、生理、分类、功用；其动物当讲形体构造、生理习性、特质、分类、功用；其人身生理，当讲身体内外之部位，知觉运动之机关及卫生之重要事宜；其矿物，当讲重要矿物之形象、性质、功用、现出法、鉴识法之要略。

次讲为师范者教博物之次序法则。凡教博物者在据实物标本，得真确之知识，使适于日用生计及各项实业之用，尤当细审植物、动物相互之关系，及植物、动物与人生之关系。

九、物理及化学　讲理化之义，在知物质自然之形象，并其运用变化之法则，及与人生之关系，以备他日讲求农、工、商实业及理财之源。

其物理先讲物理学总纲，次及力学、音学、热学、光学、电气、磁气。

化学先讲无机化学中重要之诸元质及其化合物，再进则讲有机化学之初步，及有关实用重要之有机物。

次讲为师范者教物理学、化学之次序法则。凡教理化者，在本诸实验，得真确之知识，使适于日用生计及实业之用。

十、习字　先教楷书，次教行书，次教小篆。师范本为教幼童，故习字列为专科。此堂学生乃年长而小学毕业之人，楷书自必能作，故学行书、小篆为急。

次讲为师范者教习字之次序法则。凡教初学写字者有六忌：一忌草率，二忌软弱（运笔迅速则无软弱之弊），三忌敧斜，四忌不洁，五忌松散，六忌奇怪。但以字形端正笔画洁净为主，楷书、行书均以敏速为贵，方于应事有益。篆书亦不宜迟，迟则不佳；兼使练习速写细字，且习熟书写讲堂黑板，此皆为有裨实用计。

后三年兼学小篆书者，欲令师范生粗识篆字，以为解六书通经训之初基，免致教授学童经书时多写俗别之字，妄造讹谬之解；与外国学堂习拉丁文同意。欲习行书、篆书，取石刻本四体《千字文》学之即可（元人学书，即写赵书四体《千字文》），即将赵书四体《千字文》照出，石印成本，或令时人写四体《千字文》一卷石印均可；事甚易为，而篆与行皆备矣，不必秦仪古碑也。并可于写篆字时，就便讲说文提要，每次讲部首数字，使略知作字之义（此书止有部首五百四十字，甚为简明，不过十余叶，湖北官局有刻本）。此皆为实用计；至于书法，乃专门之艺，无论真、草、隶、篆，秘诀妙旨，罄牍难穷，听有志书家者自为之，非学堂教习之事也。

十一、图画　先就实物模型图谱教自在画，俾得练习意匠，兼讲用器画之大要，以备他日绘画地图、机器，乃讲求各项实业之初基。

次讲为师范者教图画之次序法则。凡教图画者，以位置形状、浓淡得宜为主；时使学生以自己之意匠为图稿，并应便宜授以渲染彩色之法。

十二、体操　中学堂以上体操，宜讲实用；其普通体操先教准备法、矫正术、徒手哑铃等体操；再进则教以球竿棍棒等体操。其兵式体操先教单人教练、柔软体操、小队教练，及器械体操；再进则更教中队教练、枪剑术、野外演习及兵学大意。

次讲为师范者教体操之次序法则。凡教体操者，务使规律肃静，体势整齐，意气充实，运动灵活；并可视地方之情形，若系水乡，并应使练习水泳。

师范生之体操以兵式体操为主。

十三、外国语 外国语一门，专就地方情形酌加，须在原列各课钟点之外，不占原课时刻乃可习外国语之要义，在娴习普通之东语、英语及俄、法、德语。英语、东语为尤要，使得临事应用，增进智能。当先讲习读法、译解、文法、会话及习字，再进而兼及修辞、作文。

次讲为师范者教外国语之次序法则。凡教外国语者，务须正发音、审读法，使学生以中国语详解回讲，又时使翻译书文。

十四、农业 以下农、工、商三门，皆当就地方情形酌加。习农业者先讲土壤、水利、肥料、农具、耕耘、栽培等事，次讲养蚕养畜，兼及农家经济之大要。

次讲为师范者教农业之次序法则。凡教农业者，以其地方合用为主，使于农业练习场实习之，必须发明农事之关系，鼓舞实业之兴趣；并应相土地之情形，斟酌农业之程度，授以有关山林、水产等项事宜。

十五、商业 先讲商业理财之大要，次则据一切商业之习用法令，讲凡关于商店、公司、买卖、银根、运送、保险等事，再进则讲重要之商品及商用之文字、商用之簿记。

次讲为师范者教商业之次序法则。凡教商业者，必须令其考中外之商情，察远近之市价，专在切于当时、宜于当地之商业留意，并应便宜使实习营业之规法。

十六、手工 先教竹木细工，次及普通金属细工，更教纸制细工、粘土细工之大要。

次讲为师范者教手工之次序法则。凡教手工者，贵精致而戒粗率，必须发明手工之关系利益，鼓舞学艺之兴趣。所用模本，须取其切合该地方者，兼使知材料之品类等差，保存用具之方法。

第六节 各科目程度及每星期时刻表如下：

第一年

学科	程度	每星期钟点
修身	摘讲陈宏谋《五种遗规》，读古诗歌	1
教育	教育史	4
读经讲经	《春秋·左传》，每日约二百字	9
中国文学	读文、作文、习官话	3
历史	中国史	3

续表

学科	程度	每星期钟点
地理	地理总论、亚洲总论、中国地理	2
算学	算术	3
理化	物理	2
博物	植物、动物	2
习字	楷书	3
图画	自在画、用器画	2
体操	普通体操、兵式体操	2
合计		36

以上科目外，酌量地方情形，尚可授外国语、农业、商业、手工之一二科目。

第二年

学科	程度	每星期钟点
修身	同前学年	1
教育	教育原理	6
读经讲经	同前学年	9
中国文学	同前学年	2
历史	中国史、亚洲各国史	3
地理	中国地理	2
算学	算术、几何、簿记	3
理化	物理、化学	2
博物	同前学年	2
习字	行书	2
图画	同前学年	2
体操	同前学年	2
合计		36

第三年

学科	程度	每星期钟点
修身	同前学年	1
教育	教授法	8

续表

读经讲经	同前学年	9
中国文学	同前学年	2
历史	中国本朝史、亚洲各国史	3
地理	外国地理	2
算学	几何、代数	3
理化	续前学年，兼讲教授理化之次序法则	2
博物	人身生理，矿物，兼讲教授博物之次序法则	2
习字	行书及小篆	1
图画	自在画，兼讲教授图画之次序法则	1
体操	同前学年	2
合计		36

第四年

学科	程度	每星期钟点
修身	同前学年	1
教育	教育法令、学校管理法、实事授业	14
读经讲经	同前学年	9
中国文学	同前学年	1
历史	东西洋各国史，兼讲教授历史之次序方法	1
地理	同前学年	2
算学	同前学年	3
理化	化学，兼讲教授理化之次序法则	1
习字	同前学年	1
图画	同前学年	1
体操	同前学年	2
合计		36

第五年

学科	程度	每星期钟点
修身	同前学年，兼讲教授修身之次序法则	1
教育	同前学年	15
读经讲经	周礼节训本每日约二百字	9

续表

中国文学	中国历代文章名家大略，兼讲教授作文读书之次序法则，习官话	2
历史	同前学年	1
地理	地文学，兼讲教授地理之次序法则	1
算学	代数，兼讲教授算学之次序法则	3
习字	同前学年，兼讲教授习字之次序法则	1
图画	同前学年	1
体操	同前学年，兼讲教授体，操之次序法则	2
合计		36

初级师范学堂读古诗歌法（与中小学同）

第七节 简易科之学科程度如下：

学科	程度	每星期钟点
修身	摘讲陈宏谋《五种遗规》	2
教育	讲教育原理、教授法、管理法、教育制度其教授管理须加详授，且使于附属小学堂实事授业以练习之	12
中国文学	读平易雅驯古文，作日用书牍记事文、论说文兼习官话	2
历史	讲中外历史之大略	3
地理	讲中外地理之大略	2
算学	讲加减乘除、分数、小数、比例、开方	6
格致	讲理化示教、博物示教	3
图画	讲自在画及用器画之大要	2
体操	讲普通体操、兵式体操	4
合计		36

简易科即外国之速成科。

考试入学章 第三

第一节 外国选录师范学生，大致为高等小学四年毕业者；此时初创，各学未齐，暂时应就现有之贡、廪、增、附生及文理优长之监生内考取。

第二节 省城初级师范学堂学生，须选本省内各州、县之贡、廪、增、附、监生；州、县初级师范学堂学生，须选本州、县内之贡、廪、增、附、监生。

第三节 选初级师范学生入学之定格，须取品行端谨、文理优通、身体健全者。

第四节 考取初级师范学生，专以中国文理优通为主。

文理为百事之根，他项学问即使全然不解，自可于入堂后按课学之，不在乎粗通算学、西文，一知半解也。若文理未通，此堂所讲中国文皆止浅近功夫，该生入堂后，必无暇自行研求深造，则永远不能读中国之书，又焉能教人乎？初基既坏，谬种流传，将使此等师范生所教各学堂无一人能通中国文理者，为害不可救药矣。故考选初级师范学生者，尤宜深知此意。

第五节 初级师范学生入学年龄，完全科生须年在十八岁以上二十五岁以下者，简易科生须年在二十五岁以上三十岁以下者。

第六节 初级师范学生初入学之四月以内，谓之试学。须在此四月以内，细察其资性品行，实在相宜者始准留学；惟已经于师范学堂预备科毕业者不在此例。

第七节 初级师范学堂许设私费生（谓自备资斧入学者），惟其额数须视本学堂情形酌定，且须经地方官长允准方可。

毕业效力义务章 第四

第一节 省城初级师范学堂毕业生，应有从事本省各州、县小学堂教员之义务；州、县初级师范学堂毕业生，应有从事本州、县各小学堂教员之义务。

第二节 从事教员之义务年限，由官费毕业者，本科生六年，简易科生三年；由私费毕业者，本科生三年，简易科生二年，此年限内不准私自应聘他往并营谋他事。义务限满，视其尽心无过者奖给官职。

如满年限后仍愿充当教员者尤善，除奖叙外，自应准其续充；如更充当年久，积有资劳者，从优奖励（教员奖励规则另详）。

按日本教员义务年限，凡官费生毕业，本科生十年，简易科生六年，期限颇长。上所定年限，系暂时酌拟，将来如科举停罢，各学齐设，当再酌增。

第三节 省城初级师范学堂毕业生，在义务年限内，苟因教育之事别有变通，由本省督抚派往外省；州、县初级师范学堂毕业生，在义务年限内，由本省督抚派往外省或派往本省他州、县，均仍以克尽教职之义务论。

第四节 初级师范毕业生，如有不得已事故，实不能尽效力义务者，由州、县官查明，禀奉本省督抚允准，可豁免其效力年限。

第五节 初级师范学生，毕业后如有不肯尽教职之义务、或因事撤销教员凭照者，当勒缴在学时所给学费，其数多少，临时酌定。

第六节 初级师范生义务年限既毕后，如有愿入优级师范及高等学堂者听。

屋场、图书、器具章 第五

第一节 学堂建设之地，其面积必须与学堂规模相称；且须择其所坐落地方之水土、邻近人家之风俗于道德卫生均无妨害者。

第二节 学堂内当按学科之门类，备设诸堂室如下：

一、通用讲堂，二、物理、化学、博物、图画等专用讲堂，三、商业实习室、手工实习场，四、图画室、器具室，五、礼堂，六、管理员室及其余必需诸室。

第三节 学堂设农业科者，当别择便宜之地设农业练习场。

第四节 学堂内应设体操场，分为屋内、屋外二式。

第五节 学堂内应分设学生自习室、寝室，以便于管理稽查为准。其他坚学室、会食堂、盥所、浴所、养病所、厕所、应接所，均宜全备。

第六节 学堂应备几案、椅凳、黑板，必须取深合法度者。

第七节 凡教授物理学、化学、地理学、算学、图画、体操、农业、商业、手工等所用器具、标本、模型、图画等，均宜全备，且须取合于教授初级师范生学科之程度者。

第八节 图书当备可供教科用者，兼须备可供参考用者。

第九节 初级师范学堂当设附属小学堂，以便初级师范生为实事授业。

教员、管理员章 第六

第一节 初级师范学堂应置各项教员管理员如下：

监督，教员，副教员，监学，附属小学办事官，小学教员，庶务员。

第二节 监督统辖员，主持全学事务。

第三节 教员掌教育学生，副教员助教员之职务。

第四节 监学以教员或副教员兼充，掌学生斋舍事务，仍秉承于监督。

第五节 小学办事官以教员兼充，管理附属小学堂教育事务，仍秉承于监督。

第六节 小学教员掌教授附属小学堂之学生，并指导初级师范生实事练习。

第七节 庶务员管理收支及一切庶务，仍禀承于监督。

第八节 以上各管理员，除监督及小学办事官各定为一员外，其监学须多置数员，以便更番值宿；余均视该堂学生之多少、事务之繁简，随时酌定。

附条此外一切施行法及管理法，均另详专章，开办之时，自宜查照办理。其有未备事宜。应随时考验体察，呈明本省学务处改订通行。

这一时期，依照学制章程的有关规定，以培养小学教员为宗旨的中等师范教育机构，在实际中主要有初级师范学堂、师范传习所两所机构。

初级师范学堂的培养目标是培养高等小学堂和初等小学堂教员，属于中等师范教育的性质。

办学规模:"为小学教育普及之基,须限定每州县必设一所。"① 但创办之初,可先在各省城暂设一所,然后各州县逐渐仿照办理。初级师范学堂设完全科,但为适应普及小学教育的需求还可设简易科,待完全科毕业有人,简易科即酌量裁撤。师范生人数暂定为省城 300 人为足额,各州县 150 人为足额,学班视学生人数而定,每班以 60 人为限。

入学资格:学生的入学资格应为该等小学毕业生,但当时的小学教育尚未形成体系,因此,允许各地暂从已有的贡、廪、增、附、监生中招收品行端谨、文理优通、身体健全者。其中,完全科学生年龄为 18 岁以上,25 岁以下;简易科学生年龄为 25 岁以上,30 岁以下。

学习年限:完全科 5 年毕业,简易科 1 年毕业。

课程设置:完全科设修身、读经讲经、中国文学、教育学、历史、地理、算学、博物、物理及化学、习字、图画、体操 12 科,还可视地方情形加授外国语、农业、商业、手工之中的 1 科或数科;简易科设修身、中国文学、教育学、历史、地理、算学、格致、图画、体操 9 科。其中,教育学所占比例最大,其次是经学,每周也要进行修身,对于一些手工、农业、商业、外语课程则参照日本的学制,不列入正式课程之中,同时注重传统的修身与经学,强调教师的专业化,并且每门课程应达到的程度、每星期的上课钟点在奏定初级师范学堂章程学科程度章第二都进行了明确说明。

学费:办学经费由各地筹款备用,师范生无须交纳学费,但各学堂经地方长官批准后,也可视情形招收一定数额的自费生。

服务年限:凡初级师范学堂毕业生,皆有充当小学教员的义务。官费毕业者,完全科生服务 6 年,简易科生服务 3 年;私费毕业者,完全科生服务 3 年,简易科生服务 2 年。

教员资格:政教员"以将来优级师范毕业考列最优等及优等,及游学外洋寻常师范毕业得有优等文凭及毕业文凭者充选。暂时只可择游学外洋毕业生,曾考究教育理法者充之,不必定在师范学堂毕业;或择学科程度相当之华员充之亦可"②。

此外,学堂得设附属小学堂,供学生教育实习,还应设预备课、小学师范讲习所和旁听生。预备科招收欲入师范学堂而普通学历未达到高小毕业者,补

---

① 舒新城. 中国近代教育史资料:中册 [M]. 北京:人民教育出版社 1961:665.
② 舒新城. 中国近代教育史资料:上册 [M]. 北京:人民教育出版社 1961:341-343.

习之用；小学师范讲习所招收学力不足的在职小学教员，这可视作在职教师培训的萌芽；旁听生"以便乡间老生寒儒，有欲从事教育者来学堂观听，即可便宜多开小学"①。1910年，因简易师范毕业生程度不足以适应小学教师的需要，通令停办。

第二节 彰德师范传习所的课程设置

据《河南教育官报》第61期和第62期记载，安阳设立师范传习所始于光绪三十四年（1908年）。初有学生54人，宣统元年（1909年）发展到100人。按《奏定学堂章程》规定，学生入学资格多为高等小学堂毕业生。教学内容以中国经史为主，以忠孝为本；教学方法仍然沿袭旧教育的一套模式；学制为10个月至1年，属师范简易科，学生毕业后可以担任小学副教员。创办师范传习所的目的是补充小学师资的严重缺额，也是储备小学堂师资的权宜之计。光绪三十四年（1908年）2月，省府通令各府、厅、州、县，酌裁师范传习所，以腾节款项，设立师范讲习所。

宣统元年（1909年），清廷学部下令各省筹办初级完全师范学堂。河南省通令各府、厅、州、县，要求凡未办师范学堂者，务速遵章筹办初级完全师范学堂；原有的师范简易科一律停止招生改办初级师范完全科，彰德府安阳县师范传习所随之停办。为了弥补师资不足的现象，彰德知府顾家相在彰德中学堂之内附设1个师范班，该师范班于1914毕业，改招中学班。

彰德师范传习所作为地方师范教育培养机构的代表之一，其课程依据国家颁布的《奏定初级师范学堂》，设立了九种学习科目：修身、中国文学、教育学、历史、地理、数学、理化、图画、体操，每周36个学时。② 其课程特点主要有以下四点：

其一，"中学为体，西学为用"的特征鲜明。《奏定学堂章程》指出："至于立学宗旨，无论何等学堂，均以忠孝为本，以中国经史之学为基。俾学生心术壹归于纯正，而后以西学渝其智识，练其艺能，务期他日成才，各式实用，一仰副国家造就通才、慎防流弊之意。"因而彰德师范传习所既有修身、中国文学等"中学"课程，又有教育学、历史、地理、数学、理化、图画、体操等

---

① 舒新城. 中国近代教育史资料：中册［M］. 北京：人民教育出版社 1961：666.
② 崔运武. 中国师范教育史［M］. 太原：山西教育出版社，2006：39.

"西学"课程,"中学为体,西学为用"的课程设置特点鲜明。

其二,普通中等教育课程性质显著。所开设课程除"教育学"外,其余均与当时的中等教育学校课程性质一致,均为普通教育性质的学习内容,在学科上没有专业分化。

其三,学科类课程为主。所开设课程与中等学校课程性质一致,同时也体现了其以学科课程为主。中文、数学、地理、历史、理化等也是此后不同阶段中等师范教育的重要课程。

其四,综合性。从课程开设上,与中学课程科目相同,没有专业分化,具有鲜明的综合性特点,其毕业生能够胜任小学多学科的教学需要,相当于现在提出的"全科"教育。

第三节 基本特点

通过对上述《奏定初级师范学堂章程》等相关政策进行规定,还有彰德府安阳师范传习所的课程设置分析,清末小学教师教育课程设置的基本特点有贯彻"中学为体,西学为用"的办学宗旨、凸显教师的专业性与技能性、学科综合性等,简要分析如下。

一、"中学为体,西学为用"的办学宗旨

该时期的课程设置体现主要是"中学为体,西学为用"的思想。1898年,张之洞在《劝学篇》中系统地阐述了"中学为体,西学为用"的思想,并提出把中国的纲常名教作为决定国家社会命运的根本,同时采用西方资本主义的近代科学技术,效仿西方在教育、赋税、律例等方面的具体措施,以挽救岌岌可危的封建王朝。在此基础上《奏定学堂章程》明确指出:"至于立学宗旨,无论何等学堂,均以忠孝为本。俾学生心术壹归于纯正而后以西学论其知识,练其艺能,务期他日成才,各适实用,以养副国家造就通才、慎防流弊之意。"[①]《奏定初级师范学堂章程》在初级师范教育总要中提出,"尊君亲亲,人伦之首,立国之纲;必须常以忠孝大义训勉各生,使其趣向端正,心性纯良。孔孟为中国立教之宗,师范教育务须恪遵经训,阐发要义,万不可稍悖其旨,创为异说。"也就是说师范教育时刻都要以中学为根本,不可以创立异说。从其课程设

---

① 舒新城. 中国近代教育史资料:上册 [M]. 北京:人民教育出版社,1961:195.

置来看，初级师范学堂完全科科目分十二科：一、修身，二、读经讲经，三、中国文学，四、教育学，五、历史，六、地理，七、算学，八、博物，九、物理及化学，十、习字，十一、图画，十二、体操。视地方情形，尚可加外国语、农业、商业、手工之一科目或数科目。① 其中修身、读经讲经、中国文学、习字属于"中学"，教育学、地理、算学、博物、物理化学、图画、体操则属于"西学"，从其课程设置上看也体现了"中学为体，西学为用"的思想。另外在课程讲授内容方面也主张，先讲中学，再讲西学，如历史课先讲中国史，当专举历代帝王之大事，陈述本朝列圣之善政德泽，暨中国百年以内之大事；次则讲古今忠良贤哲之事迹以及学术技艺之隆替，武备之张弛，政治之沿革，农、工、商业之进境，风俗之变迁等事。次讲亚洲各国史，先就日本、朝鲜、安南、暹罗、缅甸、印度、波斯、中亚细亚诸小国，讲其事实沿革之大略。② 彰德师范传习所作为地方学校，在课程设置上既设有修身、读经讲经等封建色彩浓厚的"中学"课程，又有教育、心理、博物、理化等西学知识，也体现了"中学为体，西学为用"的思想。

二、凸显教师的技能性与专业性

良好的技能与专业的教育理论知识是保障教师成为一名合格教师的前提，清末时期作为小学教师教育的初始时期，尤重教师的技能性与专业性培养。清末师范学堂的办学宗旨，除规定学好专业知识之外，还规定需培养学生的"讲明教授管理之法"，注意教师的专业性培养。《奏定初级师范学堂章程》中规定初级师范学堂着重在教育学，故特增此科，其钟点除经学外为最多，乃中学堂所无。也就是说，教育学的课时总量除经学之外是最多的，另外对于教育学规定的学习内容也很丰富，先讲教育史，当讲明中国、外国教育之源流及中国教育家之绪论，外国著名纯正教育家之传记，使识其取义立法之要略。但外国历代教育家立说亦颇不同，如有持论偏谬易滋流弊者，万万不可涉及。次讲教育原理，当讲明心理学之大要，及中国现在教育之宗旨，及德育、智育之要义，并讲辨学（日本名论理学）及教授法之大要。次讲教育法令及学校管理法，当据现定之教育法令规则，讲学校建置、编制、管理、卫生、筹集经费等事，宜兼

---

① 陈元晖．中国近代教育史资料汇编：学制演变 [M]．上海：上海教育出版社，2007：405．
② 陈元晖．中国近代教育史资料汇编：学制演变 [M]．上海：上海教育出版社，2007：409．

讲关系地方治理之大要。次则实事授业，当使该师范学生，于附属小学堂练习教育幼童之法则。盖初级师范学堂，在解说小学教育之理法，不可过驰高远，以实能应用为主。① 通过对教育史、教育原理、教育法令及学校管理法的学习，使得未来教师具有扎实的专业基础知识。除此之外，还要求教师要注重练字，师范本为教幼童，故习字列为专科，把识字作为教师的专业技能课来学习，先教楷书，次教行书，次教小篆，次讲为师范者教习字之次序法则，这就能凸显出教师的专业技能。为了有效培养师范生的教育能力，还要求其在附属小学堂实事授业，则以次使师范学生教授幼童；而师范各科教员及附属小学堂之堂长与教员，务须会同督率师范生监视其授业，品评其当否，且时自教授之，以示模范。这种重视教育理论的传授和教学能力培养的传统，对近代教师教育的发展起到了积极的作用，在一定程度上体现了教师的专业化特色。

三、学科综合性

清末的课程设置在"中学为体，西学为用"的思想引领下，一方面注重"尊孔读经"等"中学"课程的开设，注重人伦道德、经学大义的学习，另一方面又强调"西学"，再加上教育实习，课程内容可谓包罗万象，如《奏定初级师范学堂章程》中规定完全科设修身、读经讲经、中国文学、教育学、历史、地理、算学、博物、物理及化学、习字、图画、体操12科，还可视地方情形加授外国语、农业、商业、手工之中的1科或数科；简易科设修身、中国文学、教育学、历史、地理、算学、格致、图画、体操9科。课程在开设的过程中没有专业分化，也没有文理分化，课程内容均注重系统的知识传授，这就凸显出了鲜明的综合性特点，其毕业生在毕业之后能够胜任小学多学科的教学需要，相当于现在提出的"全科"教育。

总之，1904年颁布的《奏定初级师范学堂章程》系统设置了小学教师教育课程，正式开启了经由师范学校培养小学教师的先河，百年历史开始于斯，在我国小学教师教育课程史上具有重要的历史地位。《奏定初级师范学堂章程》设置的小学教师教育课程，框定了小学教师教育的基本样式，成为之后小学教师教育课程改革与发展的基础。

---

① 舒新城. 中国近代教育史资料：上册 [M]. 北京：人民教育出版社，1985：665.

第二章

民国时期中等师范教育课程

中华民国时期,"安师小教"① 经历了安阳县师范传习所、安阳县立师范学校等不同发展阶段。本章以"安阳县立师范学校"统称这一时期不同称谓的小学教师培养机构名称,分析各个学校的课程设置。

第一节 民国时期中等师范教育课程政策概要

一、民国初年的小学教师教育课程概要

民国之初,教育方面对"忠君、尊孔、尚公、尚武、尚实"之教育宗旨进行修正,颁布了"注重道德教育,以实力教育、军国民教育辅之,更以美感教育完成其道德"② 之教育宗旨,中等师范教育与课程设置也进行了相应的改革。

1912年1月19日,南京临时政府教育部通电各省颁布《普通教育暂行办法》,对中等师范制度进行了改革,如中等师范学校也与中学一样改为4年毕业,废除奖励出身。与此同时还颁布了《普通教育暂行课程标准》。

《普通教育暂行课程标准》③

第七条 师范学校(即旧制之初级师范学堂)之学科目为修身、教育、国文、外国语、历史、地理、数学、博物、理化、法制、经济、习字、图画、手工、音乐、体操。

---

① "安师小教"是安阳师范学院小学教师教育、安阳师范学院小学教育专业的统称。
② 舒新城. 中国近代教育史资料:上册[M]. 北京:人民教育出版社,1961:226.
③ 舒文. 纪念辛亥革命100周年 重庆辛亥革命史[M]. 重庆:重庆出版社,2011:224-229.

女子加家政裁缝。

视地方情形得加设农工商业之一科目。

第八条 师范学校各学年之每周各科教授时数如下：

	第一学年	第二学年	第三学年	第四学年
修身	1	1	1	1
教育		4	4	12
国文	6	4	4	4
外国语	4	4	3	3
历史	3	2	2	
地理	3	3	3	
数学	3	3	3	2
博物	3	2	2	
理化		2	3	4
法制经济				2
家政			2	2
裁缝	2	2	2	2
习字	2	1	1	
图画	2	1	1	
手工	女1 男2	女1 男2	女1 男2	女1 男2
音乐	1	1	1	1
体操	女3 男4	女3 男4	女3 男4	女2 男3
农工商业				
合计	女34 男36	女34 男36	女36 男38	女36 男38

加设农工商业之一科目时，宜在第二第三第四学年每周得课二时间，其时间得减他科目之时间以充之。

第九条 师范学校宜设预科，修业年限以一年为宜，其科目宜注重国文、外国语、数学等。

第十条 第二、第四、第六、第八条所规定各科目教授时数，均得视地方情形斟酌增减，但除第二条第三项，第四条第三项外，以不出合计时间总范围为限。

第十一条 前列各条所规定之外国语，以英、法、德、俄四国为限。由各省教育行政官视地方情形以指定之。

(原载《国民报》，1912年3月2日、4日、5日)

《普通教育暂行课程标准》规定师范科目为：修身、教育、国文、外国语、历史、地理、数学、博物、理化、法制经济、家政、裁缝、习字、图画、手工、音乐、体操等，废除了清末的读经课，这构成了中等师范教育课程设置的基本结构。在各类课程每周授课时数中可以看出教育授课时数最多，其次是国文与外国语，即既要学习中国文化，也要向西方学习。

1912年9月，教育部颁布了《师范教育令》，同年12月颁布了《师范学校规程》，1913年颁布了《师范学校课程标准》。

《师范教育令》是指导当时师范教育改革的纲领性文件，将师范教育分为中等和高等两级。中等师范教育机构包括师范学校、女子师范学校用以造就小学教员，高等师范教育机构包括高等师范学校、女子高等师范学校以及实业教员养成所。

《师范学校规程》[①]，规定了师范学校的目的、教养要旨、设置、组织、入学资格、课程和服务年限等，其教养要旨与课程设置如下：

教养学生之要旨

师范学校宜遵师范教育令之本旨，注意下列事项以教养学生。

(1) 健全之精神宿于健全之身体，故意使学生谨于摄生，勤于体育。

(2) 陶冶性情、锻炼意志，为充任教员者之要务，故宜使学生寓于美感，勇于德行。

(3) 爱国家、尊宪法，为充任教员者之要务，故宜使学生明建国之本原，践国民之职分。

(4) 独立博爱为充任教员者之要务，故宜使学生尊品格而重自治，爱人道而尚大公。

(5) 国民教育趋重实际，宜使学生明现今之大势，察社会之情状，实事求是，为生利之人而勿为分利之人。

(6) 世界观与人生观为精神教育之本，故宜使学生究心哲理而具高尚之志趣。

(7) 教授时常宜注意教授法，务使学生锐意研究，养成自动之能力。

---

① 吴圣苓. 师典[M]. 上海：上海人民出版社，2004：438-441.

（8）教授上一切资料，务切于学生将来之实用，以副高等小学校令暨国民学校令并其施行规则之旨趣。

（9）为学之道，不宜专恃教授，务使学生锐意研究，养成自动之能力。

学科及程度

（1）本科分为第一部、第二部，但第二部视地方情形可以不设。

（2）预科为欲人本科第一部者施必需之教育。

（3）预科修业年限为一年。

本科第一部修业年限为四年。

本科第二部修业年限为一年。

（4）预科之学科目为修身、读经、国文、习字、外国语、数学、图画、乐歌、体操、女子师范学校加课缝纫。

（5）本科第一部之学科目为修身、读经、教育、国文、习字、外国语、历史、地理、数学、博物、物理、化学、法制经济、图画、手工、农业、乐歌、体操。

前项科目外，得加课商业；其兼课商业、农业者，学生选习之。

视地方情形得缺农业。

（6）女子师范学校本科第一部之学科目为修身、读经、教育、国文、习字、历史、地理、数学、博物、物理、化学、法制经济、图画手工、家事、园艺、缝纫、乐歌、体操。

视地方情形得加外国语为随意科。

家事园艺科之园艺得缺之。

（7）修身要旨，在养成道德上之思想情操，勉以躬行实践，具为师表之品格，并解悟高等小学校及国民学校修身教授法。

修身首宜采取嘉言懿行，就学生平日行为，指示道德要领，渐及对国家社会家族之责务，兼授伦理学大要及教授法与演习礼仪法。

（8）讲经要旨，在讲明吾国古先哲相传人伦道德之要，尤以注意于家庭社会国家之关系，以期本经常之道，适应时世之需。讲经宜先就《论语》《孟子》全文中之合于儿童心理，及其学年程度，简明诠释；次即节取《礼记》中之《曲礼》《少仪》《内则》《大学》《儒行》《檀弓》等篇，《春秋·左世传》中之大事记载，撮要讲解；并宜研究高等小学校及国民学校读经教授法；不得沿袭旧日强为注人之习。女子师范学校《春秋·左传》可略。

（9）教育要旨，在授以教育上之普通知识，尤祥于高等小学校及国民学校教育之旨趣方法，习其技能，并修养教育家之精神。

教育首宜授以心理学、论理学之要路，讲授教育理论、哲学发凡、教授法、保育法、近世教育史、教育制度、学校管理学、学校卫生及教育实习。

教育实习时，除各科教授外，凡关于管理等事项均应随时指导。

(10) 国文要旨，在理解普通语言文字，能自由发表思想，兼涵养文学之兴趣，以启发智德；并解悟高等小学校及国民学校国文教授法。

国文首宜授以近世文，渐及于近古文，并文字源流，文法要略及文学史之大概，使熟练语言，作实用简易之文，兼课教授法。

(11) 习字要旨，在练习书写、具端正敏捷之能力，并解悟高等小学校及国民学校习字教授法。

习字宜授以发音、拼字，渐及简易文章之读法、书法、译解、默写，讲授普通文章及文法要略、会话、作文，兼具教授法。

(12) 外国语要旨，在习得普通外国语以增进知识，并解悟高等小学校外国语教授法。

外国语首宜授以发音、拼字、渐及简易文章之读法、书法、译解、默写，讲授普通文章及文法要略、会话、作文，兼具教授法。

(13) 历史要旨，在知历史上重要事迹，明于人群之进化、社会之变迁、邦国之盛衰，尤以注意于政治之因革，与国家建立之本，并解悟高等小学校历史教授法。

历史分为本国历史、外国历史，本国历史宜授以历代政治、文化递演之现象，与其重要事迹；外国历史宜授以世界大势之变迁，著名诸国之兴亡，人文之发展，及于本国有关系之事迹，兼课教授法。

(14) 地理要旨，在知地球之形状、运动及地球表面与人类生活之状态，本国外国之国势，并解悟高等小学校地理教授法。

地理宜授以世界地理之概要，本国地理及有重要关系之外国地理，并略授地理文学、人文地理，兼课教授法。

(15) 数学要旨，在明数量之关系，熟习计算，兼使思虑精确，并解悟高等小学校及国民学校算术教授法。

数学宜授以算术、代数、几何、簿记要略及教授法。

(16) 博物要旨，在习得天然物之知识，领会其中相互关系及对于人生之关系，并解悟高等小学校理科教授法。

博物宜授以重要植物、矿物及标本之采集制作法，人身生理卫生之大要，并教授法与教授时必需之实验。

(17) 物理化学要旨，在习得自然现象之知识，领会其中法则及对人生之关系，并解悟高小学校理科教授法。

物理化学宜授以重要现象及定律，并器械之构造作用，元素化合物之性质，并教授法与教授时必需之实验。

（18）法制经济要旨，在养成公民观念及生活上必需之知识。

法制经济宜授以现行法规及经济之大要。

（19）图画要旨，在详审物体能自由绘画、练习意匠，涵养美感，并解悟高等小学校及国民学校图画教授法。

图画以写生画为主，兼授临画、想象画、图案、用器画及美术史之大要，并练习黑板画，兼课教授法。

（20）手工要旨，在具体正确之观念，制作简易物品，以养成工作之趣味，勤劳之习惯，并解悟高等小学校及国民学校手工教授法。

手工宜授以天然物之模造及日用器具各种细工，并示以材料之性质，工具之保存法，兼课教授法。

女子师范学校手工，应兼授编物、刺绣、摘棉、造花等。

（21）农业要旨，在习得农业之知识技能，以养成农作物之趣味，勤劳之习惯，并解悟高等小学校农业教授法。

农业宜授以土壤、水利、肥料、农具、耕耘、栽培及桑蚕、畜牧、森林、农产制造、农业经济等事，并教授法。

视地方情形可加授水产。

（22）家事园艺要旨，在习得缝纫知识技能，养成勤俭整洁之习惯。

家事园艺宜授以衣食住及恃病、育儿、经理家产、家计簿记及栽培莳养等事，兼实习烹饪。

（23）缝纫要旨，在习得缝纫知识技能，养成节俭利用之习惯，并解悟高等小学校缝纫教授法。

缝纫宜授以普通衣服之缝法、裁法、补缀法及教授法。

（24）乐歌要旨，在习得音乐之知识技能，以涵养德性及美感，并解悟高等小学校唱歌教授法。

乐歌宜首先授单音、次授复音及乐器用法并教授法。

（25）体操要旨，在使身体各部平均发育，强健体质，活泼精神，养成守规律尚协同之习惯，并解悟高等小学校及国民学校体操教授法。

体操宜授以普通体操、游戏及兵式体操，并教授法。女子师范学校免课兵式体操。

（26）商业要旨，在习得商业知识，并解悟高等小学校商业教授法。

商业宜授以商事要项、商业簿记、商业算数、商业地理及本地重要之商品并教授法。

(27) 预科及本科第一部各学科目，每周教授时数，师范学校依第一表，女子师范学校依第二表，但遇不得已时，校长得统计各科学历教授时数，就各学年变通增减，每周至少须满30小时，至多不得超过36小时。

第一表

学科目＼学年	豫科	本科第一部			
		第一学年	第二学年	第三学年	第四学年
修身	2	1	1	1	1
读经	2	2	2	2	
教育			3	4	3 / 实习9（12）
国文	10	5	4	3	3
习字	2	2	1		
外国语	3	3	3	3	2
历史		3	2	2	
地理		2	3	2	
数学	6	4	3	2	2
博物		3	2	2	
物理化学			3	3	2
法制经济					2
图画	2	3	3	3	3
手工					
农业				3	3
乐歌	2	2	1	1	1
体操	4	4	4	4	4
总计	33	34	35	35	35

缺农业者得酌增其他科目时数。

视地方情形，得将手工、农业，商业之一科目增加二小时，但以不逾本条第一项规定之最多时数为限。

第二表

学科目＼学年	豫科	本科第一部			
		第一学年	第二学年	第三学年	第四学年
修身	2	1	1	1	1
读经	2	2	1		
教育			3	4	3　12　实习9
国文	10	6	4	2	2
习字	2	2	1		
历史		2	2	2	
地理		2	2	3	
数学	5	3	3	3	2
博物		3	2	2	
物理化学			3	3	3
法制经济					2
图画	2	3	3	3	3
手工					
家事园艺				4	4
缝纫	4	4	2	2	2
乐歌	2	2	2	1	1
体操	3	3	3	3	2
外国语	(3)	(3)	(3)	(3)	(2)
总计	32（35）	33（36）	33（36）	33（36）	34（36）

在本科第四学年，得于第三学期酌减其他项科目，增加实习时数，并得将本学年功课提前于第一，第二学期匀配教授完毕，即以第三学期专为实习之用。

（28）本科第二部学科目为修身、读经、教育、国文、数学、博物、物理、化学、图画、手工、农业、乐歌、体操。

（29）女子师范学校本科第二部学科目，为修身、教育、国文、数学、博物、物理、化学、图画、手工、缝纫、乐歌、体操。

（30）修身依第八条教以道德要领，并演习礼仪法及教授法。

（31）讲经依第九条以《论语》《孟子》为主，兼课高等小学校及国民读经教授法。

（32）教育依（9）的规定，兼历史地理教授法。

（33）国文依（10）的规定，以近世文为主，又令熟练语言，作实用简易之文，兼课教授法。

（34）数学依（15）的规定，授算数及簿记要略，兼课教授法。

（35）博物依（16）的规定，就天然物补习已得之知识，并授标本采集、制作法及教授法，与教授时必需之实验。

（36）物理化学依（17）的规定，就自然现象补习已得之知识，兼课教授法与教授时必需之实验。

（37）图画依（19）的规定，补习已得之知识技能，并练习黑板画，兼课教授法。

（38）缝纫依（23）规定，补习已得之知识技能，兼课教授法。

（39）手工、农业、乐歌、体操依（20）、（21）、（24）、（26），兼课教授法。

（40）本科第二部各学科科目、每周教授时数，师范学校依第三表，女子师范学校第四表，遇不得已时，得依（27）所规定，变通增减其时数。

（41）师范学校教科用图书，由校长就教育部审定图书内择用之。

《师范学校课程标准》对整个师范学校的课程设置提供了一个参考依据，以下是1913年教育部公布的师范学校课程标准。

教育部公布师范学校课程标准[①]

1913年3月

第一表

		预科		本科第一部						
		每周时数		每周时数	第一学年	每周时数	第二学年	每周时数	第三学年	每周时数	第四学年
修身	2	持躬处事待人之道	1	对国家之责务对社会之责务	1	对家族及自己之责务对人类及万有之责务演习礼仪法	1	伦理学大要教授方法演习礼仪法	1	伦理学大要本国道德特色

[①] 安树芬，彭诗琅.中华教育通史：第9卷［M］.北京：京华出版社，2010：1902-1905.

续表

	预科		本科第一部					
	每周时数		每周时数	第一学年	每周时数	第二学年	每周时数	第三学年	每周时数	第四学年
教育	2				4	普通心理学 论理学大要	4	教育理论 哲学发凡 教授法 保育法	11	教育史 教育制度 学校管理 学校卫生 教育实习	2 9
国文	10	讲读 作文	5	讲读 作文 文字源流	4	讲读 作文 文学要略	3	讲读 作文 中国文学史 教授方法	2	讲读 作文 中国文学史
习字	2	楷书 行书	2	楷书 行书	1	行书 草书 黑板写法 教授写法				
英语	4	发音 拼字 读法 译解 默写 会话 习字	5	读法 译解 默写 造句 会话 文法	5	读法 译解 会话 作文 文法	4	读法 译解 会话 作文 文法 教授方法	3	读法 译解 会话 作文 文法 文学要略
历史			2	本国史 上古 中古 近古	2	本国史 近世现代 外国史 东亚各国史 西洋古代史	2	名国史 西洋近世史 西洋现世史 教授方法		
地理			2	地理概念 本国地理	2	本国地理 外国地理 亚洲 欧洲 非洲	2	外国地理 美洲海洋洲 自然地理概念 人文地理概念 教授方法		
数学	6	算术	4	算术 簿记 代数	3	代数 平面几何	2	代数 平面几何 教授方法	2	立体几何 平三角大要

31

续表

	预科		本科第一部						
	每周时数		每周时数	第一学年	每周时数	第二学年	每周时数	第三学年	每周时数	第四学年
博物			3	植物普通植物之形态分类解剖生理生态分布应用等之大要 动物普通动物之形态分类解剖生理习性分布应用等之要	2	动物 同年学生生理及卫生 人身之构造 个人卫生 公众卫生	2	矿物 普通矿物及岩石之概要 地质大学之大要 教授方法		
物理化学					3	物理 力学 物性 热学	3	物理 音学 光学 磁学 电学 无机化学	2	无机化学有机化学大要
法制经济									2	法制大要 经济大要
图画	2	写生画 临画 意匠画	3	写生画 临画 意匠画 几何画 黑板画练习	3	同前学年	4	写生画 临画 意匠画 几何画 黑板画练习 教授方法 美术史	4	写生画 意匠画 黑板画练习 美术史
手工				竹细工 木工		粘土石膏细工木工		小学校各种细工教授方法		粘土石膏细工金工

续表

	预科		本科第一部						
	每周时数		每周时数	第一学年	每周时数	第二学年	每周时数	第三学年	每周时数	第四学年
农业和商业							3	栽培泛论及各论土壤肥料农具教授方法 商业要项商业算术商业簿记教授方法	3	蚕桑 畜牧 森林 农场制造 农业经济 商业簿记 商业地理 商品
乐歌	2	基本练习歌曲	2	同前学年乐典	1	同前学年乐器	1	同前学年教授方法	1	乐典 歌典 乐器
体操	4	普通体操 游泳戏池 兵式训练	4	同前学年	4	同前学年	4	普通体操 游泳 兵式训练 教授方法	4	普能体操 游戏 兵式训练
合计	32		33		35		35		35	

第二表

	预科		本科第一部						
	每周时数		每周时数	第一学年	每周时数	第二学年	每周时数	第三学年	每周时数	第四学年
修身	2	持躬处事待人之道	1	对国家之责务 对社会之责务	1	对家族及自己之责务 对人类及万有之责务 演习礼仪法	1	伦理学大要 教授方法 演习礼仪法	1	伦理学大要 本国道德特色

续表

		预科		本科第一部						
	每周时数		每周时数	第一学年	每周时数	第二学年	每周时数	第三学年	每周时数	第四学年
教育					4	普通心理学 论理学大要	4	教育理论 哲学发凡 教授法 保育法	11	教育史 □ 教育制度 □ 2 学校管理 □ 学校卫生 □ 教育实习 9
国文	10	讲读作文	6	讲读 作文 文字源流	3	讲读 作文 文学要略	3	讲读 作文 中国文学史 教授方法	2	讲读 作文 中国文学史
习字	2	楷书 行书	2	楷书 行书	1	行书 草书 黑板写法 教授写法				
历史				本国史 上古 中古 近古	2	本国史 近世现代 外国史 东亚各国史 西洋古代史	2	名国史 西洋近世史 西洋现世史 教授方法		
地理				地理概念 本国地理	2	本国地理 外国地理 亚洲 欧洲 非洲	2	外国地理 美洲海洋洲 自然地理概论 人文地理概论 教授方法		
数学	5	算术	3	算术 代数	3	代数 平面几何	2	代数 平面几何 教授方法	2	平面几何 立体

续表

	预科		本科第一部					
	每周时数		每周时数	第一学年	每周时数	第二学年	每周时数	第三学年	每周时数	第四学年
博物			3	植物普通植物之形态分类解剖生理生态分布应用等之大要 动物普通动物之形态分类解剖生理习性分布应用等之要	2	动物同年学生生理及卫生人身之构造个人卫生公众卫生		矿物普通矿物岩石之概要地质大学之大要教授方法		
物理化学					3	物理 力学 物性 热学	3	物理 力学 物性 热学	2	无机化学有机化学大要
法制经济									2	法制大要 经济大要
图画	2	写生画 临画 意匠画	3	写生画 临画 意匠画 几何画 黑板画练习	3	同前学年	3	写生画 临画 意匠画 几何画 黑板画练习 教授方法 美术史	4	写生画 意匠画 黑板画练习 美术史
手工①			2	竹细工 编物 造花	2	编物 造花 刺绣粘土 石膏细工 小学校各科细工		刺绣 摘棉等简单指木金细工教授方法		刺绣 摘棉等简单之木金细工

① 手工料之造花、摘棉、刺绣视地方情形得缺之。

续表

	预科		本科第一部						
		每周时数	每周时数	第一学年	每周时数	第二学年	每周时数	第三学年	每周时数	第四学年
家事园艺							3	家事整理家事卫生饮食物之调理实习（洗濯烹饪等）蔬果花木等之培养法庭园构造法教授方法实习	4	侍病、育儿、经理家产、家计簿记实习（洗濯烹饪救急疗法）同前学年实习
缝纫	4	初步技术练习普通布衣类之缝法裁法补缀法	4	同前学年	4	普通布衣类之缝法裁法补缀法	4	普通丝衣类之缝法裁法补缀法教授方法	4	普通丝衣类之缝法裁法补缀法
乐歌	2	基本练习歌曲	2	同前学年乐典	1	同前学年乐器	1	同前学年教授学年	1	乐典 歌典 乐器
体操	3	普通体操游泳	3	同前学年	3	同前学年	3	同前学年	42	普能体操游戏
英语	(3)	发音 拼字 读法 译解 默写 会话 习字	(3)	读法 译解 默写 造句 会话 文法	(3)	读法 译解 会话 作文 文法	(3)	读法 译解 会话 作文 文法 教授方法	(3)	读法 译解 会话 作文 文法 文学
合计	30(33)		32(35)		32(36)		33(36)		33(36)	

总体而言，1913年3月公布的《师范教育课程标准》中的课程要求为：预科开设修身、国文、习字、英语、数学、图画、乐歌、体操8门，女子师范学校的预科加授缝纫一科，其余科目和男子师范学校的预科相同。本科第一部

（相当于清末的"完全科"）的学习科目为修身、教育、国文、习字、英语、历史、地理、数学、博物、物理化学、法制经济、图画、手工、农业、乐歌、体操等15门。此外，还视地方情形，可不设农业，或以世界语代替英语；也可设商业，或兼开农业、商业，以供学生选学。女子师范学校本科第一部的学习科目除以家事园艺和缝纫代替农业和商业，未设英语外，其余均与此相同。但规定可视地方情形，将英语和世界语定为选修课。本科第二部（相当于清末的"简易科"）的学习科目为修身、教育、国文、数学、博物、物理、化学、图画、手工、农业、乐歌、体操等11门。女子师范学校本科第二部的学习科目除以缝纫代替农业外，其余均与此相同。另外师范学校本科生每周仍需上36个学时的课程。①

1913年4月，教育部还专门颁布了《师范教育注重实习训令》，规定各师范学校必须设附属学校作为实习基地，师范学校学生在最末学年，每周都得去附属学校实习，进而保证理论与实践之间的联系。

教育部通行师范教育注重实习训令②
民国二年四月二十四日（1913年4月24日）

查师范教育，理论与实习并重。理论修毕后，苟非证之实地，练习多时，他日为师难收成效。故师范学校必须设附属学校，这即为学生实习地也。我国旧日学章，虽于师范课程规定练习时间，大都视为具文，试习不过数次，其切实照行者，几为绝无仅有，遂使毕业诸生功亏一篑，学业成绩，纵有优良，而教授才能每虞短绌，实于教育前途多所缺憾。民国成立，推广教育最为急务，尤须于根本上致力进行，自今而后，各师范学校校长教员，对于最后学年之学生，务须依照部定时间，督率指导，切实练习，使学生教授理法，得以逐渐体会，运用自如。其关于小学校管理训练者诸端，亦应随时注意。庶几经验饶多，良师辈出，尽师范教育之职，奠普通教育之基，本部实所厚望。至高等师范学校，关系益重，练习更应加意。又凡附属学校，有现在级数较少，不敷实习者，亟应设法扩充，按年增招，力图完备。相应训令周知，遵照办理。切切，此令。中华民国二年四月二十四日训令第十八号。

《教育杂志》第5卷第3号，1993年6月10日

与清末的中等师范教育相比，在课程设置上进行了不少修订，师范性更加

---

① 崔运武. 中国师范教育史［M］. 太原：山西教育出版社，2006：57.
② 陈元晖. 中国近代教育史资料汇编：实业教育 师范教育［M］. 上海：上海教育出版社，2007：664.

突出，也更为灵活，师范教育课程思想摒除了清末忠君尊孔的教育宗旨，把西方资产阶级民主思想融入教育体制，强调学习西方科学技术，并注重美感教育，陶冶情操，培养师德。课程目标渐趋明确，课程内容逐渐丰富，学生可选择性逐步提高，课程实施体系也更加成熟，另外教育部还专门颁布《教育部通行师范教育注重实习训令》，使师范教育的专业性更加凸出，虽然还没有独立的评价体系，但对于课程的开设提供了一个思路，教师教育课程体系取得了初步进展，为这一时期中等师范教育课程的发展打下了基础。

二、五四运动时期的小学教师教育课程概要

袁世凯倒台后，民国政府仍处于北洋军阀集团的控制中。这一时期，军阀争权夺利，政治黑暗，连年混战，使广大民众遭受了巨大的灾难。但是，由于民国的形势仍然存在，这就使得民初所建立的一部分教育制度保存了下来；同时由于军阀混战，暂时顾及不了对文化教育的严格控制，也使得思想上获得相当解放的教育界有研究教育、发展教育的可能。正是在这一特定情况下，随着五四新文化运动的开展，作为这一运动的重要组成部分的教育改革运动也步步走向深入。继而，在"五四运动"爆发前夕，教育领域里兴起了一场声势浩大的"新教育"改革运动。如此一来"新教育"改革运动的结果就是形成了1922年"新学制"。

新学制对于师范教育改革的重点是：

第一，规定了6种分不同修业年限与学校级别的师范教育，从不同年期的师范讲习所到4年的高等师范教育，使师范教育种类增多，办学机制趋于灵活。

第二，提高了师范教育的程度，延长了修业年限。师范学校修业年限由旧制的预科1年、本科4年增加到6年。设立4年制师范大学，将旧制高等师范学校升格为师范大学，并在大学设教育科，招收高中毕业生，使高等师范教育与大学处于同一发展水平。[1]

全国教育联合会在提出《学校系统改革案》的同时，组织了新学制课程标准起草委员会，并于1923年正式公布《新学制师范课程标准纲要》，对中等师范教育课程提出了明确规定，其中六年制师范学校课程设置如表2-1所示。

---

[1] 顾明远，张东娇. 中国学制百年[M]. 北京：教育科学出版社，2016：73.

表 2-1 六年制师范学校课程设置标准表①

科目	修习形式	课程名成	学分
社会科	必修	公民	6
		历史	14
		地理	14
		人生哲学	4
		社会问题	6
		小计	44
语文科	必修	国语	54
		外国语	52
		小计	106
算学科	必修	算术	10
		珠算	2
		代数	8
		几何	5
		立体几何	2
		平面三角	3
		混合料理	16
		小计	46
自然科	必修	生物学	6
		化学	6
		物理	6
		小计	18
艺术科	必修	手工	8
		图画	8
		音乐	8
		小计	24
体育科	必修	体育	22
		生理卫生	4
		小计	26

---

① 刘向岫.中国师范教育简史［M］.北京：人民教育出版社，1984：49-51.

续表

科目	修习形式	课程名成	学分
教育科	必修	教育入门	4
		心理学入门	2
		教育心理学	3
		教学法	8
		小学校行政	3
		教育测验及统计	3
		小学各科教材研究	6
		职业教育概论	3
		教育原理	3
		教育实习	20
		小计	55
合计			319
选修课程			11
总计			330

高中师范科和后期师范科的设置课程相同，分为公共必修课、专业必修科目和选修科目三大类，具体课程设置标准如表2-2所示。

表2-2　高中师范科和后期师范学校课程设置标准表①

	科目	课程	学分
必修	（甲）公共必修科目	国语	16
		外国语	16
		人生哲学	4
		社会问题	6
		世界文化史	6
		科学概论	6
		体育	10
		音乐	4
		共计	68

---

① 刘向岫. 中国师范教育简史[M]. 北京：人民教育出版社，1984：52.

续表

科目			课程	学分
必修	（乙）师范专业科目		心理学入门	2
			教育心理	3
			普通教学法	2
			各科教学法	6
			小学各科教材研究	6
			教育测验与统计	3
			小学校行政	3
			教育原理	3
			实习	20
			共计	48
选修	（丙）分组选修科目	第一组	国语	8
			外国语	8
			本国史	6
			西洋近代史	4
			地学通论	4
			政治概论	3
			经济概论	3
			乡村社会学	3
		第二组	算术	8
			代数	6
			几何	6
			三角	8
			物理	8
			化学	6
			生物	6
			矿物地质	4
			园艺	4
			农业大意	6

续表

	科目		课程	学分
选修	（丙）分组选修科目	第三组	图画	8
			手工	8
			音乐	8
			体育	6
			家事	8
	（丁）教育选修科目		教育史	4
			乡村教育	3
			职业教育概论	3
			儿童心理	4
			教育行政	3
			图书馆管理法	3
			现代教育思潮	3
			幼稚教育	6
			保育学	8
			以上至少选修8分	

①一学分约为一学期每周上课一小时，外加预备时间若干。
②因特种关系，外国语得列为纯粹选修科。
③得将中国史及外国史分数。在第一组选修本国史及西洋近代史者，得免修之。
④认定一组者，须于本组内至少选修二学分。

在师范学校教育的后3年实行分组选修制。一方面由重视基本学历转为注重专业修养，增加了科学知识和文化陶冶的科目；另一方面减少了公共必修科，增加选修科，采用学分制，照顾到学生的能力、兴趣、需要，有利于发展学生的个性。

三、南京国民政府时期的小学教师教育课程概要

1932年和1933年民国教育部出台《师范教育法》和《师范学校章程》，其中规定了中等师范教育的课程设置。

1933年颁布的《师范学校规程》规定师范学校地科目为：公民、国文、历史、地理、算学、物理、化学、生物、体育、卫生、军事训练、劳作、美术、音乐、伦理学、教育概论、教育心理、教育测验与统计、小学教材及教法、小

学行政实习。1934年9月公布的《师范学校课程标准》在1933年课程规定的基础上进一步调整了普通文化科目和教育科目的课程量，使课程内容更为充实，加强了师范专业训练，并在此后一直沿用。①

1935年，教育部公布的《乡村师范学校课程标准》《简易师范学校课程标准》和《简易乡村师范学校课程标准》和《修正师范学校规程》对不同类型师范教育的课程做出了相应规定。以下是《修正师范学校规程》的相关内容。

修正师范学校规程②

（二十四年［1935］六月二十一日教育部修正公布）

第一章 总纲

第一条 本规程根据《师范学校法》第十六条之规定修订之。

第二条 师范学校为严格训练青年身心，养成小学位健全师资之场所，依照《师范学校法》第一条之规定，以实施下列各项之训练：

（一）锻炼强健身体；

（二）陶融道德品格；

（三）培育民族文化；

（四）充实科学知能；

（五）养成勤劳习惯；

（六）启发研究儿童教育之兴趣；

（七）培养终身服务教育之精神。

第三条 师范学校得附设特别师范科及幼稚师范科3公立中学及高级中学内亦得附设特别师范科。

第四条 专收女生之师范学校称女子师范学校。

以养成乡村小学师去为主旨之坤花学校得称乡村师范学校。

第五条 师范学校修业年限三年，幼稚师范科修业年限三年或两年，特别师范科修业年限一年。

第六条 各地方为急需造就义务教育师资起见，得设简易师范学校，或于师范学校及公立初级中学内附设简易师范科，其办法另章规定。

第七条 师范学校之入学年龄为十五足岁至二十二足岁。

第五章 课程

第二十七条 师范学校之教学科目，为公民、体育、军事训练（女生习军事

---

① 崔运武. 中国师范教育史［M］. 太原：山西教育出版社，2006：108.
② 罗廷光. 教育行政：下［M］. 福州：福建教育出版社，2010：260-272.

看护）、卫生、国文、算学、地理、历史、生物、化学、物理、论理学、劳作、美术、音乐、教育概论、教育心理、小学教材及教学法、小学行政、教育测验及统计、实习等。乡村师范学校之教学科目，为公民、体育、军事训练（女生习军事看护及家事）、卫生、国文、算学、地理、历史、生物、化学、物理、论理学、劳作、美术、音乐、农业及实习、农村经济及合作、水利概要、教育概论、教育心理、小学教材及教学法、小学行政、教育测量及统计、乡村教育及实习。

第二十八条 三年制幼稚师范科之教学科目，公民、体育及游戏、卫生、军事看护、国文、算学、历史、地理、生物、化学、物理、劳作、美术、音乐、论理学、教育概论、儿童心理、幼稚园教材及教学法、保育法、幼稚园行政、教育测验及统计及实习。两年制幼稚师范科之教学科目，为公民、体育及游戏、卫生、国文、算学、历史、地理、生物、理化、劳作、美术、音乐、教育概论、儿童心理、幼稚园教材及教学法、保育法、幼稚园行政及实习。

第二十九条 特别师范科招收高级中学毕业生者，其教学科目为国文、体育、图画、音乐、劳作、教育概论、教育心理、小学教材及教学法、小学行政、教育测验及统计、地方教育行政及教学、视导民众教育及乡村教育及实习。特别师范科招收高级职业学校毕业生者，其教学科目为公民、国文、体育、算学、图画、历史、地理、珠算、初中及小学应用农艺、初中及小学应用工艺、初中及小学应用家事、初中及小学应用商业、教育概论、教育心理、教学法、教育测验及统计、职业教育及实习。

第三十条 需要蒙、回、蒙语或外国语之特殊地方所设立之师范学校，其课程的增加所需要之语言学科，酌减其他学科或教学时数。

第三十一条 为养成小学体育、劳作、麦术及音乐等专科教员起见，各省市应指定省市立师范学校一、二校于施行一般训练外，分组修习专科科目。

第三十二条 师范学校课程标准另订之。

第三十三条 师范学校教科书须采用教育部编辑或审定者，教员自编教材须适合部定课程标准，并须于每学期终将全部教材送呈主管教育行政机关审核，转报教育部备案。

第三十四条 各科教学应活用教本，采用地方性及临时补充之教材，并须注重实验及实习。师范学校，除外国语教本外，一律采用中文本教科书，不得用外国文书籍。师范学校教员一律用国语为教授用语。

第三十五条 教员须启发学生观察、思考及自动研究之能力，并须养成其教育者之精神。

第三十六条 师范学校学生实习时，应由其所实习之学科教员，教育学科教员及附属小学教员到场指导。

第三十七条 师范学校学生之实习场所，除自设之附属小学及幼稚园外，并得在附近小学及其他相当学校实习。

第三十八条 师范学校应随时利用闲暇带领学生参观邻近小学，最后一学期并应为参观旅行。其时间以两周为限，费用由学校承担。

第六章 训育

第三十九条 师范学校训育应遵照《中华民国教育宗旨及其实施方针》所规定，"以最适宜之科学教育及最严格之身心训练，养成一般国民道德上，学术上最健全的师资"。

第四十条 根据实施方针所规定劳动实习，师范学校学生除劳作科作业外，凡校内整理、清洁、消防及学校附近之修路、造林、水利、卫生、识字运动等项，皆须分派担任。学校工人须减至最低限度。

第四十一条 师范学校校长，全体教员均负训育责任，须以身作则，采用团体训练，个别训练，指导学生一切课内课外之活动。

第四十二条 师范学校每一学级设级任一人，择该级一专任教员任之，掌理各该级之训育及管理事项。

第四十三条 校长及专任教员均以住宿校内为原则，与学生共同生活。

第四十四条 师范学校学生宿舍须有教员住宿，负管理之责。

第四十五条 师范学校学生应照《学生制服规程》规定，一律穿着制服。

制服之重制，须视一般学生穿着损坏情形，不得于每学期或每学年令学生新制。

第四十六条 师范学校学生旷课及怠于自修或劳动作业等情，应急于操行成绩内减算。

第四十七条 师范学校训育标准另订之。

第四十八条 师范学校学生训育管理及惩奖办法，由各市教育行政机关规定大纲，呈报教育部核准施行。各师范学校于其学则内，根据是项大纲订定详细规则，呈请主管教育行政机关核定施行。

第十五章 简易师范学校及简易师范科

第一百二十六条 简易师范学校及简易师范科，依本规程第六条之规定设置之。此项简易师范学校及简易师范科俟地方小学师资足敷分配时，应即停止办理。

第一百二十七条 简易师范学校入学资格为小学毕业生，修业年限四年。简易师范科之入学资格为初级中学毕业生，修业年限一年。简易师范学校及简易师范科入学试验均应免试外国语。

第一百二十八条 简易师范学校以县、市设立为原则。

第一百二十九条 简易师范学校应于可能范围内设在乡村地方。设在乡村之简易师范学校得称简易乡村师范学校。

第一百三十条 简易师范学校之教学科目为公民、体育、卫生、国文、算术、地理、历史、植物、动物、化学、物理、劳作（农艺、工艺、家事）、美术、音乐、教育概论、教育心理、乡村教育及民众教育、教育测验及统计、小学教材及教学法、小学行政及实习。

简易乡村师范学校之教学科目为公民、体育、卫生、国文、算学、地理、历史、植物、动物、化学、物理、劳作（工艺）、美术、音乐、农业及实习、水利概要、农村经济及合作、教育概论、教育心理、小学教材及教学法、教育测验及统计、乡村教育、小学行政及实习。

第一百三十一条 简易师范学校之教学科目为体育、国文、算学、地理、历史、自然、劳作（农艺）、图画、音乐、教育概论、教育心理、小学教材及教学法、小学行政及实习。

第一百三十二条 简易师范学校及简易师范科之课程标准另定之。

第一百三十三条 简易师范学校及简易师范科得缩短休假日期。

第一百三十四条 简易师范学校及简易师范科学生之实习，如无附属小学及幼稚园者，得在附近公私立小学及幼稚园实习之。

第一百三十五条 简易师范学校及简易师范科学生毕业后，充任简易小学、短期小学及初级小学教员。简易师范学校及简易师范科学生毕业后，服务期满，成绩优良，可入师范学校及幼稚师范科肄业，但仍须经入学试验及格。

第一百三十六条 简易师范学校设校长一人，主持校务，并担任教课，其时间不得少于专任教员教学时间最低限度二分之一。

简易师范学校及简易师范科之专任教员，每周教学时数为十八至二十四小时。

第一百三十七条 简易师范学校设教导主任一人，校医一人，会计一人，事务员及书记二至四人，分别由校长聘任及任用，呈报主管教育行政机关备案。

第一百三十八条 简易师范学校校长须品格健全，才学优良，于初等教育具有研究，且合于下列规定资格之一者：

（一）国内外师范大学，大学教育学院，教育科系毕业，或其他院系毕业而曾习教育学科二十学分，均经于毕业后从事教育职务二年以上著有成绩者；

（二）国内外大学本科或高等师范本科毕业后，从事教育职务三年以上著有成绩者；

（三）国内外高等师范专修科专科学校或专门学校本科毕业后，从事教育职务四年以上著有成绩者。

第一百三十九条 简易师范学校教员须品格徒全，于初等教育具有研究，其所任教科为其所专习之学科，且合于下列规定资格之一者：

（一）经师范学校教员考试或检定合格者；

（二）国内外师范大学或大学教育学院教育科系毕业者；

（三）国内外大学本科、高等师范本科、专修科、专科学校或专门学校本科毕业后，有一年以上之教学经验者；

（四）与高级中学程度相当学校毕业后曾任中等学校教员，有三年以上之教学经验，于所任教学科确有研究成绩看；

（五）有有价值之专门著述发表者；

（六）具有精练技能者（专适用于劳作科教员）。

第一百四十条 有本规程第一百一十一条及第一百一十三条情形者，不得任用为简易学校校长及教职员。

第一百四十一条 除本章所特别规定外，本规程其余部分均适用于简易师范学校及简易师范科。

通过修正师范学校的规程可以看出：师范学校的教学科目为公民、体育、军事训练（女生习军事看护）、卫生、国文、算学、地理、历史、生物、化学、物理、伦理学、劳作、美术、音乐、教育概论、教育心理、教育测验及统计、小学教材及教学法、小学行政、实习等。需要蒙回藏语或外语之特殊地方所设立的师范学校，可增加所需之语言学科，酌减其他学科或教学时数。

乡村师范学校的教学科目为公民、体育、军事训练（女生习军事看护及家事）、卫生、国文、算学、地理、历史、生物、化学、物理、伦理学、劳作、美术、音乐、农业及实习、农村经济及合作、水利概要、教育概论、小学教材及教学法、教育心埋、小学行政、教育测验及统计、乡村教育及实习等。

特别师范科的课程分两种：以高中毕业生为招生对象的教学科目有国文、体育、图画、音乐、劳作、教育概论、教育心理、小学教材及教学法、小学行政、教育测验及统计、地方教育行政及教学视导、民众教育及乡村教育、实习等13门课程；以高级职业学校毕业生为招生对象的教学科目有公民、国文、体育、算学、图画、历史、地理、珠算、初中及小学应用农艺、初中及小学应用工艺、初中及小学应用商业、教育概论、教育心理、教学法、教育测验及统计、职业教育、实习等18门课程。

简易师范学校的教学科目有公民、体育、卫生、国文、算学、历史、地理、植物、动物、物理、化学、劳作（农艺、工艺、家事）、美术、音乐、教育概论、教育心理、乡村教育及民众教育、教育测验及统计、小学教材及教学法、小学行政、实习21门课程。

简易乡村师范学校的教学科目有公民、体育、卫生、国文、算学、历史、地理、植物、动物、物理、化学、劳作（工艺）、美术、音乐、农业及实习、水利概要、农村经济及合作、教育概论、教育心理、小学教材及教学法、教育测验及统计、乡村教育、小学行政、实习24门课程。

简易师范学校的教学科目有体育、国文、算学、历史、地理、自然、劳作（农艺）、图画、音乐、教育概论、教育心理、小学教材及教学法、小学行政、实习14门课程。师范学校、简易师范学校及各分科师范学校课程的设置，基本上保持以往所形成的师范学校科目数、教学时数和专业知识与专门知识结构比例的同时，充分反映了各类师范学校的专业性质与特色。

1940年2月，教育部公布《特别师范科及简易师范科暂行办法》。

教育部订定之特别师范科及简易师范科暂行办法①
（1940年2月29日）

第一条 为各省市大量造就国民教育师资起见，特订定本办法。

第二条 特别师范科及简易师范科以附设于师范学校为原则，但公立中学及公立高级中学内得附设特别师范科，公立中学及公立初级中学内得附设简易师范科。

第三条 特别师范科及简易师范科修业年限均为一年。

第四条 特别师范科入学资格为高级中学或同等学校毕业，或具有同等学力者，均须经入学试验。

简易师范科入学资格为初级中学或同等学校毕业，或具有同等学力者，均须经入学试验。

上项同等学力录取名额，不得超过录取总数百分之二十。

第五条 特别师范科及简易师范科入学试验科目如下，公民、国文、史地、算学，自然（理化生物），口试及体格检查。

第六条 各省市开设特别师范科，以办理普通组为原则，必要时设体育，艺

---

① 中国第二历史档案馆．中华民国史档案资料汇编：第五辑：第二编：教育［M］．南京：凤凰出版社，1997：637-639．

术、劳作等组。

第七条 特别师范科普通组教学科目如下：

三民主义、伦理、体育、军事训练、军事救护（女生）、卫生、国语及注音符号、应用文、农工艺及实习，家事及实习（女生）、音乐、教学原理及方法、学校行政、童军教育、中华民国政府国势概要、地方自治、农村经济及合作与实习。

第八条 简易师范科教学科目如下：

三民主义、公民、体育、军事训练、军事救护（女生）、卫生、国语及注音符号、应用文、历史、地理、农工艺及实习、家事及实习（女生）、音乐、教学原理及方法、学校行政、童军教育、地方自治、农村经济及合作、实习。

第九条 特别师范科普通组以外其他各组教学科目另订之。

第十条 特别师范科及简易师范科得缩短休假日期。

第十一条 特别师范科及简易师范科学生之教学实习，除附属小学外，应指定附近中心学校或国民学校为实习场所。

第十二条 特别师范科学生毕业后，得充任中心学校或国民学校教员。

简易师范科学生毕业后得充任国民学校教员。

第十三条 特别师范科及简易师范科得设主任一人，商承校长主持科内教学及训导事宜。

第十四条 特别师范科主任，以曾任师范学校校长，教务主任、训育主任及曾任师范学校教育学科教员二年以上著有成绩者为合格。

简易师范科主任，以曾任简易师范学校校长，教导主任及曾任师范学校或简易师范学校教育学科教员二年以上著有成绩者为合格。

第十五条 特别师范科及简易师范科主任，应担任教课。其时间不得少于专任教员教学时间最低限度二分之一。

第十六条 除本办法所特别规定者外，其余均适用修正师范学校规程之规定。

第十七条 本办法自公布之日施行。

抗战爆发后，为适应战时需要，国民政府对中等师范学校的课程设置进行了重新修订。1941年7月，教育部公布《师范学校教学科目及各学期每周各科教学时数表》（女子师范学校及乡村师范学校均适用）和《四年制简易师范学校教学科目及各学期每周各科教学时数表》（简易乡村师范学校适用）。规定师范学校的教学科目为国文、数学、地理、历史、博物、化学、物理、体育、卫生、军事训练、童子军教育、公民、美术、音乐、教育通论、教育行政、教材及教学法、教育心理、测验及统计、地方自治、农村经济及合作、实用技艺（甲）、实用技艺（乙）、实习、选修科目等。四年制简易师范学校教学科目为国文、数学、地理、历史、博物、化学、物理、生理卫生、体育、童子军、军事训练、公民、美术、音乐、教育通论、教育行政、教材及教学法、教育心理、测验及统计、地方自治、农村经济及合作、实用技艺（甲）、实用技艺（乙）、实习等。此后，经多方研讨，教育部又于1945年4月颁布《三年制简易师范学校教学科目及各学期每周各科教学时数表》，规定三年制简易师范学校的教学科目为国文、数学、地理、历史、博物、化学、物理、生理卫生、体育、童子军、公民、音乐、教育通论、教育行政、教育心理、地方自治、农村经济及合作、实用技艺（甲）、实用技艺（乙）、教学及实习等。此外，教育部还根据师范生将来服务的需要，设置了甲、乙、丙、丁四组选修课目：甲组包括社会教育、教育辅导、地方行政、地方建设；乙组包括美术、实用技艺（丙）；丙组包括音乐、体育；丁组包括卫生教育、医学知识。各科师范学校根据当地实际情况选设一组或几组，学生均须自第二年开始选习一组科目且中途不能变更。对于分科师范课程，教育部也于1942年至1946年先后公布音乐、美术、童子军、幼稚、社会教育、劳作等师范科的教学科目及各学期每周各科教学时数表。①

这一时期，师范教育及其课程出现了全面恢复与提高的局面，师范教育体制进一步调整，课程设置也渐趋灵活多样，富有弹性，注重发展学生的个性。课程结构分为通识类课程、教育类课程、专门类课程及专业训练类课程，至此，国民政府各类师范学校的课程设置基本实现规范化和标准化。

第二节　安阳县立师范学校的课程设置

本节主要分析安阳县立师范学校、安阳县立简易乡村师范学校、安阳县立女子师范学校、日占时期伪安阳县立师范学校和抗战胜利后安阳县立简易乡村师范学校等校的课程设置。

一、安阳县立师范学校和安阳县立简易乡村师范学校课程设置

根据河南省1932年颁布的《河南各县立乡村师范学校暂行科目学分表》，对乡村师范学校的课程设置及学分标准进行了初步的规范（详见表2-3），师范班开设的课程有公民、国文、历史、地理、算学、物理、化学、生物、体育、卫生、军事训练、劳作、美术、音乐、伦理、教育概论、教育心理、教育测验

---

① 曾煜. 中国教师教育史[M]. 北京：商务印书馆，2016：167-168.

及统计、小学教材及教学法、小学行政、实习等。

表 2-3　河南各县县立乡村师范学校暂行科目学分表①

学年/学期 科目　时数/学分	第一学年 第一学期 时数	第一学年 第一学期 学分	第一学年 第二学期 时数	第一学年 第二学期 学分	第二学年 第一学期 时数	第二学年 第一学期 学分	第二学年 第二学期 时数	第二学年 第二学期 学分	第三学年 第一学期 时数	第三学年 第一学期 学分	第三学年 第二学期 时数	第三学年 第二学期 学分	各学科分数
公民	2	2	2	2	2	2	2	2	1	1	1	1	12
国语	4	4	4	4	4	4	4	4	4	4	4	4	24
数学	4	4	4	4	4	4	4	4	4	4	4	4	24
史地	3	3	3	3	3	3	3	3	3	3	3	3	18
植物	3	3											3
动物			3	3									3
生物			1	1	1	1							2
矿物					2	2							2
物理							2	2	1	1			3
化学							1	1	2	2			3
科学概论	2	2	2	2									4
教育概论	2	2	2	2									4
伦理					2	2	2	2					4
心理													
小学行政									3	3			3
教育法					3	3	3	3					6
社会教育									3	3			3
乡村教育问题											1	1	1
教材研究											2	2	2
农学通论	3	3	3	3									3
作物					3	3							3
肥料							3	3					3
畜牧及造林									3	3			3

---

① 河南省教育厅法令编辑委员会. 河南教育法令汇编 [M]. 开封：开明印刷局，1932：643-644.

续表

学年/学期 科目 \ 时数学分	第一学年 第一学期 时数	学分	第一学年 第二学期 时数	学分	第二学年 第一学期 时数	学分	第二学年 第二学期 时数	学分	第三学年 第一学期 时数	学分	第三学年 第二学期 时数	学分	各学科分数
农产制造											2	2	2
美工	4	2	4	2	2	1	2	1	2	1	2	1	8
音乐	3	1.5	3	1.5	2	1	2	1	2	1	2	1	7
体育	2	1	2	1	2	1	2	1	2	1	2	1	6
地方自治					3	3	3	3					6
乡村社会及问题研究	3	3	3	3									6
合作事业									3	3	3	3	6
实习					4	2	4	2	6	3	6	3	10
总计	35	30.5	36	31.5	37	35	37	32	42	33	42	26	184

1935年，根据国民政府教育部颁布的《师范学校规程》规定，安阳县立师范学校更名为安阳县立简易乡村师范学校，招收小学毕业生或同等学力的学生，学制为4年。此外依据国家政策开设的教育类课程主要有：教育概论、教育心理、小学教材及教学法、小学行政、教育测验及统计，实习继续作为独立科目在最后学年分两次进行。1937年冬，因日寇进犯中原，沦陷区处于战乱之中，许多学校受侵袭无法上课，安阳县立简易乡村师范学校被迫停办。

综上所述，安阳县立师范学校和安阳县立简易师范学校课程的重要特点表现在以下两方面。

其一，重视培养学生的实用技能。

根据安阳县立师范学校的课程设置可以看出，其课程除了包括一般的师范教育教学课程之外，还设置了大量的适应农村社会的课程，如植物、动物、肥料、作物、畜牧及造林、地方自治、乡村社会及问题研究等学科，这些学科共计51学分，占学分总数的27%还多。由此可见，乡村师范学校对学生在从事乡村小学教育中及在农村社会生活中的实用性技能的培养十分重视，这为学生毕业后回到农村从事小学教育打下了坚实的知识基础与技能基础。

其二，重视培养全能性人才。

这一时期河南乡村师范学校对学生的培养提出了严格的标准要求，要求学生养成忠孝仁爱信义和平的美德以及农夫的身手、科学的头脑、艺术的兴趣和良好的习惯，同时要求学生能够不为恶劣的旧社会腐化，能以乡村教育为重，努力宣传工作，训练民众，领导民众，从事乡村改造；在教育技能方面要求学生要明确的认识当地乡村社会的实际，认识乡村儿童的本质及乡土需要，认识乡村文化及乡村生产事业发展的路径，能身体力行，利用乡村环境，教学做合一的精神教导儿童，要对于儿童教学的各种教材有预前的熟识，有把握，能运用自如，教导儿童成为适于实际生活家庭良好份子和对社会有用的健全公民。

二、安阳县立女子师范学校的课程设置

民国时期，妇女教育一直处于封建统治之下，认为妇女除了要有一定的知识，最重要的就是接受"家事"训练和儿童教育。因此，在普通学校教育中，国民政府多次强调妇女的家事训练，也曾规定每一学区需设男、女师范各一所。各省除高等师范招收女子学习师范外，各省还应设立女子师范和女子师范部，各县要添设女子简易师范学校或班级。

1928年，安阳县教育局局长张鸿瑞向安阳县教育行政委员会提交了关于成立安阳县立女子师范学校的提案。经决议后，将民办的安阳女子师范迁至县西街（原同善济世社旧址），筹措经费，添招班次，正式成立安阳县立女子师范学校，由张鸿瑞任校长，学制为4年，招收3个师范班90名学生。女师还附设小学部，三级两班，共有学生172人。是年，安阳女子师范有校舍64间，教职员16人，全年经费7242元。

1930年，安阳县立女子师范招收新生3个班，学生85人，教职员8人。1931年，孙国庆到该校就职，学校规模有所扩大。1932年，安阳县立女子师范学校规模继续扩大。师范部有教职员6人，附小教职员5人。全校共有学生236人，学校的条件也有所改善。

安阳县立女子师范学校的课程主要依据国家政策和河南省相关政策进行设置，并在实践中逐渐完善。从《（安阳）县立女子师范学校暂行课程标准草案》（表2-4）中可以清晰看到安阳县立女子师范学校当时课程的开设情况。

1932年10月16日，安阳县立女子师范学校由本校教务主任张韵之草订的女子师范学校暂行课程标准报送省厅，17日，河南省督学李凤章认为该课程标准除略加补充外，余均可用。

表 2-4 （安阳）县立女子师范学校暂行课程标准草案

学科	学年 学习时间	第一学年 第一学期 时数	第一学年 第一学期 学分	第一学年 第二学期 时数	第一学年 第二学期 学分	第二学年 第一学期 时数	第二学年 第一学期 学分	第二学年 第二学期 时数	第二学年 第二学期 学分	第三学年 第一学期 时数	第三学年 第一学期 学分	第三学年 第二学期 时数	第三学年 第二学期 学分	各科学分数
党义	三民主义	1	1	1	1									2
	建国方略					1	1	1	1					
	建国大纲法制知识									1	1			1
	民众组织训练											1	1	1
	国语	6	6	6	6	5	5	5	5	5	5	4	4	31
	数学	6	6	6	6	5	5	5	5	4	4	4	4	30
	史地	4	4	4	4	4	4	4	4	4	4	3	3	23
教育	教育概论	4	4	3	3									7
	伦理	2	2	2	2									4
	教学法					3	3	3	3					6
	社会教育									2	2			2
	小学行政									2	2			2
	教材研究											2	2	2
	幼稚教育											2	2	2
教育	乡村教育											2	2	2
	心理					2	2	2	2					4
自然	植物	3	3											3
	动物			3	3									3
	生理			2	2	1	1							3
	矿物					2	2							
	物理							2	2	1	1			3
	化学							1	1	2	2			3
	科学概论											2	2	2
	美工	4	2	4	2	4	2.5	3	1.5	3	1.5	2	1	10.5

54

续表

学科 \ 时间	第一学年 第一学期 时数	学分	第一学年 第二学期 时数	学分	第二学年 第一学期 时数	学分	第二学年 第二学期 时数	学分	第三学年 第一学期 时数	学分	第三学年 第二学期 时数	学分	各科学分数
体育	2	1	2	1	2	1	2	1	2	1	2	1	6
音乐	3	1.5	3	1.5	2	1	2	1	2	1	2	1	7
地方自治					2	2	2	2					4
合作事业									2	2	2	2	4
家事									1	1	3	3	4
实习					4	2	4	2	5	2.5	6	3	9.5
习字	1	0.5											0.5
总计	36	31	36	31.5	37	31.5	36	30.5	36	30	35	29	183.5

注：来源于安阳师范学院校史

1934年河南省教育厅对乡村师范学校的课程进行调整（表2-5），安阳县立女子简易乡村师范学校也依此进行了相应调整。安阳县立女子简易乡村师范学校设有公民、体育、卫生、国文、算学、地理、历史、植物、动物、化学、物理、劳作（工艺）论、教育心理、教育概论、美术、音乐、农业及实习、水利概要、农村经济及合作、小学教材及教学法、教育测验及统计、乡村教育、小学行政、实习24门课程。此外，第四学年增设家务课程。

表2-5 修正师范学校教学科目及各学期每周教学及自习时数表
（设在乡村之师范学校及乡村师范学校适用）①

科目 \ 时数	第一学年 第一学期	第一学年 第二学期	第二学年 第一学期	第二学年 第二学期	第三学年 第一学期	第三学年 第二学期
公民	2	2	2	2		
体育	2	2	2	2	2	
军事训练	3	3				

① 资料来源：《河南教育月刊》1934年，第4卷第11期。

续表

科目 \ 时数 \ 学年、学期	第一学年 第一学期	第一学年 第二学期	第二学年 第一学期	第二学年 第二学期	第三学年 第一学期	第三学年 第二学期
（军事看护）	(3)	(3)				
（家事）			(3)	(3)		
卫生			1	1		
国文	5	5	5	5	3	3
算术	3	3	3	3		
地理	3	3				
历史			4	4		
生物	3	3				
化学			3	3		
物理					6	
伦理学	2					
劳作（工艺）	2	2	2	2	2	2
美术	2	2	2	2	2	
音乐	2	2	2	2	2	
农业及实习	4	4	4	4	3	3
农业经济及合作					3	
水利概要					3	
教育概论	3	4				
教育心理			3	3		
小学教材及教学法			3	3	3	3
小学行政						4
教育测验及统计					4	
乡村教育						3
实习					3	18
每周授课时数	36	36	36	36	36	36
每周课外运动及在校自习时数	24	24	24	24	24	24

注：一、师范学校，第一学年第二学期自四月十一日起至七月十日止，实施集中军事训练。二、实施集中军训时期所缺少的教学时间，除各学年年假春假酌量缩短以资抵补

外，其各学科教学时间缺少较多者于其他学期中酌量增加。三、军事训练施于男生，军事看护及家事施于女生。四、师范学校学生每日上课，自习课及课外运动总时数规定为十小时，每星期以六十小时计算。五、每日除上课时间外，以一小时为早操及课外运动时间，其余为自习时间。六、在校自习及课外运动时间均需有教员督促指导。七、在校自习无论住校学生或通学生均需参加。

民国初期就废止了忠君尊孔的教学内容。其间，又经历党化教育、三民主义教育等不同变化。安阳县立女子师范学校将党义这一模块放在了课程的开头，整体体现了民国时期的教育宗旨；其次重视自然学科、工具学科、地方自治、合作事业、家事等方面正体现了实利主义教育，其中也增加了美工、音乐、体育以涵养德性及美感来体现美感教育，其层次的分工明确，使民国时期的教育宗旨通过课程的安排有序地落到了实处。

三、伪彰德县立师范学校

1937年11月，日本侵略军攻占了豫北重镇彰德（今安阳），11月20日组成了伪河南省自治政府，吴佩孚的部下萧瑞臣任主席。随即日军进行了休整，并暂时放松了对江浙、山西战场的攻势，集中力量为大举进攻河南做准备。日军占领豫北重镇安阳后，一方面对部队稍事休整，另一方面迅即着手组织伪政权。当时华北伪政权正在组织筹划中，不能对外发号施令。河南伪政权全是日本侵略者一手炮制起来的。经日军头目土肥原贤二等人的策划，日本侵略者在中国的民族败类中选拔、收买了一批汉奸走狗，在安阳建立了河南沦陷区第一个伪政权——河南省自治政府，下辖民政、建设、财政、教育等厅。

1939年，暂就马号街原大公中学校址，成立彰德县立师范学校。学制为4年，采用一校两部的办学方法，即：分为男子部、女子部两部。男子部在学校西院，女子部在东院。首届招收男生和女生各一个班。之后，原安阳县立简易乡村师范学校和女子简易乡村师范学校的部分学生，陆续进入彰德县立师范学校学习，后来该校班次增至男女学生各四个班。

在课程设置上，按照伪华北政务委员会教育总署指定的标准实施。学校使用的"课本教材由日伪华北政务委员会教育总署教科书编委会统一编审，华北新民书局统一印行"[①]。学校的主要课程是日语课，所占课时和国文课差不多，甚至超过汉语授课时数。修身课、国文课，都是满篇充斥着奴化教育的思想内容，里面大肆宣传"中日亲善""共存共荣""大东亚共荣圈""大东亚战争必

---

① 申志诚，孙增福，张振江，等．河南近现代教育史稿[M]．开封：河南大学出版社，1990：284．

胜"等殖民侵略理论,目的是解除中国青年的反侵略思想武装,老老实实地做日本侵略者奴役下的"顺民"。学生在严密的思想控制之下,民族观念、国家意识被扼杀在萌芽状态。

四、复校后的课程设置

1945年8月27日,安阳县立简易乡村师范学校复校。恢复后的安阳县立简易师范学校仍实行4年制的学制,按照其教学计划共开设24门课程,详见表2-6。课程设置总体而言是在借鉴《修正师范学校教学科目》的同时,又能结合该校的实际所开展的教学科目。但在实际教学过程中,有些课程由于无任课教员或其他因素均有删减。

表2-6 安阳县立简易乡村师范学校课程设置表

学年、学期 科目 时数	第一学年 第一学期	第一学年 第二学期	第二学年 第一学期	第二学年 第二学期	第三学年 第一学期	第三学年 第二学期	第四学年 第一学期	第四学年 第二学期
公民	2	2	2	2	2	2	2	2
体育	2	2	2	2	2	2	2	
卫生	2	2	1	1	1	1		
国文	6	6	6	6	6	6	4	3
算学	4	4	3	3	2	2	2	
地理	3	3	3	3				
历史	3	3	3	3				
植物	2	2						
动物	2	2						
劳作(工艺)	2	2	2	2	2	2	1	
美术	2	2	2	2	2	2	1	
音乐	2	2	2	2	2	2	1	
农业及实习	5	5	5	5	5	5		3
化学			3	3				
教学理论			3	3	2	2		
物理					3	3		
水利概要					2	2		
教学心理					3	3		

续表

学年、学期 科目　时数	第一学年		第二学年		第三学年		第四学年	
	第一学期	第二学期	第一学期	第二学期	第一学期	第二学期	第一学期	第二学期
小学教材及教学法					3	3	4	
农业经济及合作							4	
乡村教育							3	
小学行政							3	
实习							3	24
教育测验及统计								3

抗日战争胜利后，安阳县立女子简易乡村师范学校也得以复校，复校后开设的课程有国文、教育、劳动技术、史地、数学、物理、体育、图画、音乐等。但由于教员配备不齐，导致部分科目无法开设。

第三节　基本特点

通过对上述民国初年、五四运动时期、南京国民政府时期等不同时段的政策的规定以及阳县师范传习所、安阳县立师范学校课程设置的总体分析，民国时期中等师范课程设置的基本特点有：体现民国时期的教育宗旨，体现了师范教育规范化、专业化与制度化，重视学生的实用技能，重视培养全能型人才，课程实行学年学分制；等等，具体分析如下文。

一、体现民国时期的教育宗旨

民国元年（1912年），教育部公布了教育宗旨："注重道德教育，以实利教育辅之，更以美感完成其道德。"民国四年（1915年）一月，颁布《教育总纲要》，总纲中提出教育宗旨："注重道德、实利、尚武。以道德为经，实利尚武为纬。"民国十八年（1929年）四月，公布《中华民国教育宗旨及其实施方针》，提出："中华民国基于三民主义立国，即以三民主义施政。其教育应以三民主义充实人民生活，维持社会生存，发展国民生计，延续民族生命。"① 这一时期的课程设置体现了民国时期的教育宗旨。首先，废止了忠君尊孔的教育内容，注重道德教育和人格培养。从整个课程设置来看，取缔了一些具有浓厚封建色彩的课程，增加了实用类课程，如师范生本科第一部设16门科目，比清末完全科科目相比，新设了英语、法制经济、手工、农业、乐歌，并把商业作为选修课，总体课时也相对缩小了，更加注重学生实用精神的培养；《普通教育暂行课程标准》规定师范科目为：修身、教育、国文、外国语、历史、地理、数学、博物、理化、法制经济、家政、裁缝、习字、图画、手工、音乐、体操等，废除了清末的读经课，这也是中等师范教育课程设置的基本结构；1923年正式公布《新学制师范课程标准纲要》，一方面由重视基本学历转为注重专业修养，增加了科学知识和文化陶冶的科目，另一方面减少了公共必修科，增加选修科，采用学分制，照顾学生的能力、兴趣、需要，有利于发展学生的个性，这都体现了资产阶级的教育思想。与此同时，这些课程也充分体现了资产阶级的教育宗旨，即使一些与清末名称相同的课程，内容也相差甚远。以修身课为例，清末的修身课着重"竖其敦尚伦常之心""鼓其奋发有为之气"教师修身之次序法则，尤须勉以实践躬行，使养成为师范之品也；民国时期的修身课更多是讲授国民对国家、社会、民族的责任，这些都体现了资产阶级伦理道德观的内容。安阳县立师范学校开设的课程包括公民、国文、伦理等课程，而安阳县立女子师范学校更将党义放在课程的开头，开设三民主义、建国方略、建国大纲、法制知识、民众组织训练、国语等课程；另外重视自然学科、工具学科、地方自治、合作事业、家事等正体现了实利主义教育，其中也增加了美工、音乐、体育以涵养德性及美感，其层次的分工明确，使民国时期"注重道德教育，以实利教育，军国民教育辅之，更以美感教育完成其道德"的教育宗旨通过课程的安排有序地落到了实处。

二、体现了师范教育的规范化、制度化与专业化

与清末时期的中等师范课程设置相比，民国时期出台了相关政策、规程、文件，加强了中等师范教育的课程建设，使整个师范教育朝着规范化、制度化与专业化的方向发展。如1912年1月19日，南京临时政府教育部通电各省颁布《普通教育暂行办法》，对中等师范制度进行了改革，与此同时还颁布了《普通

---

① 河南省沈丘县教育委员会. 河南省沈丘县教育志 [M]. 周口：沈丘县教育局，1986：45.

教育暂行课程标准》，其对课程设置要求：师范学校（即旧制之初级师范学堂）之学科目为修身、教育、国文、外国语、历史、地理、数学、博物、理化、法制、经济、习字、图画、手工、音乐、体操，女子加家政裁缝，视地方情形加设农工商业之一科目；1912年9月，教育部颁布了《师范教育令》，同年12月颁布了《师范学校规程》，1913年颁布了《师范学校课程标准》。《师范教育令》是指导当时师范教育改革的纲领性文件，并将师范教育分为中等和高等两级；《师范学校规程》规定了师范学校的目的、教养要旨、设置、组织、入学资格、课程和服务年限；《师范学校课程标准》为整个师范学校的课程设置提供了一个参考依据，与清末的课程设置相比，课程内容逐渐丰富，学生可选择性逐步提高，课程实施体系也更加成熟；1932年和1933年民国教育部出台的《师范教育法》和《师范学校章程》，规定了中等师范教育的课程设置。1935年教育部公布的《修正师范学校规程》对不同类型师范教育的课程做出了相应规定，这体现了中等师范教育规范化与制度化。另外在课程设置上与清末课程相比，1935年教育部公布的《修正师范学校规程》除了设教育之外，还增加了教育概论、教育心理、小学教材及教学法、小学行政、教育测验及统计、实习等科目，这些都凸显了教师的专业性培养。安阳县立师范学校的课程设置也相对完善，专业化的教师培养特点更为显著。与彰德师范传习所相比除了教育学之外，还增加了教育概论、伦理、教学法、社会教育、小学行政、教材研究、乡村教育、心理等课程，并设置实习课程，安阳县立女子师范学校还增加了幼稚教育等课程，使教育教育课程更加全面、更加系统、更加规范，这体现了师范教育的专业化要求。从政策上看，《师范教育令》第一条就明确规定了各级师范学校的培养目标，师范教育的方向及针对性较强，在课程设置上要重视教育类课程的学习，并注重实习，教育部还专门颁布了《师范教育注重实习训令》，规定各师范学校必须设附属学校作为实习基地，师范学校学生在最末学年，每周都得去附属学校实习，进而保证理论与实践之间的联系，这些都体现了师范教育课程设置的规范化、专业化与制度化。

三、重视学生的实用技能

与清末时期课程设置相比，民国时期的课程设置更加重视学生的实用技能。民国初年《普通教育暂行小法》中规定师范学校开设的课程要有家政、裁缝、手工、农工商业等实用性课程。1912年12月颁布《师范学校规程》规定师范学校开设的实用类课程有农业、家事园艺、缝纫等，农业要旨，在习得农业之知识技能，以养成农作物之趣味，勤劳之习惯，并解悟高等小学校农业教授法；

家事园艺要旨，在习得缝纫知识技能，养成勤俭整洁之习惯；缝纫要旨，在习得缝纫知识技能，养成节俭利用之习惯，并解悟高等小学校缝纫教授法，这都体现了对学生实用技能的培养。1913年颁布的《师范学校课程标准》规定女子预科加授缝纫一科，此外，根据地方情形，还可兼开农业、商业供学生选择，并开有家事园艺科目，这也体现了对学生实用技能的重视。安阳县立师范学校的课程设置可以看出，其课程除了包括一般的师范教育教学课程之外，还设置了大量的适应农村社会的课程，如植物、动物、肥料、作物、畜牧及造林、地方自治、乡村社会及问题研究等学科，这些学科共计51学分，占学分总数的27%还多。由此可见，乡村师范学校对学生在从事乡村小学教育中及在农村社会生活中的实用性技能的培养十分重视，这为学生毕业后回到农村从事小学教育打下了坚实的知识基础与技能基础。安阳县立女子师范学校，除了开设植物、动物、生理、矿物等实用课程之外，还在第四学年增加了家务课，培养学生的实用技能。

四、重视培养全能型人才

这一时期的中等师范教育提出了严格的标准要求，师范教育及其课程出现了全面恢复与提高的局面，师范教育体制进一步调整，课程设置也渐趋灵活多样，富有弹性，注重培养学生的个性。课程结构分为通识类课程、教育类课程、专门类课程及专业训练类课程，更加注重学生的多方面发展。如在专业训练方面，1935年，教育部公布的《乡村师范学校课程标准》《简易师范学校课程标准》《简易乡村师范学校课程标准》和《修正师范学校规程》，对不同类型师范教育的课程制定了相应的规定，其课程设置会依据不同需要开设农业及实习、农村经济及合作、水利概要等课程；在训育方面，根据实施方针所规定劳动实习，师范学校学生除劳作科作业外，凡校内整理、清洁、消防及学校附近之修路、造林、水利、卫生、识字运动等项，皆须分派担任，这些都是注重培养学生的多种才能的举措。河南乡村师范学校要求学生养成忠孝仁爱信义和平的美德以及农夫的身手、科学的头脑、艺术的兴趣和优美的习惯，同时要求学生能够不为恶劣的旧社会腐化，能以乡村教育为中心，努力宣传工作，训练民众，领导民众，从事乡村改造；在教育技能方面要求学生要明确的认识当地乡村社会的实际，认识乡村儿童的本质及乡土需要，认识乡村文化及乡村生产事业发展的路径，能身体力行，利用乡村环境，本着教学做合一的精神教导儿童，要对儿童教学的各种教材，确有预前的熟识，有把握运用自如，教导儿童成为适于实际生活的家庭良好份子和对社会有用的健全公民。

五、课程实行学年学分制

在这一时期，中等师范教育开始实施了学年学分制，如新学制对师范教育改革的重点是：第一，规定了6种分不同修业年限与学校级别的师范教育，从不同学期的师范讲习所到4年的高等师范教育，使师范教育种类增多，办学机制趋于灵活。第二，提高了师范教育的程度，延长了修业年限。师范学校修业年限由旧制的预科1年、本科4年增加到6年。设立4年制师范大学，将旧制高等师范学校升格为师范大学，并在大学设教育科，招收高中毕业生，使高等师范教育与大学处于同一发展水平。[①] 1935年教育部公布的《修正师范学校规程》规定师范学校修业年限三年，幼稚师范科修业年限三年或二年，特别师范科修业年限一年；简易师范学校入学资格为小学毕业生，修业年限四年；简易师范科之入学资格为初级中学毕业生，修业年限一年。1940年2月，教育部公布《特别师范科及简易师范科暂行办法》规定特别师范科及简易师范科修业年限均为一年。1932年颁布的《河南各县立乡村师范学校暂行科目学分表》要求河南各县立乡村师范学校实行三年制，并规定了每门学科的学分，安阳县立师范学校与安阳县立女子师范学校均实行三年制学制，每门课程的开设都有相应的学分，以此来保证学生的学习质量。由此可以看出，民国时期，政策上要求中等师范学校实行学年制，安阳县立师范学校紧跟河南省的政策实行学年制与学分制，以保证每门课程的开设质量。

纵观整个民国时期中等师范教育课程的设置，可以说是一个逐步规范化、制度化与专业化的过程，从民国初年开始改革，1913年《师范学校课程标准》的颁布对整个师范学校的课程设置提供了一个参考依据；五四运动时期，课程设置更为灵活；南京国民政府时期中等师范教育的课程也随着国家的形势处于不断地调整与变动中，但总体而言其制度化、规范化、专业化的课程设置为后续中等师范教育的课程设置提供了有利的参考价值；其重视实习，注重实用技能的掌握与全能型人才的培养，为后续培养全面发展的人奠定了基础；其课程开始实习学分制与学年制，也为后续整体课程的规划与发展奠定了基础。

---

① 顾明远，张东娇. 中国学制百年［M］. 北京：教育科学出版社，2016：73.

第三章

20世纪50—70年代中等师范教育课程

1949年10月1日，新中国成立，开辟了历史的新纪元。但新中国成立之初，旧中国遗留下来的教师教育机构数量贫乏，基础薄弱，师资力量无论是在数量上还是质量上均不能满足社会主义建设的需要。师资问题不解决，文化建设就难以达到高潮，甚至影响经济建设。改造旧有的教育体制，建设新的教育体制，成为该时期的迫切需求。小学教师教育课程也在政策的引领之下与国家建设的需求之下开始有了新的发展。这一时期"安师小教"经历了平原省立安阳师范学校（1949年7月—1952年底）；河南省安阳师范学校时期（1952年—1962年5月），1962年5月15日与安阳第二师范学校合并后成为豫北有影响的师范学校，主要培养小学师资。频繁变更之下的安阳师范学校（1957年12月10日—1958年12月29日），已不再是纯粹的培养小学师资的场所了，而是其中的中师部负责；其中安阳第二师范学校作为安阳师范学校的有机组成部分，经过多方组建，如彰南县立师范学校与邺县县立师范学校之间合并成为安阳初级师范学校，最终发展成为安阳第二师范学校。本章主要介绍了20世纪50—70年代我国中等师范教育课程概况，并分析了各个学校的课程设置及特点。

第一节 20世纪50—70年代中等师范教育课程政策概要

一、新中国成立初期中等师范教育课程概要

新中国成立之初，百废待兴，改造国民党遗留下来的旧师范教育，培养大批适应新中国教育事业的人民教师成为当务之急。1951年8月《人民教育》发表了题为《大力稳定和发展小学教育，培养百万人民教师》的社论，指出："师范教育好比工业中的重工业，机器中的工作母机，它是国家教育建设的根本，是全部教育工作的中心环节。"同年8月到9月期间，教育部在北京召开了一次

全国初等教育和师范教育的会议，教育部长马叙伦提出："师范教育是整个教育建设的中心环节，师资问题如不解决，文化建设的高潮就很难到来，甚至会影响经济建设。"[1] 并指出当时最主要的问题是全国师范教育的发展未能与新中国教育建设的实际需要相适应。全国的 29 所高等师范学校的分布很不平衡，在教育方针、制度、教育内容等方面，都没有统一的标准，而毕业生"数量既小，质量又差"[2]。会议明确指出了当前师范教育的工作方针，提出为了有效地供应大量师资，要使正规师范教育与大量短期训练相结合，在办好正规学校的同时必须开办各种短期师资训练班等办法。特别是今后三五年内，应以大量短期训练为重点。[3] 此次会议明确了新中国师范教育的发展方向，大体上奠定了新中国师范教育的基本格局。1951 年 10 月 1 日，颁布了《政务院关于改革学制的决定》，其中，对于培养小学教师的中等师范学校、初级师范学校的学制、招生条件、服务面向等作了初步规划。

1952 年 7 月，为解决中小学师资严重不足的问题，教育部颁布《关于大量短期培养初等及中等教育师资的决定》，提出在今后五至十年内，师资培养工作应以短期训练为主。短期训练班主要由各级师范学校主办，修业年限以不超过一年为原则，学生待遇比照各级正规师范学校。按照此规定，各地开始大量招收城乡失业知识分子、家庭妇女和年龄较长的高小毕业生施以短期培训后即充任小学教师，力求在较短的时间内，迅速和有效地训练大批初等和中等教育的师资。以 1952 年中等师范学校招生情况为例，当年招收新生 26.2 万人，其中，师范学校招 26700 人，占招生总数的 10%；初级师范学校招 65700 人，占招生总数的 25%；短期训练班招 17 万人，占招生总数的 65%。[4] 其课程设置依据 1952 年 7 月颁布的《师范学校暂行规程（草案）》。

---

[1] 李友芝，等. 北京近代师范教育史资料：4 册 [M]. 北京：北京师范学院内部交流版，1983：1628.
[2] 刘英杰. 中国教育大事典：1949—1990：上 [M]. 杭州：浙江教育出版社，1993：802-803.
[3] 刘英杰. 中国教育大事典：1949—1990：上 [M]. 杭州：浙江教育出版社，1993：803.
[4] 何东昌. 中华人民共和国重要教育文献：1949—1975 [M]. 海口：海南出版社，1998：166.

师范学校暂行规程（草案）①

（教育部，1952年7月16日颁布试行）

第一章 总则

第一条 本规程根据中国人民政治协商会议共同纲领文化教育政策的规定及中央人民政府政务院关于改革学制的决定制定之。

第二条 师范学校的任务，是根据新民主主义教育方针，以理论与实际一致的方法，培养具有马克思列宁主义和马克思列宁主义与中国革命实际相结合的毛泽东思想的初步基础，中等文化水平和教育专业的知识、技能，全心全意为人民教育事业服务的初等教育和幼儿教育的师资。

第二章 学制

第三条 师范学校修业年限为三年，招收初级中学毕业生或具有同等学力者，入学年龄暂定为15足岁至30岁。

培养幼儿园师资的师范学校称幼儿师范学校。师范学校得附设幼儿师范科。

第四条 师范学校得附设师范速成班，招收初中毕业生或具有同等学力者，修业年限为一年。

师范学校得附设短期师资训练班。

第五条 师范学校招收学生，须经考试合格方得入学，不受民族、宗教信仰的限制。除专收女生的女子师范学校外，并不受性别的限制。

初级中学毕业生成绩优良者，得由原校保送免试升入师范学校。但每届此项免试入学的人数应有一定的限制，保送办法由各省、市（中央及大行政区直属市，下同）人民政府教育（文教）厅、局（以下简称省、市教育厅、局）制定，报请大行政区人民政府（军政委员会）教育（文教）部（以下简称大行政区教育部）批准，转报中央人民政府教育部（以下简称中央教育部）备案（华北区各省、市径报中央教育部，下同）。

第六条 师范学校招收学生，应对工农子女、工农干部和少数民族青年，在入学年龄、入学资格等方面，予以适当照顾。具体办法由各省、市教育厅、局根据当地情况规定之。

第七条 师范学校，为适应在职小学教师之需要，经省、市教育厅、局批准，得设函授部，用函授方式，提高他们至师范学校毕业程度。

第八条 师范学校为了便利学生观摩学习，应设附属小学或幼儿园，或由所

---

① 瞿葆奎．中国教育改革 [M]．北京：人民教育出版社，1991：94-111．

在地教育行政机关指定附近小学，幼儿园为实习场所。

第九条 师范学校定为秋季始业，其校历另定之。

第三章 设置领导

第十条 师范学校除师范学院附设者外，均由省、市、县人民政府设立。

私人或私人团体不得设立师范学校或任何师资训练机关。

第十一条 省、市师范学校的设立、变更、停办，由省、市人民政府决定，报经大行政区教育部批准，转报中央教育部备案。

省属市和县师范学校的设立、变更、停办，由市、县人民政府报请省人民政府决定，层转中央教育部备案。

第十二条 省、市、县设师范学校由省、市教育厅、局统一领导，但省属市和县设师范学校的日常行政由市、县人民政府领导，省设师范学校的日常行政，亦得由省教育厅委托所在地专员公署或市、县人民政府领导。

第十三条 师范学院附设师范学校的设立、变更、停办，师范学院商得所在省、市人民政府同意后，报请其主管教育行政部门批准，径报或转报中央教育部备案。

第十四条 师范学院附设师范学校，除受该师范学院领导外，并受所在省、市教育厅、局指导。

第十五条 师范学校应于每学期开始和终了时，将工作计划、工作总结报告省、市教育厅、局，其日常请示报告制度，由省、市教育厅、局规定之。

第四章 教学计划、教材

第十六条 师范学校、幼儿师范学校及师范速成班的教学计划规定如下：

（一）师范学校教学计划

科目		第一学年 上	第一学年 下	第二学年 上	第二学年 下	第三学年 上	第三学年 下	三学年总计
语文及教学法	语文	8	8	6	6	6	6	696
	语文教学法					1	1	32
数学及算术教学法	算术及教学法					2	2	64
	代数	2	2	2	2			144
	几何	2	2	2				108
	三角				2	2		72
物理		4	4	2	2			216
化学				2	2	3	3	168
达尔文理论基础		2	2					72

续表

科目		第一学年 上	第一学年 下	第二学年 上	第二学年 下	第三学年 上	第三学年 下	三学年总计
	自然教材教法					2	2	64
地理及教学法	地理	2	2	2	2			144
	地理教学法					1		18
历史及教学法	历史	4	4	3	3	2	2	316
	历史教学法					1		18
政治	社会科学基础知识	2	2	2	2			144
	共同纲领					1	2	46
	时事政策	1	1	1	1	1	1	104
	心理学			2	2			72
	教育学			2	2	3	3	168
	学校卫生					1	1	32
体育及教学法	体育	2	2	2	2	1	1	176
	体育教学法						1	14
音乐及教学法	音乐	2	2	2	2	1	1	176
	音乐教学法						1	14
美术及教学法	美术	2	2	2	2	1	1	176
	美术教学法						1	14
	参观实习			1	1	2	2	100
	每周教学时数	33	33	33	33	31	31	
	每学期上课周数	18	18	18	18	18	14	
	每学期上课总时数	594	594	594	594	594	434	3368

[说明]

一、本教学计划所列教学科目，均为必修。

二、每学期实际上课时间为 18 周。但最后学期末，应以四周时间（如因故超过四周时间应没法利用假期补课保证该学期完成教学计划）集中进行教育的参观实习，实际上课时间为 14 周。

三、语文教学时数包括文学及写作练习时间在内。文学分普通文学及儿童文学，普通文学可在第一、二学年讲授，每周两节，儿童文学可在第三学年讲授，每周两节至三节，视教材多少而定。

四、算术包括珠算在内，物理包括天文气象在内，化学包括矿物学在内，几何包括平面几何、立体几何，时间支配可根据学生在初中阶段所学平面几何的基础规定。

五、各科教学法以由各科教员担任分别结合本科进行教学为原则。

六、教学计划内所列参观实习时间，系指日常的教育参观实习时间，应与教育学、各科教学法密切配合进行。最后学期末四周的参观实习系业务课教学总结性的参观实习，可集中一次或分为两次使用。

（二）师范速成班教学计划

科目		第一学期	第二学期	二学期总计
语文及教法	语文	8	6	228
	语文教学法	1	1	32
算术及教法	算术	2	2	64
	算术教学法	1	1	32
自然教材教法		2	2	64
地理教材教法		1	2	46
历史教材教法		1	2	46
政治	共同纲领	1	1	32
	时事政策	1	1	32
心理学		2	2	64
教育学		4	4	128
体育及教学法		2	3	78
音乐及教学法		3	3	96
美术及教学法		3	2	82
参观实习		2	2	64
每周教学时数		34	34	
每学期上课周数		18	14	
每学期上课总时数		612	476	1088

[说明]

一、本教学计划科目均为必修。

二、语文时数包括文学及写作练习时间在内，文学分普通文学及儿童文学，儿童文学可定每周一节一学年，普通文学可定每周两节，在第一学期讲授。

三、第一学期实际上课时间为18周，第二学期应以四周时间进行集中的教育参观观实习，实际上课时间为 14 周。

四、各科教学法（求教材教法）以分别由各该科教员担任教学为原则。

五、本教学计划内所列参观实习时间，系指日常的教育参观实习时间，应与教育学各科教学法和各科教材教法密切配合进行。第二学期四周的参观实习系业务课教学总结性的参观实习，可集中一次分为两次使用。

第十七条 师范学校学生的学习时间规定如下：

（一）学生每学期在校时间 20 周，除入学、注册、考试外，实际上课（包括参观实习）18 周。

（二）学生每日学习时间（包括上课和课外作业），不得超过九小时。

（三）教学时间，每节上课 45 分钟，休息 10 分钟，但每日第二节后得延长休息时间至 30 分钟。

（四）数学等需要练习较多的学科，每节以 30 分钟讲授，15 分钟指导练习为原则。

第十八条 师范学校教材须采用中央教育部审定或指定的教科书。

由此可以看出，三年制师范学校的教学科目语文及教学法（语文、语文教学法）、数学及算术教学法（算术及教学法、代数、几何、三角）、物理、化学、达尔文理论基础、自然教材教法、地理及教学法（地理、地理教学法）、历史及教学法（历史、历史教学法）、政治（社会科学基本常识、共同纲领、时事政策）、心理学、教育学、学校卫生、体育及教学法（体育、体育教学法）、音乐及教学法（音乐、音乐教学法）、美术及教学法（美术、美术教学法）、参观实习，所有科目均为必修。

师范速成班的具体教学科目包括语文及教法（语文、语文教学法）、算术及教法（算术、算术教学法）、自然教材教法、地理教材教法、历史教材教法、政治（共同纲领、时事政策）、心理学、教育学、体育及教学法、音乐及教学法、美术及教学法、参观实习。相比于师范学校，其修业年限仅为一年，因而教学科目相对较少。

1956 年 5 月，教育部专门颁布了《师范学校教学计划》，该计划对师范学校的课程设置、教学进程、教育实践等方面作了详细规定。从课程设置来看，由于师范学校学生没有完全接受中学教育，因而教育部认为，师范学校的课程设置既要重视专业课程，又不能忽视普通教育课程，因而其课程设置呈现出普通中学教育课程与师范专业课程相结合设置的特点。如设置语文及语文教学法类课程包含了汉语、文学及儿童文学、语文教学法三门课程，数学与算数教学法类课程包含了算数、代数、几何以及算术教学法四门课程,其他的还有地理及地理教学法类课程、历史及历史教学法类课程、体育及体育教学法、音乐及唱歌教学法、图画及图画教学法等课程。此外,还分别设置了物理学、化学及矿物学、人体解剖生理学、政治类等普通中学教育课程。① 当然,心理学、教育学等课程则是师范专业的核心课程。从教育实践安排来看,除了教育实习外,还特别强调"教学工厂实习"和"农业生产基本知识及实习",要求学生从第一学期到第五学期每周各进行 1 小时的实习工作,以便学会设计和制造监督的直观教具以及农业生产的科学知识和劳动技能。② 教育实习特别强调教学法课程"必须加强平时的教育实习",要求教师要结合课程教学进度和需要,组织指导学生参观小学各科教师的师范教学,并在第 4、5 学期中进行为期 2 周的课堂教学试教,从而培养教学基本技能,从而使学生在第 6 学期进行为期 4 周的集中实习时,"基本上能够独立担任小学教师的工作"。总之,新中国成立初期小学教师教育的培养注重"全面发展"并注重学生的"专业教育",因此开设各科教法课,并注重学生的实习。

二、全面建设社会主义时期中等师范教育课程概要

(一) 改革政治课程

1956 年 8 月,教育部一度通知全国中学停开初三至高二年级的政治课,只留高三的"宪法课"。1957 年 3 月,毛泽东主席提出加强思想政治工作,"要恢复中学方面的政治课,取消宪法课,要编写新的思想政治课本"③。1957 年 3 月,教育在北京召开第三次全国教育行政会议。会议认为,政治思想教育是学校教育的灵魂,目前普通教育存在着脱离实际的倾向,表现为教育与政治结合不够,教育与生产脱节。④ 1957 年 8 月,《教育部关于中学、师范学校设置政治课的通知》发出,要求中等学校全面恢复政治课,并规定初中一、二年级讲"青年修养",初三讲"政治常识",高中一、二年级讲"社会科学常识",高三

---

① 何东昌. 中华人民共和国重要教育文献:1949—1975 [M]. 海口:海南出版社,1998:615.
② 何东昌. 中华人民共和国重要教育文献:1949—1975 [M]. 海口:海南出版社,1998:618.
③ 《中国教育年鉴》编辑部. 中国教育年鉴:1949—1981 [M]. 北京:中国大百科全书出版社,1984:433.
④ 新华社通讯社. 新华社新闻稿 [M]. 北京:新华通讯社编印,1957:13.

讲"社会主义建设"。① 1958年9月,《中共中央、国务院关于教育工作的指示》发布,强调在一切学校中,必须加强进行马克思列宁主义的政治教育和思想教育,培养教师和学生的工人阶级的阶级观点、群众观点和集体观点、辩证唯物主义观点。② 据此精神,各师范学校加强政治课的教学,将理论与革命实际相结合。有的学校还改革政治课的考试方法,以政治思想考核取代政治课考试,采取由党团组织、政治课教师和学生三结合的方式,自上而下地根据学生的政治理论认识和实际表现进行评议,再给予评分。政治课的改革虽然给学生的思想政治教育带来了一定的积极作用,但过于强调政治,则容易陷入形式主义倾向。

(二) 调整专业课程

1958年3月,《教育部关于1958年度中等师范学校教学计划的通知》提出,各师范学校的教育实习可不必限于原有限定,可大胆创新。4月,又通知师范学校三年级的教育学课程原有教材内容停止讲授,改为讲授有关我国教育方针政策的内容。8月,北京师范大学邀请北京、天津有关高校和科研机关的部分教师、研究人员进行座谈,批判心理学教学中的资产阶级方向。与会代表认为,北京师范大学资产阶级专家讲授的心理学是资产阶级的心理学,主要表现在以心理分析代替阶级分析,排除阶级社会对人心理的影响,极力从生物学观点说明人的心理现象。次日,《光明日报》发表题为《拔掉资产阶级教育科学中的一面白旗》的社论,对北京师范大学彻底批判心理教学中的资产阶级方向予以充分肯定。此后,全国相继开展对心理学的批判,把心理学说成伪科学。由此,多数师范院校停开心理学课程,取消教育实习,教育学课程变成教育方针及政策课,师范学校的教育专业性被严重抹杀。

1961年1月,中共八九届全会确定了国民经济实行"调整、巩固、充实、提高"的方针。从1961年起,党中央对因受错误批判而遭到处分的党员、干部和知识分子平反,分期分批为"右派分子"摘帽子。接着召开了文学艺术和科技座谈会,周恩来、陈毅分别在会上发表重要讲话重申党的知识分子政策和"双百方针"。这一切使我国的教育科学文化事业一度形成了较为宽松的环境,出现了繁荣发展的新局面。各条战线纷纷总结经验教训,制定出各种条例、制

---

① 何东昌. 中华人民共和国重要教育文献:1949—1975 [M]. 海口:海南出版社,1998:784.
② 何东昌. 中华人民共和国重要教育文献:1949—1975 [M]. 海口:海南出版社版,1998:859.

度和措施,包括《教育部直属高等学校暂行工作条例(草案)》等。从 1961 年到 1965 年各类师范学校分别采取了停办、合并等措施,逐步进行了调整,中等师范学校数量有所减少,教学质量明显提高。①

1963 年 8 月,在师范教育工作会议上,印发了调整后的《三年制中等师范学校教育计划(草案)》,其在课程设置方面:"在加强文化课的同时,开设必要的教育课程,加强政治、语文、数学、教育学,特别是加强语文和数学,注意结合小学教学实际,开设必要的小学教学法课程和教育实习,注意师范生将来教小学,特别是农村小学,需要具备较广博的知识和必要的音乐、美工的知识与技能。"② 因而师范学校设政治、语文、数学、物理、化学、生物、历史、地理、教育学、教育心理、小学语文教材教法、小学算术教材教法、体育、音乐、美工、教育实习、农业科学技术知识、劳动等课程。调整以后政治课占总课时的 7% 左右,文化课占 64% 左右,教育专业课(含教育学、教育心理学、教材教法、教育实习)占 14% 左右,艺术、体育课占 15%③,参加生产劳动的时间每年定为 4 周。在这一计划中原来的 8 门教法课变成只有 2 门教法课了。这一计划对稳定中等师范的教育教学工作起到了积极作用。

1966 年 5 月到 1976 年 10 月,师范学校的教育学、心理学被取消,教育实习也名存实亡。

第二节 安阳师范学校的课程设置

以"安阳师范学校"统称这一时期不同学校的名称,它包括平原省立安阳师范学校(1949—1952),河南省安阳师范学校(1953—1962),与安阳第二师范学校合并成为新的河南省安阳师范学校(1962—1979)。以下分析其课程设置与特点。

一、平原省立安阳师范学校的课程设置

平原省立安阳师范学校(1949 年 7 月—1952 年底)时期,学校顺利完成了对

---

① 《中国教育年鉴》编辑部. 中国教育年鉴:1949—1981 [M]. 北京:中国大百科全书出版社,1984:981.
② 刘英杰. 中国教育大事典:1949—1990 [M]. 杭州:浙江教育出版社,1993:987.
③ 何东昌. 中华人民共和国重要教育文献:1949—1975 [M]. 海口:海南出版社 1997:1208-1209.

旧教育体制的根本改造，初步实现了从新民主主义教育向社会主义教育的过渡。

平原省立安阳师范学校成立后，沿袭原来的3年学制。1950年，学校开始招收中师班，学制仍为3年。1952年教育部明文规定，"师范学校修业年限为三年，招收初级中学毕业生或具有同等学力者，入学年龄暂定为十五至三十岁"。之后学校一直按此规定执行。在学校规模的发展上，1950年春为安阳专区代办班。1951年暑期，增招了1个中师班和1个速成师范班，其中师范速成班主要招收初中毕业生或具有同等学力者。至1952年秋季开学时，有初师6个班，中师3个班，速成师范2个班，共11个班，学生497人。1949年至1952年，学校共培养毕业生285人，教职员工也从1949年的40人发展到61人。

在课程设置方面，根据1952年7月《师范学校暂行规程（草案）》颁布实施，中华人民共和国独立封闭型的中等师范教育制度正式确立。其中对于三年制初级师范学校的具体教学科目包括语文及教学法（语文、语文教学法）、数学及算术教学法（算术、代数、平面几何、算术教学法）、物理、化学、自然及教学法（植物学、动物学、生理卫生、自然教学法）、地理及教学法（地理、地理教学法）、历史及教学法（历史、历史教学法）、政治（中国革命常识、时事政策）、心理学、教育学、学校卫生、体育及教学法（体育、体育教学法）、音乐及教学法（音乐、音乐教学法）、美术及教学法（美术、美术教学法）、参观实习。

师范速成班的具体教学科目包括语文及教法（语文、语文教学法）、算术及教法（算术、算术教学法）、自然教材教法、地理教材教法、历史教材教法、政治（共同纲领、时事政策）、心理学、教育学、体育及教学法、音乐及教学法、美术及教学法、参观实习。

师范生可以享受人民助学金，毕业后由县教育行政机关负责分配工作。师范学校毕业生至少服务教育工作三年（师范速成班毕业生两年），在此期间不得升学或担任其他职务。

二、河南省安阳师范学校的课程设置

1952年平原省撤销后，学校更名为河南省安阳师范学校，归河南省人民政府教育厅直接领导。1957年至1958年，学校多次易名。1958年12月，学校更名为河南省安阳师范专科学校。至1962年5月，学校与安阳第二师范合并之前，河南省安阳师范学校已初具规模，成为豫北颇有影响的师范学校，为当地培养了大批师资，满足了当地教育和各项事业的需要。

在学制上学校一直按1953年国家规定的三年制中等师范教育规程培养学生。1958年，学校由中专升为专科学校，根据"学制要缩短，教育要革命"的

指示，为了加快人才培养的速度，学校将学制缩短为2年。1960年学制再改为3年，如表3-1所示。开设的主要课程有：语文及教学法、数学及算术教学法、自然及教学法、历史及教学法、政治、心理学、教育学、学校卫生、体育及教学法、音乐及教学法、美术及教学法、参观实习等，并按要求开办了多种短期培训班，培养学生一专多能的本领，为国家建设输送高质量的优秀毕业生，尽力满足当地教育和各项事业的需要，其课程开设情况详见表3-1。

表3-1 学校三年制教学计划表

科目		第一学年		第二学年		第三学年		三学年总计
		上	下	上	下	上	下	
语文及教学法	语文	8	8	7	7	6	6	732
	语文教学法					1	1	32
数学及算术教学法	算术	6	6					216
	代数			3	3	2	2	172
	平面几何			2	2	2	2	136
	算术教学法					1	1	32
	物理			2	2	2	2	144
	化学			2	2	2		108
自然及教学法	植物学	3	2					90
	动物学	3	2					90
	生理卫生			2	2			72
	自然教学法					1	1	32
地理及教学法	地理	3	3	3	3			216
	地理教学法					1		18
历史及教学法	历史	3	3	3	3	2	2	280
	历史教学法						1	14
政治	中国革命常识					2	2	64
	时事政策	1	1	1	1	1	1	104
心理学				2	2			72
教育学						4	4	128
学校卫生						1	1	32

续表

科目		第一学年		第二学年		第三学年		三学年总计
		上	下	上	下	上	下	
体育及教学法	体育	2	2	2	2	1	1	176
	体育教学法						1	14
音乐及教学法	音乐	2	2	2	2	1	1	176
	音乐教学法						1	14
美术及教学法	美术	2	2	2	2	1	1	176
	美术教学法						1	14
参观实习						2	2	
每周教学时数		33	33	33	33	33	32	
每学期上课周数		18	18	18	18	18	14	
每学期上课总时数		594	594	594	594	594	448	3354

注：该表来源于安阳师范学院校史。

第三节 基本特点

通过对上述 20 世纪 50—70 年代政策的规定，以及平原省立安阳师范学校课程设置、河南省安阳师范学校课程设置的总体分析，20 世纪 50—70 年代中等师范课程设置的基本特点有学科基础性与综合性，课程探索道路曲折，采用学年制，凸显师范生的思想政治教育；等等。具体分析如下。

一、学科基础性与综合性

师范生不仅要有比较深广、宽厚的专业知识基础，而且要懂得教育理论，掌握教学方法。该时期的课程设置从这个角度出发，一方面要求师范生要有宽厚的文化基础知识，不仅能够在教育教学工作中胜任小学各门学科，还能树立综合教育观，该时期的师范生要学语文、代数、物理、化学、地理、历史、体育、音乐、美术等学科，以此来扩充师范生的知识视野。另一方面是师范生要有基本的教育教学技能，不仅有助于师范生更好地做好教育工作，彰显教育实践智慧，而且同时也是促进教师专业成长的内在动力；该时期还注重各学科教学能力的培养与多学科教学能力的培养开设语文及教学法、数学及算数教学法、物理、化学、地理及教学法、历史及教学法，还有体育、音乐、美术等学科及教学法。1956年5月，教育部专门颁布了《师范学校教学计划》，认为师范学校的课程设置既要重视专业课程，也不能忽视普通教育课程，因而其课程设置呈现出普通中学教育课程与师范专业课程相结合设置的特点。如设置语文及语文教学法类课程包含了汉语、文学及儿童文学、语文教学法三门课程，数学与算数教学法类课程包含了算数、代数、几何以及算术教学法四门课程，其他还有地理及地理教学法类课程、历史及历史教学法类课程、体育及体育教学法、音乐及唱歌教学法、图画及图画教学法等课程。此外，还分别设置了物理学、化学及矿物学、人体解剖生理学、政治类等普通中学教育课程。[①] 当然，心理学、教育学等课程是师范专业的核心课程，这项政策，不仅要求师范生要学习基础学科知识，而且还要学习教育理论知识以及以学科为基础的教材教法等教学能力的知识。该时期，无论是平原省立安阳师范学校，还是河南省安阳师范学校，又或是安阳第二师范学校，在课程设置上都体现了学科基础性与综合性并重的课程设置理念，例如该时期的课程除了加强政治、语文、数学以及教育学课程之外，还特别加强语文和数学两个学科，并注意结合实际开设必要的小学教材教法课程以及教育实习，使学生能够理论结合实际。由于该阶段正处于新中国成立初期，培养出的教师主要是投身于小学教育，尤其是广大农村小学，对于小学教师而言，不仅要有必备的学科知识，而且还要有必备的音乐、美工知识，这就要求师范生能够全面发展并能培养出全面发展的学生。

二、课程探索道路曲折

从清末、民国到新中国成立初期，中等师范教育都把教育学、心理学作为必修课程开设。1956年5月，教育部专门颁布了《师范学校教学计划》，该计划对师范学校的课程设置、教学进程、教育实践等作了详细规定。从课程设置来看，由于师范学校学生没有完全接受中学教育，因而教育部认为，师范学校的课程设置既要重视专业课程，也不能忽视普通教育课程，因而其课程设置呈现出普通中学教育课程与师范专业课程相结合设置的特点。从教育实践安排来看，除了教育实习外，还特别强调"教学工厂实习"和"农业生产基本知识及实习"，要求学生从第一学期到第五学期每周各进行1小时的实习工作，以便学会

---

① 何东昌. 中华人民共和国重要教育文献：1949—1975 [M]. 海口：海南出版社，1998：615.

设计和制造监督的直观教具以及农业生产的科学知识和劳动技能。[1] 进入全面建设社会主义时期之后，1958年3月，《教育部关于1958年度中等师范学校教学计划的通知》提出，各师范学校的教育实习可不必限于原有限定，可大胆创新。同年4月，又通知师范学校三年级的教育学课程原有教材内容停止讲授，改为讲授有关我国教育方针政策的内容。8月，北京师范大学邀请北京、天津有关高校和科研机关的部分教师、研究人员进行座谈，批判心理学教学中的资产阶级方向。全国相继开展对心理学的批判，把心理学说成伪科学。由此，多数师范院校停开心理学课程，取消教育实习，教育学课程变成教育方针及政策课，师范学校的教育专业性严重被抹杀。1963年8月，在师范教育工作会议上，印发了调整后的《三年制中等师范学校教育计划（草案）》，其在课程设置方面："在加强文化课的同时，开设必要的教育课程，加强政治、语文、数学、教育学，特别是加强语文和数学，注意结合小学教学实际，开设必要的小学教学法课程和教育实习，注意师范生将来教小学，特别是农村小学，需要具备较广博的知识和必要的音乐、美工的知识与技能。"[2] 1966年5月到1976年10月，师范学校的教育学、心理学取消了，教育实习也名存实亡。教育学与心理学本是师范生的必修课，然而，在社会主义探索时期，由于国际风云变幻，教育学和心理学课程一度被取消，实习也流于形式。河南省的安阳师范学校的课程发展也与之相对应，教育学、心理学随之取消，又随之设立，但整体的小学教师培养目标没有改变，为社会主义中等师范教育的改革与发展积累了大量的经验，也反映了中等师范教育课程探索道路的曲折性。

三、采用学年制

民国时期的安阳县立师范学校课程开设实行的是学年制与学分制相结合，20世纪50—70年代，课程设置均采用学年制。1952年7月颁布的《师范学校暂行规程（草案）》规定了三年制的师范学校教学科目，也规定了一年制的师范速成班；1963年8月，在师范教育工作会议上，印发了调整后的《三年制中等师范学校教育计划（草案）》也强调课程开设实行学年制。该时期无论是平原省立安阳师范学校还是频繁变更下的安阳师范学校主要是学年制，没有学分制。如平原省立师范学校沿袭原来的三年制学制，频繁变更之下的安阳师范学

---

[1] 何东昌. 中华人民共和国重要教育文献：1949—1975 [M]. 海口：海南出版社，1998：618.

[2] 刘英杰. 中国教育大事典（1949—1990）[M]. 杭州：浙江教育出版社，1993：987.

校由原来的三年制学制,在"学制要缩短,教育要革命"的指示之下,将学制缩短为两年,1960年又恢复为3年,课程主要围绕每个时期的学制,开设相应的课程,如此一来,课程的开设就没有区分,都是必修课程,没有选修课。

四、凸显师范生的思想政治教育

在探索社会主义道路时期,为贯彻"培养有社会主义觉悟、有文化的劳动者"的教育方针,中师在师范生素养上主要是加强社会主义思想教育,提高社会主义觉悟,为国家建设发展服务。如教育部颁发的《1957—1958师范速成班教学计划》指出为了"加强师范生的思想政治教育,各年级普遍开设政治课"。为贯彻计划精神,中师普遍增加了政治课的课时,以便更好地对师范生进行思想政治教育,其中政治课学习的主要内容为《关于处理人民内部矛盾》《列宁主义万岁》等,以进一步培养师范生的社会主义观、阶级观,以及兴无灭资的思想。1957年8月,《教育部关于中学、师范学校设置政治课的通知》发出,要求中等学校全面恢复政治课,并规定初中一二年级讲"青年修养",初三讲"政治常识",高中一二年级讲"社会科学常识",高三讲"社会主义建设"。1958年9月,《中共中央、国务院关于教育工作的指示》发布,强调在一切学校中,必须加强进行马克思列宁主义的政治教育和思想教育,培养教师和学生的工人阶级的阶级观点、群众观点和集体观点、辩证唯物主义观点。[1] 据此精神,各师范学校加强政治课的教学,将理论与革命实际相结合。有的学校还改革政治课的考试方法,以政治思想考核取代政治课考试,采取由党团组织、政治课教师和学生三结合的方式,自上而下根据学生的政治理论认识和实际表现进行评议,再给予评分。河南省安阳师范学校在总结苏联办学经验的基础上,根据本国的教育方针,通过政治课、班主任工作和共青团的活动对学生进行思想政治教育,这体现了该时期重视师范生思想政治教育的实际情况。

新中国成立后,中等师范教学计划不断修订,其中针对师范生专业素养的要求也在不断地发生变化,与此同时,课程也在根据要求不断挑战。总体而言,这一时期,对于师范生在师德素养上强调政治思想的塑造,在课程设置上就凸显了师范生的思想政治教育;在知识素养上强调文化基础知识的学习,在课程设置上强调基础性学科的开设;在能力素养上强调教学技能的掌握,在课程设置上强调教材教法课的学习与教育实践的开设。

---

[1] 何东昌. 中华人民共和国重要教育文献:1949—1975 [M]. 海口:海南出版社版,1997:859.

第四章

20世纪80—90年代中等师范教育课程

20世纪80—90年代的中师教育为改革开放后的中国培养了大批优秀的小学教师,成为我国中等师范教育的辉煌时期。这缘于国家和地方对中等师范教育的高度重视和地方师范学校的积极探索与实践。成立于1980年的安阳市第二师范学校成为培养小学教师的主要机构,直到2000年并入安阳师范学校都是以培养小学教师为己任,如此成就了安师小教的辉煌。

第一节 20世纪80—90年代中等师范教育课程政策概要

1978年十一届三中全会召开后,我国社会进入了经济快速发展的新时期。为了早日实现现代化,必须加快提高我国科学技术的发展水平。提高科学技术水平的关键在于教育。由于该时期我国的基础教育发展较为落后,特别是面临着师资队伍数量不足和质量差的问题,小学教师教育体制的恢复与重建就成了教育界与人民为之关心的话题之一。1980年8月22日,教育部颁布《中等师范学校规程》对中等师范教育的教学工作、思想政治教育、教育实习和生产劳动、体育卫生与生活管理、教学工作等进行了规定。

中等师范学校规程(试行)[①]
1980年8月22日 教育部发布
第一章 总则
第一条 中等师范学校(包括幼儿师范学校,下同)是培养小学和幼儿园师资的中等专业学校。
第二条 中等师范学校的任务是:培养具有社会主义觉悟、辩证唯物主义世

[①] 全国人大常委会法制工作委员会研究室.中华人民共和国法律法规及司法解释分类汇编:行政法卷:第6卷[M].北京:中国民主法制出版社,2000:3608,3610.

界观、共产主义道德品质,从事小学或幼儿教育工作必备的文化与专业知识、技能,热爱儿童,全心全意为社会主义教育事业服务,身体健康的小学和幼儿园师资。

同时,中等师范学校还应根据需要和可能承担培训在职小学教师和幼儿园保教人员的任务。

第三条 中等师范学校应该积极贯彻党的路线。认真执行党的教育方针和知识分子政策以及国家颁布的有关法令和规定,努力提高教育质量。

第四条 中等师范学校学制定为三年和四年两种,招收初中毕业生或具有同等学力的社会青年。

中等师范学校毕业生至少必须服务教育工作三年。

第五条 中等师范学校的规模不宜过大,原则上不少于十二个班,最多不超过二十四个班,每班四十人。

第六条 中等师范学校为了研究、试验新的教育方法,给学生以良好的示范和有效地进行教育实习和见习,应设附属小学(或幼儿园)。

第七条 中等师范学校的设立、变更与停办,由省、自治区、直辖市人民政府决定,并报中华人民共和国教育部备案。

第八条 中等师范学校由省、自治区、直辖市教育局(厅)根据国家的教育方针、政策、规定、制度,实行统一领导,省、地两级教育行政部门分级管理,省、市、自治区直属师范学校由省级教育行政部门管理。其余师范学校由地、市(州、盟)教育行政部门管理。

第九条 省、自治区、直辖市根据需要可设外语师范学校、艺术师范学校、特殊教育师范学校。

第十条 民族地区应根据实际需要,设立民族师范学校或民族初级师范学校。民族师范学校原则上采用本民族语言、文字教学。

第二章 教学工作

第十一条 中等师范学校必须贯彻以教学为主的原则,全面安排学校工作。

中等师范学校每年授课时间不得少于九个月(包括实际上课和复习考试的时间),生产劳动半个月,寒暑假两个半月。

第十二条 中等师范学校设下列课程:政治、语文及小学语文教材教法、数学及小学数学教材教法、物理、化学、生物、小学自然常识教材教法、外语、地理、历史、心理学、教育学、体育、音乐、美术、教育实习。民族师范学校应增设民族语文。

第十三条 中等师范学校的教学,必须贯彻理论与实际相结合和面向小

（或幼儿园）的原则。要注意培养学生学习的自觉性、创造性，培养学生独立思考能力、自学能力和独立工作能力。

第十四条 中等师范学校的教学基本组织形式是课堂教学。在教学中，要充分发挥教师的主导作用，教师要根据教学方针、教学原则、学科内容的特点和学生的实际情况，运用较好的教学方法，进行启发式教学，积极发展学生的智力，使学生掌握系统的文化科学知识、专业知识和技能。教师在教学活动中应注意对学生起示范作用。

第十五条 中等师范学校要特别加强语文、数学两学科的教学。从学生的实际水平出发，严格要求，严格训练，努力提高教学质量。

第十六条 中等师范学校必须注意加强对学生进行体育、音乐、美术、写字等方面的技能和技巧的训练，在课外安排必要的时间，辅导学生练习，培养学生的审美观点和从事小学教育的多种才能。

第十七条 中等师范学校要努力提高教育学、心理学的教学质量，认真教好各科教材教法课。要教育和组织学生认真参加教育实习。

第十八条 中等师范学校学生的学业成绩包括学期成绩、学年成绩、毕业成绩，都由任课教师负责评定。

师范学校学生各学科学年成绩都及格的，准予升级。不及格学科满三科的不准升级，不及格的学科不满三科，准许在下一学期开学前补考，补考后都及格的准予升级，仍有两科不及格的，不准升级，仍有一科不及格的，经校务会议讨论，确定其留级或升级（对毕业成绩的处理亦同）。学生学期成绩如果有不及格，应准许在下学期开学以前补考。

师范学校学生在学期间，只准留级一次，超过此限，应令其退学。

师范学校学生在学期间请假超过一学期三分之一者，一般不得参加学期或学年考试，从下一年级开始留级。但是学习成绩优秀，随班学习困难不大，经教导处与校长研究批准，可准其参加学期或学年考试。

第十九条 中等师范学校除普通教室外，还应设物理实验室、化学实验室、生物实验室、音乐教室、美术教室、乐器练习室、舞蹈室（幼师）、体育场、风雨操场、图书馆、阅览室、资料室、电化教室、生物实验园地等。设备要力求充实实用，合乎标准。

第二十条 中等师范学校的物理、化学、生物等科实验室，设实验员，负责实验用品的登记、保管和使用第二十一条 中等师范学校设图书馆。要重视和加强图书馆的建设和管理，使之适应教育教学工作发展提高的需要。图书馆的管理员负责学校图书的采购、登记、保管、出纳、统计等工作并负责管理阅览室，协助各科教师组织读书辅导,帮助师生选购图书等工作。

第二十二条 中等师范学校按教学科目设教研组(室),分别研究各科教学大纲和教材,拟定学期教学计划,掌握、分析学生的学习、思想情况,研究改进教学,组织观序教学和交流教学经验并与附属小学(或幼儿园)有关学科的教师建立经常性的教学研究联系制度。

第二十三条 中等师范学校在保证完成教学任务的前提下,应积极组织有研究能力的教师进行有关师范或小学的教育、教学方面的科学研究,以促进教学质量和师资水平的提高。

中等师范学校的教学科目包括:政治、语文及小学语文教材教法、数学及小学数学教材教法、物理、化学、生物、小学自然常识教材教法、外语、地理、历史、心理学、教育学、体育、音乐、美术、教育实习,民族师范学校应增设民族语文,教育实习包括实习、见习和参观等活动。教育实习的内容包括教学教学工作、班主任工作、少先队工作、课外辅导及家长工作等。分散在各学期内的教育实习与见习应与教育学、心理学、各科教学及教学法等课程密切配合,在毕业前夕还要集中实习,培养学生独立担任小学教育、教学工作的实际能力。这就达到了理论联系实际的要求,有效地培养了高质量的小学教师。

1980年10月14日教育部又印发了《中等师范学校教学计划试行(草案)》,对中等师范学校的培养目标、修业年限、课程设置、教育实习与生产劳动、时间分配等做了具体的规定。

教育部关于印发中等师范学校教学计划试行草案[1]

(1980年10月14日)

一、培养目标

中等师范学校的培养目标是:培养合格的小学教师。要把学生培养成为德育、智育、体育全面发展的,具有社会主义觉悟、辩证唯物主义世界观、共产主义道德品质,从事小学教育工作必备的文化和专业知识、技能,热爱教育事业,热爱儿童,全心全意为社会主义教育事业服务,身体健康的小学教师。

二、修业年限

中等师范学校的修业年限为3年和4年两种,招收初中毕业生和具有同等学力的社会青年(招收民办小学教师,修业年限一般为2年)。

---

[1] 何东昌.中华人民共和国重要教育文献[M].海口:海南出版社,1998:1862-1864.

三、课程设置

中等师范学校开设政治、语文、数学、物理学、化学、生物学、生理卫生、历史、地理、外语、心理学、教育学、小学语文教材教法、小学数学教材教法、小学自然常识教学法、体育及体育教学法、音乐及音乐教学法、美术及美术教学法等课。民族师范学校开设民族语文课程。

政治课：暂时讲授高中政治课教材。

语文课：分为文选和写作、语文基础知识和基本技能、小学语文教材教法。文选和写作，选读古今中外的范文（包括适量的优秀儿童文学作品），讲授写作知识，并有计划地安排学生的作文训练。语文基础知识，讲授语音、文字、词汇、语法、修辞和逻辑基础知识。小学语文教材教法，着重讲授小学语文教学内容和教材体系、教学原则和方法、教学组织和过程。还要根据小学语文教学需要，进一步加强学生的听、说、读、写能力训练，对普通话、汉语拼音、写字、批改作文、口语表达能力等各项基本功的训练要严格、扎实。另外，每周要安排一定的自习时间，指导学生习字。

数学课：讲授代数、三角、立体几何和解析几何基础知识、概率统计基本概念。在加强数学基础知识教学和基本技能训练的同时，要注意培养学生分析问题和解决问题的能力。对从事小学数学教学需要的基本功（例如书写数字符号、运算方法、绘制图形等）进行严格的训练。要帮助学生了解现代数学的一些思想。小学数学教材教法，讲授小学数学理论和小学数学教学法。

物理学课和化学课：在初中基础上，进一步讲授理化基础知识和工农业生产所需要的理化基础知识。要注意培养实验操作、制作简易教具和指导学生课外科技活动的能力。此外，物理学课要结合有关章节讲授一些常用电化教育工具使用常识；化学课要讲授一些矿物学知识。

生理卫生课：讲授人体解剖学、生理卫生和卫生学的基础知识，并结合小学教学的需要，适当讲授一些儿童、少年时期的生理卫生知识、学校卫生知识和公共卫生知识。

历史课和地理课：根据小学教学的需要，在初中学过中国历史、中国地理、世界地理的基础上，讲授世界历史和中国历史，自然地理和人文地理。还要讲一些本地区的历史和地理。

外语课：中师开设外语课主要是为了提高学生的文化素养。暂时讲授高中外语课教材。四年制师范有条件的可以开设；三年制师范暂不开设。

心理学课：讲授普通心理、儿童心理、教育心理的基础知识，特别是结合小学教育的需要，重点讲授儿童心理和教育心理的基础知识。

教育学课：讲授教育理论，教育方针政策，小学教育、教学工作、学校管理的基本原则和方法。

体育及体育教学法课：要加强体育基础知识的教学和基本技能的训练，增强体质，并在体育运动中培养学生形成坚强的意志、良好的道德品质和锻炼身体的习惯。小学体育教学法，讲授小学体育的目的任务和小学体育课的教材教法，并注意培养学生具有小学体育课和组织小学课外活动的能力。

音乐及音乐教学法课：要加强乐理知识、音乐常识的教学和识谱、唱歌、弹奏键盘乐器等基本技能的训练。每周均需安排课外乐器练习时间。在毕业学期用适当课时讲授小学音乐教材教法。

美术及美术教法课：要加强美术（绘画、工艺、欣赏）基础知识和基本技能的教学，并注意培养学生毕业后在小学各科教学中画黑板画、制作教具和辅导小学生课外美术活动的能力。在毕业学期用适当课时讲授小学美术教材教法。

音乐及音乐教学法课和美术及美术教学法课可以必修也可以选修，由各省、市、自治区教育厅（局）因地制宜，自行决定。

小学自然常识教学法课：讲授小学自然常识教材教法。有条件的学校可以作为选修课程开设；不具备条件的学校暂不开设。

<h4 style="text-align:center">四、教育实习与生产劳动</h4>

教育实习是中等师范学校专业教育的重要组成部分，通对教育实习使师范生理论联系实际，培养他们具有从事小学教育、教学工作的实际能力。

教育实习包括平时的参观、见习和毕业实习。3年制师范教育实习共8周；四年制师范教育实习共10周，可以分散使用，也可以集中使用，但毕业实习不应少于4周。

要组织学生参加一定的生产劳动。在生产劳动过程中，要适当注意对学生进行思想政治教育，时间每学年2周，毕业学年不安排生产劳动。乡村师范的生产劳动，可以按照农业生产的季节性等特点作适当安排。

<h4 style="text-align:center">五、时间分配</h4>

全年52周，各学年时间分配如下：

1. 三年制师范

第一学年上课36周，复习考试、节假日和机动时间共4周，生产劳动2周，寒暑假10周。

第二学年上课34周，复习考试、节假日和机动时间共4周，教育实习2周，生产劳动2周，寒暑假10周。

第三学年上课31周，复习考试、节假日和机动时间共5周，教育实习6周，寒暑假 10 周。

2. 四年制师范

第一学年与三年制师范第一学年相同；第二、三学年与三年制师范第二学年相同，第四学年与三年制师范和第三学年相同。

六、其他

招收小学民办教师的师范班，其教育计划由各省、市、自治区教育厅（局）根据实际情况自行制定。

附：三四年制师范学校教学计划表

三年制师范学校教学计划表

科目	课时	学年 一	二	三	上课总时数	各科占总课时的百分比
政治		2	2	1	171	5.46
语文	文选和写作	5	5	4	614	19.61
	语文基础知识	2	2			
	小学语文教材教法			2	62	1.98
数学	数学	6	6		420	13.42
	小学数学教材教法			4	124	3.96
物理学		3	3	3	303	9.68
化学		3	3		210	6.71
生物学		4			144	4.60
生理卫生			2			2.17
历史				3		2.97
地理				3	93	2.97
心理学			2		68	2.17
教育学				4	124	3.96
体育及体育教学法		2	2	3	233	7.44
音乐及音乐教学法		2	2	2	202	6.45
美术及美术教学法		2	2	2	202	6.45
每周上课总时数		31	31	31	3131	100
每学年上课周数		36	34	31		
教育实习（周）			2	6		
生产劳动（周）		2	2			

四年制师范学校教学计划表

科目		学年 一	二	三	四	上课总时数	各科占总课时的百分比
政治		2	2	1	1	239	6.20
语文	文选和写作	5	5	4	4	818	21.22
	语文基础知识	2	2	2			
	小学语文教材教法				2	62	1.61
数学	数学	4	4	4		416	10.79
	小学数学教材教法				4	124	3.72
物理学			3	3	4	328	8.51
化学			4	3		246	6.38
生物学		4				144	3.74
生理卫生			2			68	1.76
历史		3			3	201	5.21
地理				3		102	2.65
心理学			3			102	2.65
教育学				2	2	130	3.37
体育及体育教学法		2	2	3	3	335	8.69
音乐及音乐教学法		2	2	2	2	270	7.00
美术及美术教学法		2	2	2	2	270	7.00
(小学自然常识教学法)				(2)		(62)	
每周上课总时数		30	30	27	27	3855	100
每学年上课周数		36	34	34	31		
教育实习（周）			2	2	6		
生产劳动（周）		2	2	2			

在三年制中等师范学校规程的基础上，教育部印发的中等师范学校教学计划中对原有的课程设置更为精细，不仅将中等师范学校的修业年限限定为3年或4年两种，开设的课程门类同为政治、语文、数学、物理学、化学、生物学、生理卫生、历史、地理、外语、心理学、教育学、小学语文教材教法、小学数学教材教法、小学自然常识教学法、体育及体育教学法、音乐及音乐教学法、

87

美术及美术教学法等，而且对每门课程的开设要求、讲授内容都做了具体规定。

1989年6月由国家教育委员会颁布的《三年制中等师范学校教学方案（试行）》（简称"新方案"），打破了传统师范学校只有必修课程的单一形式，增加了选修课、课外活动和教育实践课程，开创了中师教育新格局。

关于颁发《三年制中等师范学校教学方案（试行）》的通知[①]

为了深入进行中等师范学校的教育教学改革，适应社会主义现代化建设的发展和实施九年制义务教育的需要，我委制定了《三年制中等师范学校教学方案（试行）》，现颁发试行。各地要根据本方案的精神和要求，从本地经济，文化的发展需要和九年制义务教育对小学教师的要求出发，有计划、有步骤地认真组织实施，并及时把实施的情况和问题报我委。暂不具备实施本方案条件的省、自治区、直辖市，可以继续执行国家教委（86）教师字008号《关于调整中等师范学校教学计划的通知》，但要积极创造条件，深入开展教育教学改革，待条件成熟后实施本方案。

附件：三年制中等师范学校教学方案（试行）

三年制中等师范学校教学方案（试行）

中等师范学校是培养小学教师的中等专业学校。

三年制中等师范学校要坚持四项基本原则，主动适应社会主义现代化建设发展的需要，促使学生热爱社会主义祖国，热爱中国共产党，热爱小学教育事业，并初步树立马克思主义的基本观点，具有良好的社会公德和教师职业道德，艰苦奋斗和求实创新的精神；使学生掌握从事小学教育教学工作必备的文化知识、技能和基本能力，懂得小学教育教学的基本规律，具备一定的审美能力、初步的生产劳动知识和技能，养成良好的卫生习惯，具有健康的体魄，使他们成为合格的小学教师。

一、制定三年制中等师范学校教学方案的原则

（一）根据社会主义现代化建设发展的需要和九年制义务教育对小学教师的要求，规定中等师范学校的课程和教学内容，安排学校的教育教学活动。

（二）根据我国幅员辽阔、经济文化发展不平衡的实际情况，实行统一性与灵活性相结合的原则。国家对中等师范学校的教学工作规定统一的基本要求，各省、自治区、直辖市教育行政部门依据国家的基本要求，从本地经济、文化的发展和九年制义务教育对于小学教师的需求出发，确定本地区中等师范学校的

---

① 国家教育委员会师范教育司. 师范教育工作资料汇编：1988—1995年 [M]. 长春：东北师范大学出版社，1996：336-340.

教学内容并制定相应的教学计划。

（三）根据中等师范教育的特点和规律，实行以课堂教学为主，必修课与选修课相结合、课堂教学与课外活动相结合、学校教育与社会实践相结合的原则，使中等师范学校的教育教学活动成为由必修课、选修课、课外活动和社会实践有机结合的整修。

（四）根据培养小学教师的需要和中等师范学校学生的特点，加强中等师范学校的思想教育工作，把思想政治教育和道德品质（特别是师德）、心理品质的培养贯穿于教学活动始终，坚持教书育人，教育学生，坚持四项基本原则、反对资产阶级自由化，使学生成为有理想、有道德、有文化、有纪律、能履行公民义务，并具有良好的职也道德及心理品质的小学教师。

（五）根据中等师范教育对未来小学教师进行职前教育的需要，科学地安排文化课、教育专业课、艺体课和教育实践，贯彻理论联系实际的原则，加强实践环节，注重培养能力和训练技能，使学生全面掌握从事小学，尤其是农村小学教育工作必备的中等文化知识、专业知识，技能技巧以及科学的教育教学方法。

（六）根据中等师范学校学生的身心发展规律，因材施教，培养学生的广泛兴趣和特长，使学生得到生动、活泼、主动、全面的发展。

二、三年制中等师范学校教学方案的内容

（一）时间安排

全学程共156周，时间分配如下：

教学活动107周左右，教育实践10周左右，寒暑假36周左右，机动3周（用于社会活动、集体教育活动）。

（二）课程设置

三年制中等师范学校设置必修课和选修课。

1. 必修课

必修课是中等师范学校教学活动的主体，是培养学生在品德、智力、体质等各方面全面发展，对学生进行小学教师职前教育的主要途径。

必修课包括思想政治、文化知识、教育理论、艺术、体育和劳动技术教育等类课程。思想政治课要对学生进行马克思主义基本知识的教育，坚持四项基本原则、改革开放的教育，爱国主义教育，社会主义教育，理想、道德（特别是师德）教育，公民教育，民主、法制教育，独立自主、艰苦奋斗的教育，切实反对资产阶级自由化；文化课要在初中文化基础上讲授从事小学教育工作必备的中等文化知识，并进行基本技能训练，特别是普通话、写字等小学教师必备的基本功的训练；教育理论课和小学各学科教材教法课程，要根据小学教育的实际需要讲授教育理论基本知识和科学的教育教学方法，注重实际能力的培养；艺术、体育课要加强基础知识的教学和适应小学教育教学需要的基本技能训练，培养学生一定的审美能力，提高学生的身体素质；劳动技术课要对学生进行劳动观点和开展小学劳动教育必备的生产、技术知识的教育，进行一定的技能训练，并培养学生的劳动习惯。

各类课程都要重视乡土知识的传授。主要为农村培养小学师资的学校要重视对学生进行农村实现社会主义现代化，加强物质文明和精神文明建设有关方面的教育。生物、地理等学科要重视对学生进行人口、生态、环境保护等方面知识的教育。

三年制中等师范学校必修科目及基本课时：

科目	课时
思想政治	190课时左右
语文（包括小学语文教材教法）	570课时左右
数学（包括小学数学教材教法）	420课时左右
物理学	170课时左右
化学	130课时左右
生物学（包括少年儿童生理卫生）	130课时左右
历史	130课时左右
地理	130课时左右
小学心理学教程	100课时左右
小学教育学教程	130课时左右
体育	190课时左右
音乐	190课时左右
美术	190课时左右
劳动技术	150课时左右

2. 选修课

选修课是中等师范学校教学活动的重要组成部分。它可以使中等师范学校教学主动适应当地经济、文化发展的需要；可以拓宽学生的知识，发展学生广泛的兴趣和特长；可以进一步培养学生从事小学教育教学工作的能力，特别是担任多学科教学的能力。

选修课一般应开设文化知识、小学各科教材教法、艺术、体育以及适应本地经济发展需要的职业技术教育等类课程。选修课的内容应注意体现小学教育教学的实际需要反映当地历史、地理、文化特点以及经济发展的状况。三年制中等师范学校的选修课时应为总课时的7%~15%（约250~450课时）。

各地中等师范学校在完成必修课教学任务的基础上，根据师资力量、设备条件确定具体选修科目和教学时间。教师要根据学生毕业后担任多学科教学的需要和学生的特长进行指导，确定选修科目。每类课程至少选修一门。

（三）教育实践

教育实践是中等师范学校思想教育、文化知识、教育理论的综合实践课，是小学教师职前教育的必要环节，对学生了解小学教育，熟悉小学学生，巩固专业思想，培养实际能力，初步掌握科学的教育教学方法，具有特殊作用。

教育实践包括参观小学、教育调查，教育见习和教育实习。

教育实践的安排要尽可能与教育专业课、文化课的教学进度和各种社会实践活动结合，并贯穿于三年教学活动的始终。

教育实践的时间为10周左右。其中一年级2周，二年级2周，三年级6周。

（四）课外活动

课外活动是中等师范学校教学活动的有机组成部分，对学生学习文化知识、发展个性和培养能力，特别是小学教育教学工作的实际能力，具有重要意义。

中等师范学校通过举办讲座，组织兴趣小组等多种形式开展学科、科技、文体以及社会调查等课外活动。

学校要制定课外活动计划，安排教师辅导，使课外活动有计划、有目的、有组织地进行。要充分调动学生开展课外活动的积极性和主动性，培养学生自我服务、自我教育、自己管理自己的能力。

（五）三年制中等师范学校必修课周课时参考表（附后）。

国家教委《三年制中等师范学校必修课周课时参考表》

科目 \ 周课时 \ 学年	一	二	三
思想政治	2	2	2
语文	6	6	4
小学语文教材教法			2
数学	5	5	
小学数学教材教法			3
物理	3	2	

续表

科目 \ 周课时 \ 学年	一	二	三
化学	2	2	
生物学（包括少年儿童生理卫生）	4		
历史		2	2
地理		2	2
小学心理学教程	3		
小学教育学教程		2	2
体育	2	2	2
音乐	2	2	2
美术	2	2	2
劳动技术	2	2	

1995年2月，国家教委在总结十年来各地培养专科程度小学教师试验经验的基础上，颁发了《大学专科程度小学教师培养课程方案（试行）》（以下简称《方案》），以加强对各地培养专科程度小学教师工作的宏观指导，保证培养质量。《方案》适用于招收初中毕业生的五年制试点学校，规定其目标是培养德、智、体全面发展，能适应小学教育发展和改革需要的具有大学专科程度的小学教师。课程设置由必修课、选修课、教育实践、课外活动四部分组成。

必修课分为公共必修课和主修学科必修课两大类，约4630课时，占总课时数的70%左右。公共必修课开设政治思想、文化知识、教育、艺术、体育、劳动技术和教师职业技能等课程，具体科目为思想政治、语文、小学语文教法、数学、小学数学教法、外语、物理学、化学、生物（含少年儿童生理卫生）、历史、地理、心理学、教育学、计算机基础、教师口语、劳动技术、现代教育技术、体育、音乐、美术。主科学科必修课对学生进行某一学科的专业定向教育，分设语文、数学、外语、音乐、美术、体育、自然、社会等门类，学生必须修其中一门学科。

选修课分为三类，约500课时，占总课时数的15%左右。第一类开设语文、数学、外语、音乐、美术、体育、自然、社会等学科，学生在主修学科之外，选修其中两门或两门以上课程；第二类开设人口、生态、环境保护、特殊教育以及适应当地经济、文化发展需要的课程,具体科目由各地确定;第三类开设发展学生兴趣、爱好和特长的课程,具体科目由各地确定。

教育实践包括参观小学、教育调查、教育见习和教育实习等,共安排15周,贯穿于五年之中,约占总课时数的9%。

课外活动主要包括有关学科、科技、文体等方面的讲座、兴趣小组及社会实践等活动,占总课时数的6%左右。①《方案》充分体现出将综合性教育与一门学科基本达到专科程度的专业定向教育相结合的培养要求。

1998年5月,教育部还对原国家教委1990年颁布的《中等师范学校德育大纲(试行)》和《中等师范学校学生行为规范(试行)》进行修订,并在1989年颁布的《三年制中等师范学校教学方案(试行)》的基础上重新修订颁布了《三年制中等师范学校课程计划(试行)》。

关于印发《三年制中等师范学校课程计划(试行)》的通知②

教师司 [1998] 21号

各省、自治区、直辖市教委、教育厅:

为了进一步深化中等师范学校教育教学改革,我司对原国家教委1989年颁发的《三年制中等师范学校教学方案(试行)》进行了修订,并更名为《三年制中等师范学校课程计划(试行)》,现印发试行。

附件:《三年制中等师范学校课程计划(试行)》

教育部师范教育司 一九九八年五月五日

三年制中等师范学校课程计划(试行)

《三年制中等师范学校课程计划》(以下简称《课程计划》),依据《中华人民共和国教育法》和《中华人民共和国教师法》,在1989年颁发的《三年制中等师范学校教学方案(试行)》基础上修订,与《九年义务教育全日制小学、初级中学课程计划(试行)》相衔接,适用于中等师范学校。《课程计划》体现国家对中等师范教育的基本要求,是修订各学科教学大纲和教材的基本依据。

《课程计划》遵循教育面向现代化、面向世界、面向未来的战略思想,全面贯彻砌教育方针,加强素质教育,既注重全体学生德、智、体等方面全面提高,

---

① 苏林,张贵新. 中国师范教育十五年 [M]. 长春:东北师范大学出版社,1996:188-191.

② 中华人民共和国国家教育委员会. 中等师范学校教学大纲 [M]. 北京:人民教育出版社,1998:1-10.

又促进学生个性生动活泼主动地发展。

《课程计划》根据社会主义现代化建设、九年义务教育对小学教师的要求和中等师范教育的规律与特点，优化知能结构，注意理论联系实际，科学合理地安排课程，充分发挥课程体系的整体功能。

《课程计划》根据我国各地发展不平衡的实际情况，国家对培养目标和课程体系等提出基本要求，各省、自治区、直辖市教育行政部门依据国家的基本要求，从本地实际需要出发，制定相应的教学计划，确定教学内容。

一、培养目标

中等师范学校是培养小学教师的中等专业学校。

中等师范学校培养德、智、体等全面发展的适应基础教育改革和发展需要的合格小学教师。

中等师范学校培养学生拥护中国共产党，热爱祖国，热爱小学教育事业，初步树立正确的世界观、人生观和价值观，具有良好的社会公德和教师职业道德、艰苦奋斗和求实创新的精神；掌握现代社会和从事小学教育工作需要的文化科学基础知识、基本技能，具有自学能力和分析问题、解决问题的基本能力；掌握教育科学的基础知识，了解小学教育教学的基本特点和规律，初步具备小学教师的基本职业能力；具有健康的体魄和良好的心理品质、健康的审美观念和一定的审美能力、正确的劳动观点和态度，一定的自我管理能力和适应能力。

二、课程设置与安排

（一）课程设置

中等师范学校的课程由必修课、选修课、活动课和教育实践课组成。建立必修课、选修课、活动课和教育实践课有机结合的课程体系。

1. 必修课

必修课是中等师范学校课程的主体，是学生素质全面发展的基础，是实现培养目标的主要途径。

必修课设有思想政治、语文（含小学语文教材教法）、数学（含小学数学教材教法）、物理、化学、生物学（含少年儿童生理卫生）、计算机应用基础、历史、地理、心理学、小学教育学、体育、音乐、美术和劳动技术等15门学科。

各学科要遵照"必修科目的基本内容及要求"，注意与初中学科衔接，把握好内容要求的深度与广度，正确处理内容之间的交叉渗透，防止各科内容的机械重复。

各学科教学要加强教学方法的改革和教学手段的现代化，保证课堂教学有一定的知识容量和深度，重视培养学生的自学能力和良好的思维品质，提高教学的效益。

2. 选修课

选修课是中等师范学校课程的重要组成部分，是必修课的补充和延伸，是中等师范教育主动适应当地物质文明和精神文明的需要；拓宽学生的知识，发展学生广泛的兴趣和特长；进一步培养学生从事小学教育教学工作的能力，特别是担任多学科教学的能力。

选修课包括文化科技知识、教育理论与技能、艺术、体育和劳动技术等。选修课内容要力求体现实用性、综合性、地方性和时代性。

对选修课要加强指导和管理，要根据本地需要和学校条件有重点地选择开设。学校要根据学生的爱好和毕业后的定向需要指导其确定具体选修科目。学校可视需要与可能把外语和现代教育技术作为必选课来开设。学生在校期间至少要修 3 门选修科目。

3. 活动课

活动课是中等师范学校课程的有机组成部分，对学生扩展知识、发展个性、形成专长和培养能力，特别是培养动手能力、创造能力具有重要意义。

活动课包括学科、科技、文体和劳动技术实践等活动，有讲座、社团、兴趣小组、"园丁科技教育行动"、社会调查等多种形式。

学校要制定活动课教学计划，安排教师辅导，使活动课有目的、有计划、有组织地进行。要提供开设活动课的条件，提高开设活动课的质量。要调动学生参加活动课学习的积极性，让学生生动、活泼、主动地发展。

4. 教育实践课

教育实践课是小学教师职前教育的必要环节，是中等师范学校思想教育、文化知识、教育理论的综合实践课，对于学生了解小学教育、巩固专业思想、培养实践能力、初步掌握科学的教育教学方法具有特殊的作用。

教育实践课包括参观小学、教育调查、教育见习和教育实习。

教育实践课要和教育理论课的教学紧密地结合，并贯穿于三年教学活动的始终。教师要加强对教育实践课的指导，提高教育实践课的成效。

(一) 课程安排

全学程共 156 周，时间分配为：教学活动 120 周（其中用于教育实践 8 周），寒暑假 33 周，机动 3 周。每周按 5 天安排教学，周活动总计 33 课时，每课时 45 分钟。

中等师范学校课程设置表

	科目 \ 学年(周课时)	一	二	三	各学科基本课时
必修课	思想政治	2	2	1	170课时
	语文 小学语文教材教法	5	5	4 2	530课时
	数学 小学数学教材教法	5	5	3	440课时
	物理	3	2		175课时
	化学		2	2	130课时
	生物学（含少年儿童生理卫生）	3			105课时
	计算机应用基础			3	90课时
	历史		3		105课时
	地理			3	90课时
	心理学	3			105课时
	小学教育学		2	2	130课时
	体育	2	2	2	200课时
	音乐	2	2	限选	140课时
	美术	2	2		140课时
	劳动技术（周）	1（周）	1（周）	1（周）	90课时
	周课时合计	27	27	22	2690课时
选修课		1—2	1—2	5—8	220—380课时
活动课		2—3	2—3	2—3	200—300课时
教育实践课		1周	1周	6周	240课时

注：

1. 每学年留出3周复习考试时间，因此，实上课周数为：一年级35周，二年级35周，三年级30周。

2. 各地可根据实际情况采取集中或分散等形式组织劳动技术课的教学。

3. 三年级时学生可根据需要任选音乐、美术一门。

三、实施《课程计划》的几点说明

（一）实施《课程计划》要努力实现必修课、选修课、活动课、教育实践课的有机结合。要充分发挥各自的主要功能，实现优势互补。必修课要突出主体性，加强质量意识；选修课要突出实用性，加强发展意识；活动课要突出创造性，加强科技意识；教育实践课要突出适应性，加强职业意识。

要注重体现整体意识，围绕培养目标在课程内容上相辅相成，在教学形式上优化组合，在时间分配上统筹兼顾，形成有活力的教育模式，最大限度地提高教学效率。

（二）必修课和选修课通过考试或考查，对学生学业的合格水平进行考核；活动课通过参加活动的次数和实绩等方面进行考评，教育实践课按现行的《中等师范学校教育实习纲要》的规定进行考评。所有课程的考核考评结果，均记入学生学籍档案，作为学生评优、毕业及升（留）级的依据之一。

（三）各地依据《课程计划》，根据实际情况制定教学计划。地方可以开展设置社会科学、自然科学、教育科学等综合课程的试验研究。有条件的学校还可以进行每课时 40 分钟的试验。

（四）民族师范学校（或班）的教学计划，由各省、自治区、直辖市根据本《课程计划》的要求和民族地区实际来制定。民族师范学校（或班）的必修课应达到国家规定的基本要求，应加强双语教学，开设民族语言课，同时要根据宪法关于"国家推广全国通用的普通话"的规定，学习普通话，将汉语文作为必修课程。选修课应根据各民族的特点，安排民族政策、民族历史、文化、区域地理以及经济发展状况等方面的教学内容。

（五）艺术、体育、外语等类中等师范学校（或班），根据其培养目标，由各省、自治区、直辖市依据本《课程计划》精神，从实际出发制定教学计划。这类中等师范学校（或班）的必修课，应加强专业学科及该专业学校的小学教材教法的教学。还应开设思想政治、语文、数学、体育、心理学、小学教育学、计算机应用基础等学科，使学生重点学好某一专业，同时在思想政治、文化知识、教育教学能力等方面，基本达到普通中等师范学校毕业生水平。

四、必修科目的基本内容及要求

思想政治

以邓小平理论为中心内容，讲授马克思主义哲学、经济学、政治学的基本观点，以及法律常识、师德常识等基础知识；对学生进行爱国主义、集体主义、社会主义教育，以及民主法制、职业道德等方面的教育；帮助学生逐步树立科学的世界观、人生观、价值观，树立献身教育事业的职业理想，培养学生观察社会、分析问题，以及从事小学思想品德课教学的能力。

语文

讲授重要的古今中外的范文，指导学生阅读分析范文，掌握分析文章的方法和写作的基础知识，提高阅读能力和写作能力；讲授语音、文字、语汇、语法、修辞和逻辑的基础知识，加强听、说、读、写训练，培养正确理解和运用祖国语言文字的能力；培养书写规范、工整的"三笔字"的能力；指导学生了解小学语文教学内容和基本要求，培养从事小学语文课教学的能力。

数学

讲授代数与初等函数、立体几何与平面解析几何、概率统计与微积分初步等数学基础知识，以及小学数学的基础理论和教学方法。使学生能够利用所学数学知识进行运算和简单推理。进一步提高学生思维能力、运算能力、空间想象能力，以及应用所学数学知识分析和解决实际问题的能力。指导学生了解小学数学教学内容和基本要求，培养从事小学数学课教学的能力。

物理

讲授物理学基础知识，使学生理解物理学的基本概念和基本原理，了解物理学在现代生产、生活中的实际应用，以及物理学与技术进步、社会发展的关系，以适应从事小学科学教育工作的需要。培养学生的科学态度和科学方法，发展学生的观察能力、实验能力、思维能力、动手能力，使学生具备从事小学自然课教学的能力。

化学

讲授化学基础知识-使学生理解化学的基本概念和基本原理，了解化学在生活、生产和科学技术发展中的应用，以适应从事小学科学教育工作的需要。培养学生的科学态度和科学方法，发展学生的观察能力、实验能力、思维能力、动手能力，使学生具备从事小学自然课教学的能力。

生物学

讲授生物学基础知识，使学生理解生物学的基本概念和基本规律，知道这些知识在生活、生产、科学技术发展和生态环境保护等方面的应用，了解现代生物科学的新进展，以适应从事小学科学教育工作的需要。使学生初步掌握基本的生物科学研究方法，发展学生的观察能力、实验能力、思维能力和自学能力，培养从事小学自然课教学的能力。

计算机应用基础

讲授信息与信息处理的基本观点和方法，以及计算机的基础知识和基本操作，培养学生利用现代化工具处理问题的意识和能力；使学生了解计算机在现代社会中的地位、作用及其深远影响，能够利用计算机系统处理学习中遇到的数值、文字、表格、图形等信息。为从事小学教学，应用现代化手段奠定基础。

历史

讲授中国历史和世界历史的基础知识，认识历史发展的基本线索和规律，使学生掌握重要历史事件、历史人物、历史现象、历史概念，对学生进行爱国主义教育。培养运用辩证唯物主义和历史唯物主义的观点观察、分析问题的能力，培养从事小学社会课教学的能力。

地理

讲授自然地理、人文地理的基础知识和基本原理。培养学生地理绘图、教具制作等基本技能；发展学生的地理思维能力，能够运用地理科学概念、知识和技能对人类与环境之间的问题作出正确的判断、分析和评价。帮助学生形成正确的人口观、资源观、环境观以及可持续发展的观念，深化对国情和国策的认识。培养从事小学社会课教学的能力。

心理学

以普通心理学、儿童心理学和教育心理学的知识为基础，适当渗透社会心理学和学校心理学的知识。在讲授各种心理现象的基本概念和一般规律的基础上，着重使学生掌握小学儿童认识过程和情感过程的特点和规律，掌握小学儿童个性和社会性发展的特点和规律，掌握有关教师心理、人际交往和学校心理咨询等方面的知识。通过课堂讲授、心理实验、教育实践和课外活动等方式，学生了解研究儿童心理的常用方法，而且学生可以初步运用心理学知识分析和解决小学教育实际问题的能力。

小学教育学

讲授教育理论的基础知识，使学生初步树立马克思主义的教育观。讲授小学教育工作的基本原理和方法，讲授党的教育方针和政策，使学生懂得小学教育工作的规律，掌握从事小学教育教学工作的教育基础理论知识和基本技能，培养学生热爱小学教师职业的思想感情和研究小学教育的兴趣，初步具备运用教育理论知识分析小学教育现象、解决小学教育实际问题的能力。

体育

全面锻炼学生的身体，增进身心健康，使学生具有健康的体魄和身心保健能力。掌握体育、卫生保健的基础知识和基本技能，提高体育意识和能力。培养创新、合作、竞争意识，具有良好的意志品质和健康的审美观念。培养从事小学体育课教学、卫生保健工作以及组织小学体育课外活动的能力。

音乐

讲授声乐、指挥、器乐、唱游、音乐欣赏、乐理和视唱练耳等基础知识，使学生初步掌握音乐教育基础理论和基本技能；提高学生的音乐素质，树立正确的审美观念；培养从事小学音乐课教学，以及组织小学音乐课外活动的能力。

美术

讲授绘画、美术设计、美术鉴赏和书法等基础知识，使学生初步掌握美术教育基本理论，通过艺术创作和欣赏课程，进行形象思维能力训练和美术素养教育，使学生初步掌握美术的基本技能，了解当代美术的发展状况和小学美术教学的特点，培养从事小学美术课教学，以及组织小学美术课外活动的能力。

劳动技术

进行劳动技术和劳动观点的教育。根据当地情况和需要，选择讲授农副业生产技术、工业生产技术、小学教育应用技术、校园绿化技术和生活服务性技术。使学生掌握2—3门实用性劳动技术，使学生了解教育与生产劳动相结合的基本原理以及先进技术在社会生产中的作用；培养劳动观点和劳动习惯，提高劳动技能，培养从事小学劳动技术课教学的能力。

计划规定，中等师范学校的培养目标是培养德、智、体全面发展的适应基础教育改革和发展需要的合格小学教师。中等师范学校的课程由必修课、选修课、活动课、教育实践课组成。其中，必修课开设思想政治、语文（含小学语文教材教法）、数学（含小学数学教材教法）、物理、化学、生物学（含少年儿童生理卫生）、计算机应用基础、历史、地理、心理学、小学教育学、体育、音乐、美术和劳动技术15门课程；选修课包括文化科技知识、教育理论与技能、艺术、体育和劳动技术等；活动课包括学科、科技、文体和劳动技术实践等活动，有讲座、社团、兴趣小组、"园丁科技教育活动"、社会调查等多种形式；教育实践包括参观小学、教育调查、教育见习和教育实习。① 课程计划根据社会主义现代化建设、九年制义务教育对小学教师的要求和中等师范教育的规律与特点，优化知识结构、注意理论联系实际，科学合理地安排课程，充分发挥课程体系的整体功能。

---

① 何东昌.中华人民共和国重要教育文献：1998—2002［M］.海口：海南出版社，1998：91-92.

第二节　安阳市第二师范学校的课程设置

1983年9月1日之前，安阳地区下辖2市（安阳市、鹤壁市）13县（安阳县、林县、汤阴县、内黄县、滑县、长垣县、淇县、浚县、濮阳县、南乐县、范县、台前县、清丰县），人口近千万，但只有濮阳师范学校和滑县师范学校两所师范学校，远远不能满足基础教育对师资的要求。在这种时代背景之下，1980年初，河南省政府和安阳地区政府做出了筹建安阳师范学校的决定。（1984年，由于行政区划的调整，安阳师范学校划归安阳市教育局管理，从此"安阳师范学校"更名为"安阳市第二师范学校"。）

安阳二师建校初期开设的课程主要模仿普通高中的课程设置，包括语文、数学等专业知识，另外再增加一些小学语文教材教法、小学数学教材教法等教学法知识，教育学、心理学等师范教育通识性知识等。

表4-1　安阳二师1984年以前课程设置

课程类型	课目	说明
基础学科	政治、语文、数学	加强基础知识和基本技能的训练
专业学科	心理学、教育学、体育、音乐、美术、各科教学法	
知识学科	物理、化学、生物	以扩大知识面为主，不考试，只考查
新课程	说话课、书法课	依据中师生知识结构于小学教学实际需要

1989年6月由国家教育委员会颁布的《三年制中等师范学校教学方案（试行）》（简称"新方案"），打破了传统师范学校只有必修课程的单一形式，增加了选修课并课外活动和教育实践课程，开创了中师教育新格局。

设必修课：思想政治、语文、数学、物理学、化学、生物学、历史、地理、小学心理学教程、小学教育学教程、体育、音乐、美术、劳作技术14门；选修课：文化知识、小学各科教材教法、艺术、体育及适应本地经济发展需要的职业技术教育类课程，课时为总课时的7%~15%（约250课时~540课时）；教育实践：10周左右，贯穿于3年之中。通过举办讲座、组织兴趣小组等多种形式，开展学科、科技、文体及社会调查等课外活动，发展学生的个性，培养学生自我服务、自我教育、自己管理自己的能力。

随着国家推动中等师范教育发展的一系列政策法规的出台，乘着改革开放的春风，安阳二师的发展插上了腾飞的翅膀，进入了十年黄金发展时期。在其课程设置上，有效地开设选修课，充分发挥其延伸和补充作用。教务科制定出选修课开设方案①：

（1）选修课的开设应充分体现对必修课的延伸和补充。故开设要避免盲目性和随意性，同时必须注意开设的原则。我们的原则是：①适应当地农村经济发展的需要。如开设河南乡土地理、河南乡土历史、农村实用生活常识、自然等课程。②面向农村、面向小学。如开设口语、书法、音、体、美等课程。③拓展知识面，适应三个面向的需要。如开设中外文学史、电教、微机初步等课程。

（2）开设形式：a. 必选。一年级：书法；二年级：口语；三年级：电教。均排入课程表。b. 任选。音乐、体育、美术、自然科学、社会科学。

开设方法：学生自报，教务科调整，根据兴趣爱好，择优选用。每个学生除必选课外，再报一门任选科目。根据报名调整结果重新编班，按班级号数安排在原教室上课。

上课时间：二年级开设任选课。每周二、四下午是选修课上课时间。

（3）选修课的考核。由于选修课开设各校有自主权，学生有选择权，因而在客观上给选修课考核带来困难，同时对学生的管理也有一定困难。为此，我们对选修课也指定班主任，原则上班主任是此班的任课教师，并指定班长负责班级教材的分发和学生的考勤。考核成绩与学生平时上课出勤情况相结合，以最后确定学生选修课的成绩。

第三节 基本特点

通过对上述20世纪80—90年代政策的规定，以及安阳第二师范学校课程设置的总体分析20世纪80—90年代中等师范课程设置的基本特点有重视技能与艺体课程的开设、增加了选修课、重视课外活动等，具体分析如下。

---

① 资料来源：安阳师范学院档案馆。

一、重视技能与艺体课程的开设

重视师范生的技能训练与艺体培养是该时期课程设置的独特之处。清末时期《奏定初级师范学堂章程》中规定教师要注重练字,师范本为教幼童,故习字列为专科,把识字作为教师的专业技能课来学习,先教楷书,次教行书,次教小篆,次讲为师范者教习字之次序法则,注重培养教师的专业技能。民国时期也开设了习字、图画、手工、音乐这几门课程,20世纪50—70年代开设音乐、美术及教学法。该时期在原有的基础上更加重视艺体课程的开设与技能技巧的训练,1980年8月22日教育部发布的《中等师范学校规程(试行)》中规定:中等师范学校必须注意加强对学生进行体育、音乐、美术、写字等方面的技能和技巧的训练,在课外安排必要的时间,辅导学生练习,培养学生的审美观点和从事小学教育的多种才能。此外从《中等师范学校教学计划试行(草案)》《三年制中等师范学校教学方案》《三年制中等师范学校课程计划》都强调技能与艺体课程的开设。安阳市第二师范学校除了文化之外,也重视技能与艺体课程的开设,书法、音乐、体育、美术要连开三年,每周2节。音乐课程包含了乐理、视唱、琴法等内容,美术课程包含了素描、水粉、简笔画、手工制作等内容。连续的课程安排,对学生练就扎实的教学基本功,提高艺术素养起关键作用,这就体现了这一时期重视技能与艺体课程的开设。

二、增加了选修课

1989年6月由国家教育委员会颁布的《三年制中等师范学校教学方案(试行)》(简称"新方案"),打破了传统师范学校只有必修课程的单一形式,增加了选修课、课外活动和教育实践课程,开创了中师教育新格局。1998年5月《三年制中等师范学校课程计划(试行)》对原国家教委1990年颁布的《中等师范学校德育大纲(试行)》和《中等师范学校学生行为规范(试行)》进行修订,并在1989年颁布的《三年制中等师范学校教学方案(试行)》的基础上重新修订,在课程设置上中等师范学校的课程由必修课、选修课、活动课和教育实践课组成。建立必修课、选修课、活动课和教育实践课有机结合的课程体系。选修课包括文化科技知识、教育理论与技能、艺术、体育和劳动技术等。选修课内容要力求体现实用性、综合性、地方性和时代性。对选修课要加强指导和管理,要根据本地需要和学校条件有重点地选择开设。学校要根据学生的爱好和毕业后的定向需要指导其确定具体选修科目。学校可视需要与可能把外语和现代教育技术作为必选课来开设。学生在校期间至少要修3门选修科目。安阳市第二师范学校也紧跟政策，进一步完善了课程体系，并使课程的设置与地域特点与时代发展更加契合，如河南乡村地理、河南乡土历史、农村实用生活常识、自然和电教、微机初步等课程。

三、强调教育实习

教育实习是中等师范学校专业教育的重要组成部分，通过教育实习使师范生理论联系实际，培养他们从事小学教育、教学工作的实际能力。该时期中等师范教育课程设置非常注重教育实习。1980年8月22日，教育部颁布《中等师范学校规程》对教育实习做了规定，教育实习的内容包括教学工作、班主任工作、少先队工作、课外辅导及家长工作等。分散在各学期内的教育实习与见习应与教育学、心理学、各科教学及教学法等课程密切配合，在毕业前夕还要集中实习，培养学生独立担任小学教育、教学工作的实际能力。1980年10月14日教育部又印发了《中等师范学校教学计划试行（草案）》，规定教育实习包括平时的参观、见习和毕业实习。3年制师范教育实习共8周，四年制师范教育实习共10周，可以分散使用，也可以集中使用，但毕业实习不应少于4周。1989年6月由国家教育委员会颁布的《三年制中等师范学校教学方案（试行）》增加了选修课、课外活动和教育实践课程，其中在教育实践课程中强调教育实践包括参观小学、教育调查、教育见习和教育实习。教育实践的安排要尽可能与教育专业课、文化课的教学进度和各种社会实践活动结合，并贯穿于三年教学活动的始终，同时也强调实习的重要性。1995年2月，国家教委在总结十年来各地培养专科程度小学教师试验经验的基础上，颁发了《大学专科程度小学教师培养课程方案（试行）》。教育实践包括参观小学、教育调查、教育见习和教育实习等，共安排15周，贯穿于五年之中，约占总课时数的9%。由此可以看出教育实习已经变成了中等师范教育课程开设的重要内容，并逐步规范化与制度化。

四、重视课外活动课

1980年8月22日，教育部颁布《中等师范学校规程》，强调生产劳动；1980年10月14日教育部又印发了《中等师范学校教学计划试行（草案）》，强调要组织学生参加一定的生产劳动。在生产劳动过程中，要适当注意对学生进行思想政治教育，时间为每学年2周，毕业学年不安排生产劳动。乡村师范的生产劳动，可以按照农业生产的季节性等特点进行适当的安排。1989年6月由国家教育委员会颁布的《三年制中等师范学校教学方案（试行）》要求增加课外活动与教育实践，强调中等师范学校通过举办讲座，组织兴趣小组等多种形式开展学科、科技、文体以及社会调查等课外活动。学校要制定课外活动计划，安排教师辅导，使课外活动有计划、有目的、有组织地进行。要充分调动学生开展课外活动的积极性和主动性，培养学生自我服务、自我教育、自己管理自己的能力。1998年5月关于印发《三年制中等师范学校课程计划（试行）》的通知强调学校要制定活动课教学计划，安排教师辅导，使活动课有目的、有计划、有组织地进行。要提供开设活动课的条件，提高开设活动课的质量。要调动学生参加活动课学习的积极性，让学生生动、活泼、主动地发展。安阳市第二师范学校课程也重视课外活动，学校成立了数学兴趣小组、民乐兴趣小组、舞蹈兴趣小组、武术兴趣小组、演讲兴趣小组、手工兴趣小组等。并由教务处负责，力争使课外活动出成绩、出效果，考核中加强检查，使其制度化，定期汇报成果并进行评比活动。每天下午课外活动时间，篮球场上、足球场上的师生同场竞技，乒乓球台上的你攻我守，舞蹈房的你教我练……都是学生的最爱。在丰富多彩的课外活动中，学生锻炼了身体，掌握了知识与技能，增进了师生情谊。

20世纪80—90年代，是我国教育事业逐步恢复，并快速走向蓬勃发展的时期，是师范教育课程设置逐步规范，并凸显师范生特性的时期。1980年8月22日，教育部颁布《中等师范学校规程》，对中等师范教育的教学工作、思想政治教育、教育实习和生产劳动、体育卫生与生活管理、教学工作等做了规定。1980年10月14日教育部又印发了《中等师范学校教学计划试行（草案）》，对中等师范学校的培养目标、修业年限、课程设置、教育实习与生产劳动、时间分配等做了具体的规定。1989年6月由国家教育委员会颁布的《三年制中等师范学校教学方案（试行）》（简称"新方案"），打破了传统师范学校只有必修课程的单一形式，增加了选修课、课外活动和教育实践课程，开创了中师教育新格局。1995年2月，国家教委在总结十年来各地培养专科程度小学教师试验经验的基础上，颁发了《大学专科程度小学教师培养课程方案（试行）》，小学教师的培养开始走向专科阶段，1998年颁布了《三年制中等师范学校课程计划（试行）》对前期各项政策逐步完善并改进，使得中等师范教育迎来了高潮，该时期课程重视技能与艺体课程开设为后期培养素养全面的小学优质教师奠定基础；增加选修课程，使中等师范学校教学主动适应当地经济、文化发展的需要；可以拓宽学生的知识，发展学生广泛的兴趣和特长；可以进一步培养学生从事小学教育教学工作的能力，特别是担任多学科教学的能力；强调教育实习，对师范生了解小学教育，熟悉小学学生，巩固专业思想，培养实际能力，初步掌握科学的教育教学方法，具有特殊作用；重视课外活动，对于学生学习文化知识、发展个性和培养能力，特别是小学教育教学工作的实际能力，具有重要意义。

第五章

中等师范教育课程历史发展特点

中等师范教育课程开始于1904年《奏定初级师范学堂章程》，成长于民国，在建国之后延续，在改革开放之后达到发展的高潮。中等师范教育课程在教育界前辈的不懈努力下，从无到有，从弱到强，虽历经波折，但总体上不断发展，不断完善。经过半个世纪的演变，也取得了令人瞩目的成就，逐步建立了一套适合中国国情的师范教育课程体系，培养出了大批优秀教师扎根一线，为中国科学文化的发展和民族素质的提高做出了重要贡献。既可以看到很多成功的经验，也有不少的曲折和教训，值得深入总结与思考。安阳师范学校作为中等师范学校的一部分，其课程设置也紧随国家政策，展现出自己独有的魅力，为地方培养了一批又一批优秀的中小学教师。中等师范教育课程同时也经历了清末、民国和新中国成立以来不同历史发展阶段，审视其发展演变历程，可发现其显著的特点，也可为当下的小学教师教育课程改革带来不同的启示。

一、课程设置逐步丰富

纵观整个中等师范学校的课程设置史，可以发现其课程设置不断地丰富。从政策上来看，清末1904年颁布的《奏定初级师范学堂章程》系统设置了小学教师教育课程，正式开启了经由师范学校培养小学教师的先河，课程设置：完全科设修身、读经讲经、中国文学、教育学、历史、地理、算学、博物、物理及化学、习字、图画、体操12科，还可视地方情形加授外国语、农业、商业、手工之中的1科或数科；简易科设修身、中国文学、教育学、历史、地理、算学、格致、图画、体操等9科。该时期的教育专业课程初具规模，更多的体现"中学为体，西学为用"的思想，封建色彩比较浓厚。民国时期课程设置逐步规范化与制度化，课程设置逐步丰富。1912年1月19日颁布的《普通教育暂行课程标准》规定师范学校（即旧制之初级师范学堂）学习科目为修身、教育、国文、外国语、历史、地理、数学、博物、理化、法制、经济、习字、图画、手工、音乐、体操，删除了读经课，开设了法制与经济课程。1913年3月公布的

《师范教育课程标准》中的课程要求为：女子师范学校的预科加授缝纫一科。本科第一部（相当于清末的"完全科"）除原有的学习内容外，还视地方情形，设商业，或兼开农业、商业、供学生选学，女子师范学校本科第一部的学习科目增加家事园艺和缝纫，增加了实用技能类课程。1935年教育部公布的《修正师范学校规程》对不同类型的师范教育课程做出了相应规定，在课程设置上除了设教育之外，还增加了教育概论、教育心理、小学教材及教学法、小学行政、教育测验及统计、实习等科目，还会依据不同需要开设农业及实习、农村经济及合作、水利概要等课程。20世纪50—70年代，该时期注重各学科教学能力的培养与多学科教学能力的培养，课程设置包括语文及教学法、数学及算数教学法、物理、化学、地理及教学法、历史及教学法，还有体育、音乐、美术等学科及教学法。20世纪80—90年代，课程设置在原有的基础上，重视技能与艺体课程的开设，增加了选修课，重视教育实践。1989年6月由国家教育委员会颁布的《三年制中等师范学校教学方案（试行）》（简称"新方案"），打破了传统师范学校只有必修课程的单一形式，增加了选修课、课外活动和教育实践课程，开创了中师教育新格局。总体而言，课程设置逐步丰富，并根据实际逐步凸显师范专业特点的过程。

安阳师范作为中师的代表之一，其课程设置也是逐步丰富的过程，如清末时期的彰德师范传习所设置有修身、中国文学、教育学、历史、地理、数学、理化、图画、体操等9门课程，教育专业课程初具规模，但结构粗糙，带有封建色彩；民国的安阳县立师范学校历经安阳县立师范学校、安阳县立简易乡村师范学校、安阳县立女子师范学校、日占时期伪安阳县立师范学校和抗战胜利后安阳县立简易乡村师范学校等校，其课程设置不仅包括教育概论、教育心理、小学教材及教学法、小学行政等教育类专业课程，而且还包括公民、国文、历史、地理、算学、物理、化学、生物、体育、卫生等学科类辅助课程，这就使中等师范的教育性得以彰显；新中国成立后20世纪50—70年代"安阳师范学校"历经平原省立安阳师范学校（1949—1952），河南省安阳师范学校（1953—1962），与安阳第二师范学校合并成为新的河南省安阳师范学校（1962—1979），其课程设置又有了新的变化。该时期在加强政治与教育学课程之外，还要特别加强语文和数学两个学科，并结合实际开设必要的小学教材教法课程以及教育实习，使学生能够理论结合实际。并且该阶段最主要的是要培养农村小学教师，因而除了必备的学科知识外，还有音乐、美工等知识，这就为全面发展奠定了基础。安阳二师在《三年制中等师范学校教学方案（试行）》（简称"新方案"）的指引之下，打破了传统师范学校只有必修课程的单一形式，增加了选修课、课外活动和教育实践课程；在教育实践与课外活动方面，学校成立了数学兴趣小组、民乐兴趣小组、舞蹈兴趣小组、武术兴趣小组、演讲兴趣小组、手工兴趣小组等，开阔了学生的视野，培养了学生的多项技能。

二、教师教育类课程是其重要组成部分

《奏定初级师范学堂章程》对于教育的要求先讲教育史，次讲教育原理，次讲教育法令及学校管理法，次则实事授业，体现了对教育课程的重视，彰德师范传习所课程将教育作为其中一门学科；安阳县立师范学校设置了教育概论、教育心理、小学教材及教学法、小学行政、教育测验及统计，实习作为独立科目在最后两年分两次进行，安阳县立女子师范学校开设的教育类课程有教育概论、伦理、教学法、社会教育、小学行政、教材研究、幼稚教育、乡村教育、心理等，教育类课程逐渐丰富。新中国成立后，按照新中国制定的第一个师范学校教学计划——《师范学校教育计划（草案）》，该"草案"规定三年制师范学校的学习必修科目为15门：语文及教学法、数学及教学法、物理、化学、政治、教育学、心理学、注重体育、卫生、音乐及其他文娱活动的开展。此时的安阳师范学校紧跟政策，虽然在社会主义探索时期，由于国际风云变幻，教育学和心理学课程一度被取消，实习也流于形式，但整体的小学教师培养目标没有改变，也为社会主义中等师范教育的改革与发展积累了大量经验。安阳二师建校初期开设的教育类专业课程有心理学、教育学、体育、音乐、美术、各科教学法，目的是加强基础知识的学习，而后在国家教委的指引下增设选修课、课外活动、教育实践等类型，这就使得教育的专业化逐步增强。

三、学科（基础）课程是其主要课程

纵观整个中等师范课程设置，均表现出了鲜明的学科特征。彰德师范传习所除开设教育类课程之外，还开设了修身、中国文学、历史、地理、数学、物理、化学、图画、体操等学科课程，占课程门类总量的89%。安阳县立师范学校开的学科课程有公民、国语、数学、史地、植物、动物、生物、矿物、物理、化学、科学概论、伦理、农学通论、作物、肥料、畜牧及造林、农产制造、美工、音乐、体育、地方自治、乡村社会及问题研究、合作事业，共计23门课程，教育类课程有8门课程，学科课程门类占总课程门类总量的74%。安阳县立女子师范学校设置的学科课程有三民主义、建国方略、建国大纲法制知识、民众组织训练、国语、数学、史地、植物、动物、生理、矿物、物理、化学、科学概论、美工、体育、音乐、地方自治、合作事业、家事共计20门课程,教育类课程有10门课程,学科课程占总课程门类总量的67%。安阳县立简易乡村师范学校开设的学科课程有公民、体育、卫生、国文、算学、地理、历史、植物、动物、劳作、美术、音乐、农业及实习、化学、物理、水利概要、农业经济及合作,共计17门学科课程,教育类课程有7门课程,学科课程占总课程门类总量的71%。建国之后虽然形成了教育学、心理学、教材教法三种典型的师范类课程体系,但学科课程依旧在发挥着主要作用。由此可以看出在整个中等师范的课程体系中,学科课程是其主要课程。

四、教育实习时长逐步增加

一直以来,实习都是中等师范学校课程设置的重要组成部分,清末时期就强调实习,民国时期确立了实习课程,1913年4月教育部专门颁布了《师范教育注重实习训令》,规定各师范学校必须设附属学校作为实习基地,师范学校学生在最末学年,每周都得去附属学校实习,进而保证理论与实践之间的联系。1932年(安阳)县立女子师范学校暂行课程标准草案中规定其课程总学分为185学分,实习为9.5学分,设置在第三学年,即最后一学年的两个学期中,第五学期每周3节实习课,第六学期每周18节实习课。此时的实习仍是在校学习为主的分散实习,没有离校集中实习安排,而且在第五、六两学期同时开设国语、数学、史地、党义等其他课程。中华人民共和国成立初期也强调实习,如1952年7月颁布的《师范学校暂行规程(草案)》规定师范学校为了便利学生观摩学习,应设附属小学或幼儿园,或由所在地教育行政机关指定附近小学,幼儿园为实习场所。并规定师范学校每学期实际上课时间为18周。但最末学期,应以四周时间(如因故超过4周时间应没法利用假期补课保证该学期完成教学计划)集中进行教育的参观实习,实际上课时间为14周。师范速成班第一学期实际上课时间为18周,第二学期应以4周时间进行集中的教育参观实习,实际上课时间为14周。当时的安阳师范学校的参观实习为64课时(合2周,教学计划设置的总课时数为3418),设在最后一学年的两个学期。1963年8月,教育部印发了调整后的《三年制中等师范学校教育计划(草案)》规定教育专业课(含教育学、教育心理学、教材教法、教育实习)占14%左右。[①] 1966年5月到1976年10月,师范学校的教育学、心理学被取消,教育实习也名存实

---

① 何东昌. 中华人民共和国重要教育文献:1949—1975[M]. 海口:海南出版社1998:1208-1209.

亡。1989的《三年制中等师范学校教学方案（试行）》规定教育实践为10周。安阳市第二师范学校依此执行，整体而言，除了个别时期，教育实习时长在逐渐增加。

五、自然科学类课程与人文社会科学类课程并重

师范生无论是将来从事小学教学还是中学教学，都须具备广泛的知识面、必要的科学素养和一定的逻辑思维能力。自然科学类课程对提高师范生这些方面的素养和能力有着极为重要的作用。纵观整个中等师范课程设置史，从清末到20世纪80—90年代，都注重课程的基础性与综合性，培养出来的都是适应社会发展的全科教师。

如彰德师范传习所彰德师范传习所仅有数学和理化两门课程，安阳县立师范时期已经有地理、算学、物理、化学、生物、科学概论等课程。河南省安阳师范学校时期课程设置包括数学及算术教学法（算术、代数、平面几何、算术教学法）、物理、化学、自然及教学法（植物学、动物学、生理卫生、自然教学法）等自然科学门类课程，安阳二师时期开设了物理、化学、生物等课程。由此可以看出，整个中等师范的课程理科课程门类在不断增加。

为了培养中小学教师的人文主义精神和健全的人格，中等师范教育在各个时期也重视人文类科学课程的设置。彰德师范传习所时期开设了修身、中国文学、历史、地理、图画等人文学科；安阳县立师范学校时期，开设了国文、历史、地理、美工、体育、音乐等课程来增强学生的人文素养；安阳师范学校时期也开设了地理、历史、政治、音乐、美术等课程，安阳第二师范学校时期，开设了历史、地理、音乐、美术、书法课等课程来增强学生的人文素养。

因而整个中等师范学校的课程设置都体现了自然科学类课程与人文社会科学类课程并重发展的发展趋势。

六、国家和政府是课程变革与实施的主导力量

纵观整个中等师范教师教育课程的设置与发展，都是在国家政策的指引之下修订与完善的。1903年，清政府颁布的《奏定初级师范学堂章程》规定，小学师资培养机构分初级师范学堂、简易师范科、师范传习所，实习教员讲习所四种办学层次，同时颁布了初级师范学堂的教学计划，这是中等师范教育的第一个教学计划，与此同时彰德师范传习所作为地方师范教育培养机构的代表之一也应运而生，其课程设置多参照师范简易科来设定。1912年，国民政府颁布

《师范学校规程》，这成为 1912—1922 年间师范学校的办学准则，在培养学生具有现代科学文化知识方面，比清政府统治时期更进一步，与此同时，课时也有了较大幅度的增加，更具现代教育的特点。第一次世界大战后，受欧美教育的影响，民国政府取消了独立设置的师范学校各地均在高中设师范科，至 1932 年才重新规定师范学校为训练求学教师的机构，招收初中毕业生，学制为三年。1934 年 9 月，教育部又公布了《师范学校课程标准》，1941 年又进行修订，成为这一时期中等师范学校的办学准则。安阳县立师范学校根据河南省 1932 年颁布的《河南省县立乡村师范学校暂行科目学分表》，开设相应的课程，安阳县立简易乡村师范学校根据 1935 年国民政府教育部颁布的《修正师范学校课程》开设相应的课程。新中国成立后，中等师范教育得到了极大的加强。1952 年，教育部颁布试行中等师范学校的教学计划，1956 年正式执行。1980 年教育部颁布《中等师范学校规程》对中等师范教育的教学工作、思想政治教育、教育实习和生产劳动、体育卫生与生活管理、教学工作等做了规定；1980 年 10 月 14 日教育部又印发了《中等师范学校教学计划试行草案》，对中等师范学校的培养目标、修业年限、课程设置、教育实习与生产劳动、时间分配等做了具体规定，其中课程设置在原有的《中等师范学校规程》的基础之上设置得更为详细；1989 年 6 月，由国家教育委员会颁布的《三年制中等师范学校教学方案（试行）》，打破了传统学校只有必修课课程的单一形式，增加了选修课、课外活动和教育实践等课程形式。安阳二师乘着改革春风的脚步紧跟政策，为豫北地区培养了一批又一批优秀的小学教师。因此在我国教师教育已经纳入高等教育体系的大背景下，要确保自身稳定的独特性，就需要政府发挥宏观调控作用，制定教师教育各个阶段具体的教学方案，才能使教师教育沿着正确、有序、规范的道路前进。

七、社会需要是课程设置的重要依据

教师教育与其他教育的区别就在于是否需要学习专业理论课程与教育实践课程。因为教师是一种培养人的职业，与人的身心发展和成长息息相关。教育不仅要适应人的身心发展规律，而且还应使教育教学走在发展的前面，促进人的全面发展。纵观安阳师范整个中师发展阶段，什么时候教育专业课程文化建设合理，符合小学教育本身蕴含的综合性、基础性、实践性，什么时候就能为小学输送合格的师资，进而保证小学教育的质量。为此，应该参照国际标准，确定其教育专业在整个课程文化体系中的合理地位与合适比例，确保其特色，使教育更加人性化，更加适应基础教育发展的需要，更加适应社会发展的需要。

八、他国经验对我国师范教育课程的发展起到了重要作用

纵观整个中等师范教师教育课程设置的发展历程，课程结构的演变大致经历了"模仿日本""借鉴美国""学习苏联""逐渐本土化"这样的一个发展阶段，从最初的"拿来主义"到后期的不断调整和完善，进而找到了更适合中国国情的课程结构。反观整个中等师范课程发展史，由于日本的侵略，以泱泱大国自居的中国却败于日本，先进的中国人开始认识到教育的重要性，尤其是师范教育的重要性，开始了学习日本教育的道路。《奏定初级师范学堂章程》的颁布，是中国历史上第一个正式颁布并且在全国普遍实行的学制；标志着中国延续了两千多年的封建教育体制结束，使中国的师范教育有了相对独立的系统和比较完备的学制；简易科设置修身、教育、中国文学、历史、地理、算学、格致、图画、体操九门课程；章程设置了"初级师范学堂教学总要""初级师范学堂分科教学法""各科目程度及每星期时刻表"，对课程内容，课程实施细则都有了比较细致的规定，彰德师范传习所的课程设置与实施也有了一个政策引领。五四运动时期随着新文化运动的逐步深入，教育领域里也兴起了一场声势浩大的"新教育"改革运动，其直接结果是形成了学习美国的"1922 年学制"；也称"壬戌学制"；对师范学制进行了调整，将中等师范教育归入中等教育系统，中等师范学校出现了四种办学形式：六年制师范学校、高级中学师范科、两年或三年制师范学校、相当年限师范学校或师范讲习科，并针对每一类学校形式提出了相应的课程设置，这就为民国时期的中等师范教育课程设置提供了参考依据。1949 年 6 月，毛泽东在《论人民民主专政》一文中指出："苏联共产党就是我们最好的先生，我们必须向他们学习。"同年 10 月 5 日，中苏友好协会总会召开成立大会，总会会长刘少奇在大会讲话中指出："苏联有许多世界上所没有的全新的科学知识，我们只有从苏联才能学到这些科学知识。例如，经济学、银行财政学、商业学、教育学；等等。"[1] 教育领域开始全面学习苏联的教育经验，学习与借鉴他国经验是我国中等师范教育课程发展的重要外力。

九、特色课程的开设应结合实际

纵观整个中等师范教育的课程设置发展史，发现每个时期都有每个时期独有的课程设置。如清末在"中学为体，西学为用"的理念引领之下，开设了修

---

[1] 北京市教育杂志编纂委员会. 北京市普通教育年鉴：1949—1991［M］. 北京：北京出版社，1992：5.

身与中国文学，并注重读经课程；到了民国时期，分为男子师范学校与女子师范学校，两者之间有共同课程，但其区别点是女子师范学校有自己的特色课程即家政课与裁缝课；安阳县立简易乡村师范学校由于其服务对象是农村小学教师，并且要求学生要养成忠孝仁爱和平的美德以及农夫的身手、科学头脑、艺术的兴趣和优美的习惯，同时要求学生能够不为恶劣的旧社会腐化，能够不为恶劣的旧社会腐化，能以乡村教育为中心，努力宣传工作，训练民众，领导民众，从事乡村改造，因而开设了大量适应农村社会的课程，如植物、动物、肥料、畜牧及造林、地方自治、乡村社会及问题研究等学科，这就体现了特色课程。安阳二师除了文化课程的开设之外，重视技能与艺体课程的开设，书法、音乐、体育连开三年，音乐课包含乐理、视唱、琴法等内容，美术课程包含了素描、水粉、简笔画、手工制作等内容，这些特色课程不仅练就了学生扎实的基本功，而且提高了学生的艺术素养。伴随教育对象年龄阶段的提高，学科专业课程比例越来越高，而教育专业课程比例相对降低，如此才能与基础教育教学现实相吻合，彰显院校为地方基础教育服务的强大功能。

十、重视劳动技能课程的开设

首先民国时期的一些政策已经表现出来对劳动技能课程的重视。如1912年颁布的《普通教育暂行课程标准》中明确规定师范学校要开设手工课，女子师范学校要加设家政裁缝课，重视劳动技能的培养。1913年教育部公布的《师范学校课程标准》要求男子师范学校要开设手工、农业和商业等课程，这就从某种程度上培养了学生的劳动技能，女子师范学校还设家事园艺与缝纫课程，以此来增强学生的劳动技能。1935年颁布的《修正师范学校规程》无论是对于师范学校还是简易乡村师范学校都特别注重劳作课程的开设，以此来培养学生的劳动技能。安阳县立师范学校的课程设置，其课程除了包括一般的师范教育类课程外，还设置了大量适应农村社会的课程，如植物、动物、肥料、作物、畜牧和造林、地方自治来增加学生的劳动技能；安阳县立女子师范学校除了开设植物、动物、矿物等实用课程之外，在第四学年还增加了家务课培养学生的实用技能。新中国成立之后，尤为重视生产劳动，师范学校的劳动课程也必不可少，如在"大跃进"与整风运动的背景下，1958年，安阳师范学校大力贯彻勤俭办学，勤工俭学的方针，大批学生下工厂，去农村，学理发，学做饭，学缝纫，搞运输，直接参加生产劳动，学会了许多生产技术；与此同时，安阳第二师范学校开展以三结合为中心的教学改革，又以又红又专为目标，大力开展勤工俭学，并在学校建立附属工厂、附属农场，同学们亲自到工厂、农场劳动，培养了学生了劳动观点和劳动习惯,也学会了很多生产技术。2020年3月26日,中共中央、国务院颁布《关于全面加强新时代大中小学劳动教育的意见》,强调整体优化学校课程设置,将劳动教育纳入中小学国家课程方案,形成具有综合性、实践性、开放性、针对性的劳动教育课程体系,需要注重劳动技能课程的开设,如此才能实现五育并举,培养德智体美劳全面发展的社会主义建设者和接班人。

总而言之,中等师范教育的课程和教学计划,总是根据时代要求和小学教师教育发展的需要而不断调整、改进的,其总体走向为未来小学教师教育的发展提供了经验与教训,具有重要的借鉴意义。

第二部分　高等教育小学教育专业课程（2000—2022）

我国一些师范学校从 20 世纪 80 年代起就开始了以"五年制"为主的小学教育专业专科试点工作。进入 21 世纪，我国开始从三级师范到二级师范，从以中师为主的中等教育到以专科、本科为主，以及扩大小学教育专业硕士研究生培养点和招生规模的高等教育为主的发展阶段。国家从以高等教育为主体开放灵活的小学教师教育体系的构建、教育本科教学工程、卓越教师培养计划与公费小学全科教师培养和小学教育专业认证等方面推动了小学教师教育的课程改革。2000 年安阳市第二师范学校并入安阳师范学院，小学教师教育开始由中等师范教育提升为高等师范教育。本部分主要分析 2000—2022 年国家与河南省相关课程政策、安阳师范学院小学教育专科与本科的课程设置情况，内容包括四章：小学教育专业（专科）课程、小学教育（普本）课程、小学教育（全科）课程、小学教育（专升本）课程。

第六章

小学教育专业（专科）课程

早在20世纪80年代我国的一些师范学校就开始了以"五年制"为主的小学教育专业专科试点工作，开启了高等教育对小学教师的培养。进入21世纪，国家出台了相关政策，专科以上学历小学教师培养正式纳入了高等教育体系。2000年安阳市第二师范学校并入安阳师范学院，始设小学教育专科，"安师小教"由此进入高等教育培养阶段。

第一节 小学教育专业（专科）课程政策概要

一、专科以上学历小学教师培养纳入高等教育体系

1984年江苏省南通师范学校试办五年制师范专业，招收第一个小学教育五年制师范班。1985年上海师范高等专科学校建立并招生，原北京三师、北京通师及首都师大共招收50多个小学教育大专班，标志着小学教育大专化尝试的开始。[1]

进入21世纪，三级师范向二级师范过渡加快了速度，小学教师培养主体由中等师范院校提升至高等院校。2002年9月10日教育部发布的《教育部关于加强专科以上学历小学教师培养工作的几点意见》（教师〔2002〕4号）中明确提出把专科以上学历小学教师的培养纳入高等教育体系。《意见》内容如下：

为了适应基础教育改革与发展的需要，我国对培养专科学历小学教师工作进行了较长时间的积极探索，取得了较大成绩，并积累了许多宝贵经验。到2001年，小学教师中达到专科以上学历者已占小学教师队伍的27.4%。但是，

---

[1] 宫辉力. 教师教育课程重构：理论与实践 [M]. 北京：首都师范大学出版社，2008：400.

我国专科以上学历小学教师的培养尚处于初级阶段，在培养制度、办学渠道、办学模式、专业建设等方面还存在一些问题。为了贯彻落实《中共中央国务院关于深化教育改革全面推进素质教育的决定》精神，大力提高小学教师整体素质，加强专科以上学历小学教师培养工作，特提出以下意见。

一、坚持按需适度发展方针，科学规划专科以上学历小学教师的培养

各省级教育行政部门要根据当地社会发展、经济建设和基础教育改革发展的实际需要，统筹规划专科以上学历小学教师培养工作。依据《教育部关于"十五"期间教师教育改革与发展的意见》关于对新师资补充的学历要求，以及小学教师的数量需求，按照"分区规划、分类指导、分步实施"原则，科学、合理地确定专科以上学历小学教师的培养规模和实施步骤，通盘考虑和合理调整承担培养专科以上学历小学教师任务的高等师范（简称高师）院校及其他高等学校的布局结构。

二、专科以上学历小学教师的培养纳入高等教育体系，理顺管理体制

专科以上学历小学教师的培养要纳入高等教育体系。各省（自治区、直辖市）要根据实际需要，统筹规划，确定培养渠道。有条件的高师院校要积极建立和完善培养小学教师的院系或专业，加大培养力度，充分发挥现有高师院校培养专科以上学历小学教师主渠道的作用。在高师资源不足的地区，可以在优质的中等师范教育资源基础上，建立培养专科学历小学教师的高等师范专科学校。少数地区可以通过中师与高师实行联合办学，前三年放在中师，后两年放在高师培养的形式培养专科学历小学教师。要加强对各类培养专科以上学历小学教师院校的管理，理顺管理体制。培养小学教师的高等师范专科学校原则上实行省、市（地）两级共管，以市级为主或以省（自治区、直辖市）级为主的管理体制。这些学校都要创造条件，提高办学质量和效益，积极为全省（自治区、直辖市）服务。

三、实行多种办学形式，积极探索培养模式

积极探索专科以上学历小学教师的培养模式。根据《高等教育法》有关规定，招收高中阶段毕业生，实行三年专科教育，实行四年本科教育，是我国培养专科以上学历小学教师的主要形式。招收初中毕业生，实行三年在中师培养，后两年在高师培养的"三二分段制"专科教育，是当前我国培养专科学历小学教师的过渡形式。前三年按照中等师范教育管理，后两年纳入高等教育招生计划和管理范畴，可在其学程中期，即三年级后由各省级教育行政部门组织统一考试，合格者升入专科阶段继续学习，进行专科学历教育。招收初中毕业生，实行"五年一贯制"专科教育，有利于小学教师职业道德、知识、能力和素质

的综合培养，有利于提高教师专业化水平，是当前我国培养专科学历小学教师的重要补充。举办"五年一贯制"专科教育要由普通高等学校承担并经省级教育行政部门审核批准后方可组织实施，国家关于初中后起点的五年制高等职业教育的有关政策适用于五年制师范类专科教育。"五年一贯制"师范类专科教育主要适用于幼儿教育、特殊教育、外语、艺术、体育等类小学教师的培养。

四、加强小学教育专业建设，努力办出特色

专科以上学历小学教师培养工作是我国教师教育的新领域，需要在实践中不断地探索和完善。根据新世纪基础教育改革与发展及实施素质教育的需要，针对教师专业化的国际趋向和小学教师的培养特点，教育部将组织制订专科学历小学教师的培养目标、规格，完善和改革课程体系和教学内容，制定《师范高等专科三年制小学教育专业教学方案（试行）》，组织编写小学教育专业教材，加强小学教育专业建设。各地要参照《师范高等专科三年制小学教育专业教学方案（试行）》，结合本地实际，研究制定实行"三二分段"和"五年一贯制"师范专科教育的教学方案，探索培养规律，办出特色，努力培养适应基础教育需要的小学教师。

五、深化教育教学改革，努力提高培养质量

培养专科以上学历小学教师的院校要不断深化教学改革，强化质量意识，加强教学管理，加强教育学科的建设，积极推进现代信息技术的普及和应用，大力抓好教师队伍的建设。新组建的学校尤其要提高教师队伍的学术水平和科研水平，具有硕士和博士学位的教师比例要有较大提高。专任教师要深入小学，熟悉并研究小学教育。各地教育行政部门要对培养专科以上学历小学教师工作高度重视，加强业务指导。教育部将组织开展培养专科以上学历小学教师院校教学质量评估，确保培养质量，开创我国小学教师培养的新局面。

这一文件宣布师范教育改革由三级向二级发展成为定局，专科以上学历小学教师培养纳入高等教育体系，而专科层次的小学教师培养则是这一时期的改革重点。

二、《大学专科程度小学教师培养课程方案（试行）》

1995年2月21日国家教委师范教育司印发的《关于大学专科程度小学教师培养课程方案（试行）的通知》指出："培养具有大学专科程度的小学教师是我国初等教育发展改革、提高质量的需要。是提高我国小学教师素质的重要步骤，也是我国师范教育发展改革的重要举措。自1983年我国部分省、市开展培养专科程度小学教师的试验以来，经我委批准已有23个省、自治区、直辖市培养专科程度小学教师试验。此项试验从总体看积累了一定的经验是成功的。为加强对各地培养专科程度小学教师工作的宏观指导，保证培养质量，我司在总结10年来各地培养专科程度小学教师试验的经验基础上，制定了《大学专科程度小学教师培养课程方案》。"《大学专科程度小学教师培养课程方案（试行）》适用于招收初中毕业生，修业五年，培养大学专科程度小学教师的试点学校。该方案制包括以下五部分内容。①

其一，培养目标与培养规格。五年制试点学校培养德、智、体等诸方面全面发展、能适应小学教育发展和改革需要的具有大学专科程度的小学教师。其培养规格包括：（1）坚持四项基本原则，热爱社会主义祖国，热爱中国共产党，热爱小学教育事业。初步掌握马克思主义的基本观点和建设具有中国特色社会主义的理论，树立正确的世界观、人生观和价值观，具有良好的教师职业道德以及艰苦奋斗、求实创新的精神；（2）掌握较为宽广扎实的文化科学基础知识，掌握主修学科的基础理论、基础知识和基本技能，掌握较为系统的教育理论知识，懂得小学教育教学规律，具有从事小学多学科教学的知识、技能和基本能力，具有初步的小学教育教学研究能力和自我发展、自我完善的能力；（3）懂得一定的保健知识和方法，养成锻炼身体的习惯和良好的生活卫生习惯，达到国家体育锻炼标准，身体健康；（4）具有一定的艺术修养、健康的审美观点和艺术表现能力；（5）掌握基本的劳动知识和技能，形成正确的劳动观点和劳动习惯；（6）具有良好的心理素质、较强的意志力和心理自我调节能力。②

其二，课程设置原则。该方案制定了六条原则：（1）贯彻教育要"面向现代化，面向世界，面向未来"的方针，培养学生在德、智、体等诸方面全面发展；（2）根据我国幅员辽阔、经济文化发展不平衡的实际情况，实行统一性与灵活性相结合的原则；（3）根据我国培养小学教师的特点和规律，实行以课堂教学为主，必修课与选修课相结合、课堂教学与课外活动相结合、学校教育与社会实践相结合，使五年制试点学校的课程设置成为由必修课、选修课、教育实践和课外活动有机结合的整体；（4）根据培养专科程度小学教师的要求，课程设置实行全面发展的综合性教育与一门学科基本达到大学专科程度的专业定向教育相结合，5年统筹，构建科学的课程体系；（5）根据对小学教师职前教育的需要，既要科学地安排文化知识课，又要加强教育理论课和教育实践环节，重视教师职业技能的训练和职业能力的培养；（6）根据学生的身心发展规律和

---

① 国家教育委员会师范教育司. 师范教育工作资料汇编：1988—1995年 [M]. 长春. 东北师范大学出版社，1996：396.

② 国家教育委员会师范教育司. 师范教育工作资料汇编：1988—1995年 [M]. 长春. 东北师范大学出版社，1996：396.

认知水平，因材施教，循序渐进，科学安排课程，教学内容、教育教学活动以及学生自由支配的时间，使学生得到生动、活泼、主动、全面的发展。①

其三，时间安排。全学程共260周，其中，教学活动180周，教育实践15周，寒暑假60周，机动5周，用于社会活动、集体教育活动等。②

其四，课程设置。五年制试点学校的课程由必修课、选修课、教育实践和课外活动四部分组成；四者有机结合，发挥整体教育功能。③

必修课。必修课是五年制试点学校课程的主体，是培养学生在德、智、体等诸方面全面发展，对小学教师进行职前教育的主要途径。必修课分为公共必修课和主修学科必修课两大类，约4630课时，占总课时数的70%左右。公共必修课开设思想政治、文化知识、教育、艺术、体育、劳动技术和教师职业技能等类课程。思想政治课主要对学生进行马克思主义基本常识、建设中国特色社会主义理论、党的基本路线、爱国主义与集体主义、民主与法制、理想与道德（尤其是师德）等方面的教育；文化类课程主要在初中文化基础上讲授从事小学教育工作必备的高中或高中以上程度的文化知识，训练基本技能。文化类课程开设语文、数学、物理学、化学、生物（包括少年儿童生理卫生）、历史、地理、外语；教育类课程主要讲授从事小学教育工作必备的教育理论知识，教育教学方法等，教育类课程开设心理学、教育概论、小学语文教学法、小学数学教学法；艺术类课程主要在初中基础上讲授从事小学艺术教育必备的音乐、美术基本知识，训练基本技能，培养学生正确的审美观点、提高艺术素养。艺术类课程开设音乐、美术；体育课主要对学生进行体育基础知识教学和技能训练，提高学生的身体素质和从事小学体育教育的能力；劳动技术课主要对学生进行基本的劳动知识和技能教学，培养学生正确的劳动观点、劳动习惯和开展小学劳动教育必备的知识和能力；教师职业技能课主要使学生掌握从事小学教师工作必备的教师口语、现代教育技术等基础知识和基本技能。教师职业技能类课程开设教师口语，现代教育技术，计算机基础等科目。主修学科必修课对学生进行某一学科的专业定向教育。主修学科分设语文、数学、外语、音乐、美术、体育、自然、社会等门类。学校可根据当地小学教育教学需要和本校实际开设

---

① 国家教育委员会师范教育司. 师范教育工作资料汇编：1988—1995年 [M]. 长春：东北师范大学出版社，1996：397.
② 国家教育委员会师范教育司. 师范教育工作资料汇编：1988—1995年 [M]. 长春：东北师范大学出版社，1996：397.
③ 国家教育委员会师范教育司. 师范教育工作资料汇编：1988—1995年 [M]. 长春：东北师范大学出版社，1996：397.

其中若干门，每门主修学科的主干课程及基本课时应按照本方案规定开设。学校安排每位学生主修其中一门学科，使学生学有专长。各类课程都要结合培养专科程度小学教师的特点安排教学内容。要注意结合学科特点和课程内容，渗透德育、训练技能、培养能力；要重视乡土知识的传授；要重视对学生进行人口、生态、环境保护等方面知识的教育。①

选修课。选修课是五年制试点学校课程设置的重要组成部分，分为三类，共约500课时，占总课时数的15%左右。第一类，开设语文、数学、外语、音乐、美术、体育、自然、社会等学科。学生在主修学科之外，选修其中2门或2门以上课程，以使学生在学习公共必修课的基础上拓宽、加深学科知识。培养学生从事小学多学科教学的能力。第二类，开设人口、生态、环境保护、特殊教育以及适当地经济、文化发展需要等方面的选修课程，具体科目由各地确定。第三类，开设发展学生兴趣、爱好和特长的选修课程，具体科目由各地确定。②

教育实践。教育实践是五年制试点学校思想教育、文化知识、教育理论和教师职业技能训练的综合实践课，是小学教师职前教育的必要环节，对学生了解小学教育，熟悉小学学生，巩固专业思想，培养实际能力，初步掌握科学的教育教学方法具有特殊作用。教育实践包括参观小学、教育调查、教育见习和教育实习等。教育实践的安排要尽可能与教育类课程和文化类课程的教学进度和各种社会实践活动相结合，并贯穿于五年教学活动的始终。教育实践的时间为15周，占总课时数的9%左右。③

课外活动。课外活动是五年制试点学校教学活动的有机组成部分，对于发展学生的兴趣、爱好和特长，扩大知识面，培养学生从事小学教育教学工作的实际能力，使学生生动、活泼、主动、全面地发展，具有重要意义。五年制试点学校通过举办讲座、组织兴趣小组、社团等多种形式开展学科、科技、文体以及社会实践等课外活动。学校要制定课外活动计划，安排教师辅导，使课外活动有计划、有目的、有组织地进行。要充分引导和调动学生开展课外活动的积极性和主动性，培养学生自我教育、自我服务、自我管理的能力。④

---

① 国家教育委员会师范教育司. 师范教育工作资料汇编：1988—1995年[M]. 长春：东北师范大学出版社，1996：397-398.
② 国家教育委员会师范教育司. 师范教育工作资料汇编：1988—1995年[M]. 长春：东北师范大学出版社，1996：397-398.
③ 国家教育委员会师范教育司. 师范教育工作资料汇编：1988—1995年[M]. 长春：东北师范大学出版社，1996：397-398.
④ 国家教育委员会师范教育司. 师范教育工作资料汇编：1988—1995年[M]. 长春：东北师范大学出版社，1996：397-398.

其五，公共必修课程和各类主修学科基本课时分配表。具体内容，见表6-1和表6-2。①

表6-1 五年制试点学校公共必修课程基本课时和课序参考表

类别	科目	各学年课时 一	二	三	四	五	合计
公共必修学科	思想政治	2	2	2	2	2	330
	语文	4	4	4	2	2	540
	小学语文教法			2			70
	数学	2	2	2	2	2	330
	小学数学教法				2		70
	外语	2	2	2	2	2	330
	物理学	2	2	2			210
	化学	2	2				140
	生物（含少年儿童生理卫生）	2	2				140
	历史	2	2				140
	地理	2	2				140
	心理学	2	2				140
	教育学			2	2	2	170
	计算机基础			2			70
	教师口语			3			110
	劳动技术				2	2	140
	现代教育技术				1	1	70
	体育	2	2	1	1	1	230
	音乐	2	2	1	1	1	230
	美术	2	2	1	1	1	230
主修学科	分设语文、数学、外语、音乐、美术、体育、自然、社会等门类				10	12	616
总计		29	29	29	26	25	4546

---

① 中华人民共和国教育委员会师范司.大学专科程度小学教师培养课程方案（试行）[J].课程·教材·教法，1995（5）：1-4.

表6-2 各主修学科级主干课程、课时参照表

学科	科目	课时数	学科	科目	课时数
语文	现代汉语	56	社会	建设中国特色社会主义理论	56
	古代汉语	52		社会心理学	56
	文学概论	56		当代世界政治经济与国际关系	56
	中国古代文学	100		中国近现代史	112
	中国现当代文学	100		世界近现代史	84
	外国文学	60		中国经济地理	56
	儿童文学	56		世界经济地理	56
	形式逻辑	28		法学概论	56
	写作	52		人口、生态和环境	56
	小学语文教学概论	56		小学社会教学概论	28
	合计	616		合计	616
数学	数学分析	280	体育	学校体育学	112
	高等代数	56		人体解剖学	56
	解析几何	56		运动生理学	28
	概率统计	56		运动保健学	56
	初等数论	56		小学体育教学概论	56
	计算机原理与应用	56		田径	84
	小学数学教学概论	56		体操	56
	合计	616		球类	56
英语	英语精读	200		民族传统体育	28
	英语泛读	112		游戏	28
	英语听说	192		韵律操与舞蹈	56
	英语语法	56		合计	616
	小学英语教学概论	56	音乐	音乐	84
	合计	616		合唱指挥	84
自然	普通物理	112		钢琴	56
	普通化学	84		钢琴即兴伴奏	56
	生物学	56		电子琴或手风琴	56
	自然地理	56		乐理与视唱	56
	现代科技概论	56		和声	56

续表

学科	科目	课时数	学科	科目	课时数
自然	电工和电子技术基础	84	音乐	儿歌创作	28
	计算机原理及应用	56		中外音乐史及欣赏	56
	小学自然实验与器材制作	84		舞蹈唱游与创编	28
	小学自然教学概论	28		小学音乐教学概论	56
	合计	616		合计	616
美术	素描（含速写）	168	美术	儿童美术创作	56
	色彩	112		技法理论	28
	设计艺术	56		中外美术史及欣赏	56
	工艺制作	56		小学美术教学概论	28
	中国画	56		合计	616

《大学专科程度小学教师培养课程方案（试行）》以学科类课程为主体，无论是公共必修学科模块还是主修学科模块均体现鲜明，教育类课程沿用了"老三门"，设置了主修课程模块，即方向性课程模块，对各高校小学教育五年制和其后其他类型的小学教育专业课程设置起到一定的引领作用。

三、《三年制小学教育专业课程方案（试行）》

2000年前后各地小学教育专科在学制方面有五年制、两年制和三年制三种主要类型。为规范办学行为、提高培养质量，2003年1月15日，教育部印发了《三年制小学教育专业课程方案（试行）》，用以规范专科层次的小学教师培养的课程设置，该《方案》成为当时高等院校自定课程方案的依据。时至今日，不少设置小教专科的院校仍在延续这一方案，或者在其基础上进行调整。课程设置建议详见表6-3。

表6-3 公共必修课和专业必修课程设置与学时数

公共必修课			专业必修课		
序号	课程名称	学时数	序号	课程名称	学时数
1	毛泽东思想概论	54	1	基础心理学	54
2	马克思主义哲学原理	54	2	儿童发展与教育心理学	54
3	邓小平理论概论	54	3	学生心理辅导	36
4	思想品德修养与师德	36	4	现代教育制度与思想	54
5	法律基础	36	5	课程与教学论	54

续表

公共必修课			专业必修课		
序号	课程名称	学时数	序号	课程名称	学时数
6	形势与政策	(108)	6	班级管理	36
7	体育	144	7	教育研究方法基础	36
8	大学英语	216	8	现代教育技术	54
9	信息技术基础	108	9	大学语文	90
			10	大学数学	90
			11	自然科学基础	72
			12	社会科学基础	72
			13	音乐	72
			14	美术	72
			15	教师口语	36
			16	书写	36
			17	少年儿童健康教育	36
			18	小学综合实践活动设计	54
	小计	702			1008
	修课学时数合计			1710		

1. 中文与社会方向

课程名称	学时数
汉语基础	90
文艺概论	54
写作	54
儿童文学	54
古典文学	54
近现代中外文学	54
中外影视作品赏析	54
中外文明简史	90
中国近现代史	54
人口、资源与环境	54
小学语文、历史与社会教学与研究〔含国家基础教育课程标准解读（小学语文、历史与社会）〕	72
学校课程	60
小计	744

2. 数学与科学方向

课程名称	学时数
高等数学基础	180
现代数学概论	72
数学实践与科学实验	72
科学、技术与社会	54
物质科学	60
生命科学	60
地球与空间科学	60
人口、资源与环境	54
小学数学、科学教学与研究〔含国家基础教育课程标准解读（小学数学、科学）〕	72
学校课程	60
	744

3. 英语方向

课程名称	学时数
综合英语	270
英语视听说	108
英语阅读	90
英语写作	54
英语时文	72
英语歌曲与表演	36
小学英语教学与研究〔含国家基础教育课程标准解读（小学英语）〕	54
学校课程	60
小　　计	744

4. 音乐方向

课程名称	学时数
声乐	72
合唱与指挥	54
钢琴与伴奏	126
电子琴与手风琴	72
民族器乐	36
乐理与视唱	72
儿童歌曲创编	36
中外音乐简史及名作赏析	72
舞蹈与唱游	54
音乐艺术概论	36
小学音乐教学与研究〔含国家基础教育课程标准解读（小学音乐）〕	54
学校课程	60
小　　计	744

5. 体育方向

课程名称	学时数
学校体育学	72
体育心理学	72
人体解剖与运动生理学	72
田径	90
体操（包括韵律操）	54
球类	108
游泳	54
体育游戏	36
民族传统体育	36
体育与社会	36
小学体育教学与研究〔含国家基础教育课程标准解读（小学体育）〕	54
学校课程	60
小　　计	744

6. 美术方向

课程名称	学时数
素描	90
色彩	72
设计艺术与工艺制作	72
中国画	72
电脑美术	72
儿童美术创作	54
书法艺术	72
中外美术简史及名作赏析	72
美术艺术概论	54
小学美术教学与研究〔含国家基础教育课程标准解读（小学美术）〕	54
学校课程	60
小　　计	744

《三年制小学教育专业课程方案（试行）》课程类别分为公共必修课、专业必修课和方向性课程三类，公共必修课主要是思政、英语、计算机、体育等，属于大学通识课程行列，专业必修课既有教育学类课程也有其他学科课程，体现了小学教育专业学科综合性的特点。教学法类课程和五年制一样放在的方向性课程行列。

总而言之，这一阶段对于小学教师专科培养层次的培养，国家对五年制和三年制均制定了课程计划，对我国小学教师教育的转型起到了重要的指导作用。如截至目前的小学教育专科均以方向性的课程设置为主：有单科型的，如小学教育专业（数学）；也有综合型的，如小学教育专业（数学与科学）；还有全科型的，如小学教育专业（全科）。

1998年《中华人民共和国高等教育法》做出了"高等学校根据教学需要，自主制定教学计划、选编教材、组织实施教学活动"等相关规定，赋予了高校办学自主权。随着《中华人民共和国高等教育法》的实施，包括小学教育专业在内的各专业教学计划逐渐由高等学校根据相关政策自主制定，国家主要出台指导性政策。

第二节 安阳师范学院小学教育专业（专科）课程设置

安阳师范学院于2000年开始招收第一届小学教育专科学生，到2008年最后一届专科生离校，安师小教经历近10年的高等教育专科培养层次的教育。在专业名称上有"小学教育专科""初等教育专科"和"教育学专科（小学教育方向）"三种不同称谓，学制类型上有"五年制""二年制""三年制"三种。以下按照学制类型分别介绍安阳师范学院小学教育专业（专科）的课程设置。

一、五年制

（一）五年制专科实验班综合文科、综合理科方向的设置与招生

2000年4月20日安阳师范学院向河南省教育委员会递交了《关于我校举办五年制专科实验班综合文科、综合理科方向的请示》（安师行〔2000〕13号），获批，并于同年开始招生。请示中明确说明了招生计划文综150人，理综150人，学制五年，招生对象为初中生。专业服务方向："为基础教育培养适应性强、知识面宽的小学文科专业师资""为基础教育培养适应性强、知识面宽的小

学理科专业师资"[1]。

2001级招生计划：综合文科90名，仅限河南省内招生，其中鹤壁7名，焦作2名，驻马店1名，三门峡2名，其他地市78名；综合理科90名，仅限河南省内招生，其中鹤壁4名，焦作2名，驻马店2名，三门峡2名，其他地市80名。豫教〔2001〕88号规定："为适应'三级师范'教育向'二级师范'教育过渡，根据省教育厅年度教育工作会议精神，今年（2001年）将停止普通中师招生计划，继续适量安排幼师招生计划。""各市、各有关学校未经批准，一律不得安排中师、幼师招生计划和'3+2'分段高职班招生计划，更不得无计划乱招生，确保招生计划和招生政策的严肃性。"

(二) 五年制综合文科课程设置

2005年安阳师范学院第一届五年制综合专业（专科）学生毕业，该专业招生对象为初中毕业生，培养单位是安阳师范学院历史系，开设的主要课程分为公修和必修两种类别，考试方式分为考试和考查两种，主要课程分学期如下：

第一学期9门。公修4门：英语、体育、音乐欣赏、普通话。其中体育、音乐欣赏、普通话为考查课，英语为考试课。必修5门：语文、数学、物理、思想道德修养、历史，五门均为考试课。

第二学期10门。公修4门：体育、英语、音乐欣赏、普通话。其中英语为考试课，其余均为考查课。必修6门：历史、语文、数学、物理、化学、思想政治。其中物理为考查课，其余均为考试课。

第三学期10门。公修4门：英语、体育、美术鉴赏、习字。其中，英语为考试课，体育、美术鉴赏、习字为考查课。必修6门：化学、历史、思想政治、语文、数学、物理。其中思想政治为考查课，其他为考试课。

第四学期6门，均为考试课。公修1门：英语。必修5门：语文、数学、物理、历史、思想政治。

第五学期6门，均为考试课。公修3门：地理、现代教育技术、语文。必修3门：数学、计算机、英语。

第六学期9门。公修3门：心理学、地理、生物。其中，心理学为考试课，另外两门为考查课。必修6门：世界历史、政治、计算机、英语、数学、语文。其中，世界历史与计算机为考查课，其余均为考试课。

第七学期7门。公修2门：教育学、体育。教育学为考试课，体育为考查

---

[1] 资料来源：安阳师范学院档案馆。

课。必修5门：中国古代史、英语、哲学、古代文学、现代汉语。其中英语、古代汉语为考查课，其余均为考试课。

第八学期7门，均为必修：古代文学、英语、政治经济学、普通教学法、现代汉语、中国近代史、哲学。其中政治经济学、普通教学法为考查课，其余均为考试课。

第九学期7门，均为必修：古代汉语、中学历史教学法、英语、中国近代史、中国现代史、古代文学、邓小平理论。其中中学历史教学法和邓小平理论为考查课，其余均为考试课。

第十学期6门。公修3门：外国文学、当代文学、中学语文教学法，均为考试课。必修3门：古代文学、古代汉语、世界现代史。其中，世界现代史为考查课，其他两门为考试课。

归纳分析，五年制综合文科课程包括公修与必修两种类型。公修课程有英语、体育、地理、语文、生物、外国文学、当代文学、音乐欣赏、美术鉴赏、普通话、习字、现代教育技术、教育学、心理学、中学语文教学法。必修课程有邓小平理论、思想道德修养、思想政治、政治经济学、哲学、语文、数学、英语、物理、化学、历史、计算机、政治、世界历史、世界现代史、中国古代史、中国近代史、中国现代史、古代文学、现代汉语、古代汉语、普通教学法、中学历史教学法。学科课程为主体，教育类课程偏少，只有教育学、心理学、中学语文教学法、普通教学法、中学历史教学法几门，这与《大学专科程度小学教师培养课程方案（试行）》的课程设置基本一致。

从上述课程设置上分析，安阳师范学院2000级五年制综合文科专业主要是培养中学文科教师，就课程设置而言没有凸显对小学教师的培养。

（三）五年制专业综合理科课程设置

2005年安阳师范学院第一届五年制专业（专科）综合理科学生毕业，综合理科的主要课程与开设学期数大致如下：

思想政治7学期、体育5学期、心理学1学期、教育学2学期、教学法1学期、普通话2学期、习字1学期、音乐欣赏2学期、美术欣赏1学期、电化教育1学期、语文6学期、数学8学期、英语8学期、历史4学期、地理1学期、物理4学期、化学5学期、生物2学期、计算机基础2学期、概率统计1学期、C语言2学期、数学教育学1学期、中外教育史1学期、课堂教学艺术1学期、文学名著欣赏1学期、教育史学1学期、旅游与公关1学期、青年心理学1学期、当代国际经济与政治1学期、演讲与口才1学期、现代公关礼仪1学期、体育健身与欣赏1学期、竞赛数学1学期。

从上述课程开设情况分析，与综合文科一样，学科课程为主体，教育类课程偏少，对小学理科教师的培养指向不鲜明，从"数学教育学"这门课来看，培养目标更倾向于数学教师的培养。

二、二年制

2000年安阳师范学院二年制小学教育专业开始招生，2000级招生对象为中师毕业生，至2002年毕业。培养单位是安阳师范学院教育科学系，课程开设实际情况如下。①

二年制小学教育专业课程类别分为公选、公修、必修三种类型，考核方式分为考试和考查两种，共有四个学期，各学期课程开始具体情况如下。

第一个学期9门。公修1门：体育，是考试课；公选2门：文学名著欣赏、语言交际艺术，均为考试课；必修6门：马克思主义哲学、写作、普通心理学、英语、高等数学、书法，高等数学为考查课，其余均为考试课。

第二个学期8门。公修2门：大学语文、体育，其中大学语文为考查课，体育为考试课；公选1门：名作欣赏，为考试课；必修5门：高等数学、小学教学论、普通教育学、计算机应用、普通心理学，其中，普通心理学为考查课，其余均为考试课。

第三个学期9门。公修2门：体育、音乐欣赏，均为考试课；公选1门：现代环境艺术与欣赏；必修6门：英语、儿童心理学、心理与教育统计学、小学语文教学论、学校管理学、现代教育技术，现代教育技术为考查课，其余均为考试课。

第四个学期7门，均为必修课：中外教育史、教育心理学、家庭教育学、心理健康与咨询、班主任工作概论、课堂教学艺术、小教科研方法，其中班主任工作概论、课堂教学艺术、小教科研方法为考查课，其余均为考试课。

归纳来看，公修课程有体育、大学语文、大学体育、音乐欣赏；公选课程有文学名著欣赏、语言交际艺术、名作欣赏公选、现代环境艺术与欣赏；必修课程有马克思主义哲学、高等数学、英语、计算机应用、写作、普通心理学、儿童心理学、心理与教育统计学、教育心理学、心理健康与咨询、普通教育学、中外教育史、小教科研方法、学校管理学、家庭教育学、班主任工作概论、课堂教学艺术、现代教育技术、书法、小学数学教学论、小学语

---

① 依据安阳师范学院档案馆毕业2002届毕业生A的档案整理。

文教学论。

与五年制的相比,两年制课程设置的突出特点有三:一是学科课程减少,仅有高等数学、英语、写作3门,教育学类课程成为主体,达到16门。二是心理学课程占明显优势,共开设普通心理学、儿童心理学、心理与教育统计学、教育心理学、心理与健康咨询5门,其中普通心理学开设了两个学期。心理学类课程占优势的主要原因是当时教育科学系只有心理学和小学教育学两个专业,而心理学又是安阳师范学院原生专业,小学教育专业则是新设专业,心理学类课程相对成熟,师资相对较强等。三是思政类课程减少,仅有马克思主义哲学1门。

三、三年制

2001年安阳师范学院小学教育专业改为三年制,截至2008年最后一届学生离校,主要制定了两版课程方案:2001方案和2005方案。以下分别介绍这两版方案。

(一) 2001方案

2001方案没有查到原始课程方案文本,故以2005届小学教育专科毕业学生A的档案为例,介绍三年制课程的具体开设情况。2005届安阳师范学院小学教育专与二年制划分方法一致,仍是分为公选、公修、必修三种类型,考核方式分为考试和考查两种,逐学期介绍如下。

第一个学期6门,均为必修课:英语、普通心理学、高等数学、计算机、体育、思想品德。英语、体育、思想品德为考查课,其他三门为考试课。

第二个学期9门。公选2门:音乐作品欣赏、美术鉴赏课,均为考试课。必修7门:法律基础、普通教育学、英语、体育、马克思主义哲学、高等数学、普通心理学。马克思主义哲学、高等数学、普通心理学为考查课,其余均为考试课。

第三个学期11门。公选4门:现代公共礼仪、普通话、健康与保健、实用会计学,均为考试课。必修7门:儿童发展心理学、普通教育学、管理心理学、小学教学论、体育、大学语文、英语。其中普通教育学、管理心理学、体育为考查课,其余均为考试课。

第四个学期7门,均为必修课:中国教育史、伦理学、音乐欣赏、心理健康咨询、教育法学、课堂教学艺术、小学教育心理学。其中,中国教育史、心理健康咨询、小学教育心理学为考试课,其余均为考查课。

第五个学期8门。公修4门：美术欣赏、邓小平理论、马克思主义哲学、毛泽东思想概论，均为考查课。必修4门：心理与教育统计、社会心理学、小学语文教育学、外国教育史。社会心理学为考查课，其余均为考试课。

第六个学期7门，均为必修课：现代教育技术、教育科学研究方法、教育社会学、学校管理学、家庭教育学、学校卫生学、班级管理。其中教育社会学、学校管理学、家庭教育学为考试课，其余均为考查课。

归纳来看，公选课程有音乐作品欣赏、美术鉴赏课、现代公共礼仪、普通话、健康与保健、实用会计学；公修共修课程有美术欣赏、邓小平理论、马克思主义哲学、毛泽东思想概论；必修课程有马克思主义哲学、法律基础、思想品德、伦理学、英语、体育、高等数学、大学语文、计算机、普通心理学、儿童发展心理学、管理心理学、心理健康咨询、心理与教育统计、社会心理学、小学教育心理学、音乐欣赏、课堂教学艺术、普通教育学、中国教育史、外国教育史、教育科学研究方法、教育法学、教育社会学、学校管理学、家庭教育学、学校卫生学、班级管理、现代教育技术、小学教学论、小学语文教育学。

与两年制课程方案相比，增加了邓小平理论、毛泽东思想概论、健康与保健、实用会计学等课程；中外教育史分设为中国教育史和外国教育史两门课程；心理学类课程有7门，其中社会心理学、管理心理学为新增课程。只有英语、高等数学、大学语文与学科相关，学科方向类课程严重缺失，所设置的课程多为教育学类、心理学类或通识课程，即：凸显了教育性，忽视了学科性；增强了理论性，弱化了实践性。"教育理论型"也是我国多数高校教育科学学院办小学教育专业的共同特征。

（二）2005方案

2005年安阳师范学院制订的《初等教育专业（师范专科）教学计划》包括培养目标、培养规格、学制、学程时间安排、额定总学分和总学时构成表、专业教学计划总表和专业主干课程及部分选修课简介七部分。[①]

---

① 来自教育学院教务办档子档案

1. 时间安排

表 6-4　学程时间安排表

项目 \ 学期	第一学年 上个学期 18周	第一学年 下个学期 20周	第二学年 上个学期 20周	第二学年 下个学期 20周	第三学年 上个学期 20周	第三学年 下个学期 18周	合计
军训	3						3
考试	2	2	2	2	2	2	12
劳动			1		1		2
专业见习							
教育实习					4		4
寒、暑假							28
课堂教学	13	18	17	18	13	16	95

2. 学时与学分

总学时为 2062，总学分为 122，详见表 6-5。其中"全校素质教育选修课"为学校规定的课程模块，在本教学计划中为"中文与社会方向""数学与科学方向课程"。

表 6-5　额定总学分和总学时构成表

课程类别	学时数	该类别学时数占总学时的百分比（%）	学分数	该类别学分占总学分的百分比（%）
公共必修课	508	25	28	23
专业必修课	711	34	41	34
专业限定选修课	365	18	21	17
专业任意选修课	310	15	16	13
全校素质教育选修课	168	8	12	10
实践性环节			4	3
总计	2062	100	122	100

3. 公共必修课

公共必修课共开设了 12 门课程，详见表 6-6。

表6-6 公共必修课教学计划表

课程名称	学分	第一学年 上学期	第一学年 下学期	第二学年 上学期	第二学年 下学期	第三学年 上学期	第三学年 下学期	讲授	实验	实习	实践	考试	考查
思想道德修养与法律基础	3	3						39					√
毛泽东思想、邓小平理论和"三个代表"重要思想概论	4					2	2	58				√	
形势与政策	1							66					√
大学英语（一）	4	4						52					√
大学英语（二）	4		4					72				√	
大学英语（三）	2			2				34					√
计算机基础	2	4						26	26			√	
大学体育（一）	2	2						26				√	
大学体育（二）	2		2					36					√
大学体育（三）	2			2				34				√	
现代教育技术学	2				2			26					√
大学生就业指导						1		13					√

4. 专业必修课

专业必修课开设14门课，共计508学时，占总学时的25%；共计41学分，占总学分的34%。详见表6-7。

表 6-7　专业必修课教学计划表

课程名称	学分	第一学年 上学期	第一学年 下学期	第二学年 上学期	第二学年 下学期	第三学年 上学期	第三学年 下学期	讲授	实验	实习	实践	考试	考查
基础心理学	4	4						52				√	
教育基本原理	3		3					54				√	
儿童发展心理学	3		3					54					√
心理健康与辅导	3				3			51				√	
班级管理	2						2	32					√
中外教育史	3			3				54				√	
课程与教学论	3				3			51				√	
小学教育心理学	3				3			51				√	
教育统计学	3			3				54				√	
教育科学研究方法	2						2	32				√	
小学语文、历史、社会教学与研究	4					4		52				√	
小学数学、科学教学研究	4				4			68				√	
大学语文	2		3					54				√	
大学数学	2	4						52				√	

138

5. 专业限定选修课

表6-8 专业限定选修课教学计划表

课程名称	学分	第一学年上学期	第一学年下学期	第二学年上学期	第二学年下学期	第三学年上学期	第三学年下学期	讲授	实验	实习	实践	考试	考查
学校管理学	2				3			54				√	
家庭教育学	2						2	32					√
小学综合实践活动设计	2						2	32					√
自然科学基础	2		3					39				√	
教育社会学	2						2	32				√	
社会科学基础	2						2	32					√
音乐	2			2				36					√
美术	2					2		26					√
学校卫生学	2			2				34					√
教师口语（普通话）	1	1						13					√
书写（书法）	2		1	1				35					√

6. 专业任意选修课

共设9门专业任意选修课，310学时，占总学时的15%；共计21学分，占总学分的13%。教育部颁布的《三年制小学教育专业课程方案（试行）》中对于任意选修课没有做明确具体的规定，安阳师范学院根据自身的需要开设了相应的课程。详见表6-9。

表 6-9　专业任意选修课教学计划表

课程名称	学分	各个学期周学时分配						总学时分配				考核方式	
		第一学年		第二学年		第三学年		讲授	实验	实习	实践	考试	考查
		上学期	下学期	上学期	下学期	上学期	下学期						
教育经济学※	2						2	32					√
教育法学	2				2			36					√
社会心理学※	2						2	32					√
管理心理学※	2				2			36					√
课堂教学艺术	2				2			36					√
伦理学※	2		2					34					√
中外教育名著选讲※	2					2		32					√
心理科学史	2			2				36					√
现代教育制度与思想※	2	2						36					√

7. 全校素质教育选修课（学科方向性课程）

本计划共设置了"中文与社会方向""数学与科学方向"两类学科方向性课程，属于全校素质教育选修课，学生选择其中的一个方向系统的学习。共 168 学时，占总学时的 8%；共计 12 学分，占总学分的 10%。详见表 6-10。

表 6-10　方向性课程教学计划表

课程类别	课程编号	课程名称	学分	各个学期周学时分配						总学时分配				考核方式	
				第一学年		第二学年		第三学年		讲授	实验	实习	实践	考试	考查
				上学期	下学期	上学期	下学期	上学期	下学期						
中文与社会方向	071501	汉语基础	2				2			26					√
	071502	写作	2				2			26					√
	071503	近现代文学	2					2		32					√

续表

课程类别	课程编号	课程名称	学分	各个学期周学时分配						总学时分配				考核方式	
				第一学年		第二学年		第三学年		讲授	实验	实习	实践	考试	考查
				上学期	下学期	上学期	下学期	上学期	下学期						
中文与社会方向	071504	古典文学	2				2			26				√	
	071505	中外文明简史	2						2	32				√	
	071506	中国近现代史	2					2		26					√
数学与科学方向	071601	现代数学概论	2				2			26				√	
	071602	科学技术与社会	2				2			26				√	
	071603	物质科学	2						2	32				√	
	071604	生命科学	2					2		26					√
	071605	地球与空间科学	2					2		26					√
	071606	数学实践与科学实验	2						2	32				√	

2005版《初等教育专业（师范专科）教学计划》最重要的改进是设置了中文与社会、数学和科学方向性课程，弥补了两年制和三年制忽视学科性的不足，体现了小学教育（专科）的学科性。但整体看来课程设置依然呈现出教育性强、学科性弱，理论性强、实践性弱的特点。

2005版《初等教育专业（师范专科）教学计划》得到进一步规范，从课程设置以至文本格式都为此后人才培养方案的修订奠定了基础。

第三节 基本特点

就国家出台的课程计划而言，小学教育专科课程类型更加丰富，体现了综合性、学科性、方向性、实践性等特点，安阳师范学院小学教育专业（专科）在实践探索与国家课程方案相比既有共性，也有个性。整体凸显了课程种类愈加丰富、学科性课程与教育性课程此消彼长、课程设置体现了综合性并突出"学有所长"、逐渐重视教育实践等特点。

一、课程种类愈加丰富

与中师阶段的课程方案相比，专科阶段的安阳师范学校小学教育专业课程种类渐趋丰富，由两年制的33门课程到三年制最初开设的48门课程，并设置不同的学习模块，教师教育课程的结构重新整合，随着课程门类的逐步丰富，各模块也逐渐成熟并显示出各自的特点，如通识教育课程与专业教育课程、选修课程与必修课程、公共修课程与方向性课程等逐渐成为小学教育专业教学计划中的通用课程模块，方案格式也日趋成熟。

二、学科性课程与教育性课程此消彼长

从五年制到两年制、三年制，学科课程减少、教育学类增加的趋势特别鲜明。

五年制学科课程为主体，教育类课程偏少，只有教育学、心理学、中学语文教学法、普通教学法、中学历史教学法几门，基本是"老三门"。两年制学科课程减少，仅有高等数学、英语、写作3门，教育学类课程成了主体，达到16门。三年制2005版《初等教育专业（师范专科）教学计划》虽然设置了中文与社会、数学和科学方向性课程，但整体上还是呈现出学科类课程弱、教育类课程强的特点。

三、课程设置体现综合性并突出"学有所长"

专科阶段的培养方案，特别是在安阳师范学院2005版教学计划，设置了公共选修课、专业必修课、专业限定选修课、专业任意选修课、中文与社会方向、数学与科学方向等五个课程模块，其中公共必修课与专业任意选修课凸显了现代科技发展与基础教育改革综合化趋势，自然科学基础与社会科学基础课的开设加强了文理渗透；通过对小学语文和小学数学教学与研究等课程的学习，使学生具有从事小学教育和教学工作的基本能力。总体而言，课程的开设体现了综合性教育与方向性的统一，以达文理兼通，一专多能的小学教师培养目标。

四、逐渐重视教育实践

教师是教育教学的专业人员，意味着在培养教师时，不能仅有知识的传递而忽视了实践的应用。安阳师范专科学校从两年制时期的只有理论课程，到三年制逐步丰富课程的类型以及增加实践课程，逐渐重视教育实践，如2005版《安阳师范学院初等教育专业（师范专科）教学计划》中设置了4个周的集中实习。

总而言之，这一时期是高等院校取代中等师范学校，培养专科层次的小学教师的重要阶段，从国家课程设置建议与安阳师范学院专科小学教育专业课程实践来看，与中等师范教育相比，课程设置属于探索期，各类课程结构与比例尚不成熟，课程设置往往会因承担小学教育专业培养任务院系的不同而风格迥异。

第七章

小学教育（普本）课程

小学教育专业（040107）是教育学类本科专业之一，培养具有良好思想道德品质、扎实的学科知识和较强的教育教学能力，能在小学从事教育、教学和管理等方面工作的复合型人才。[①] 随着《中华人民共和国高等教育法》的实施，教学计划制定的权利属于高等学校，国家主要从宏观方面加强了本科教学质量建设与监管，出台了相关课程政策，包括本科质量工程、卓越教师培养计划、小学教育专业认证等，大力推动了小学教育专业的课程改革。2007年安阳师范学院开始招收第一届本科小教专业学生，已经历小学教育专业（普本）、全科小学教育专业（全科）和小学教育专业（专升本）三种培养类型，学校根据国家相关政策独立制定教学计划、设置相应课程。本章主要分析我国本科小学教育专业相关课程政策与安阳师范学院普通本科小学教育专业课程的设置与改革实践。

第一节 我国小学教育专业相关课程政策概要

一、小学教育本科教学工程

2011年7月1日中华人民共和国教育部、中华人民共和国财政部联合发布了《教育部财政部关于"十二五"期间实施"高等学校本科教学质量与教学改革工程"的意见》（教高〔2011〕6号）[②]，"高等学校本科教学质量与教学改革工程"

[①] 教育部高等学校教学指导委员会．普通高等学校本科专业类教学质量国家标准：上[M]．北京：高等教育出版社，2018：74．

[②] 中华人民共和国教育部，中华人民共和国财政部．教育部财政部关于"十二五"期间实施"高等学校本科教学质量与教学改革工程"的意见[EB/OL]．中华人民共和国教育部政府门户网站，2020-5-6．

简称"本科教学工程"。此时小学教育本科专业已成为小学教师培养的主渠道，同样实施了本科教学工程。以下主要介绍《小学教师教育课程标准（试行）》《小学教师专业标准（试行）》和《小学教育本科专业教学质量国家标准》。

（一）小学教师教育课程标准

为贯彻落实教育规划纲要，深化教师教育改革，全面提高教师培养质量，建设高素质专业化教师队伍，2011年10月8日教育部颁布了《教育部关于大力推进教师教育课程改革的意见》（教师〔2011〕6号）[①]，《教师教育课程标准（试行）》指出"教师教育课程广义上包括教师教育机构为培养和培训幼儿园、小学和中学教师所开设的公共基础课程、学科专业课程和教育类课程。本课程标准专指教育类课程"。《教师教育课程标准（试行）》把小学职前教师教育课程目标与课程设置分为课程目标和课程设置两部分内容，详见表7-1和表7-2。

表7-1 小学职前教师教育课程目标

目标领域	目标	基本要求
1 教育信念与责任	1.1 具有正确的学生观和相应的行为	1.1.1 理解小学阶段在人生发展中的独特地位和价值，认识生动活泼的小学生活对小学生发展的意义。 1.1.2 尊重学生学习和发展的权利，保护学生的学习兴趣和自信心。 1.1.3 尊重学生的个体差异，相信学生具有发展的潜力，乐于为学生创造发展的条件和机会。
	1.2 具有正确的教师观和相应的行为	1.2.1 理解教师是学生学习的促进者，相信教师工作的意义在于创造条件帮助学生快乐成长。 1.2.2 了解小学教师的职业特点和专业要求，自觉提高自身的科学和人文素养，形成终身学习的意愿。 1.2.3 了解教师的权利和责任，遵守教师职业道德。

[①] 中华人民共和国教育部．教育部关于大力推进教师教育课程改革的意见［EB/OL］．中华人民共和国教育部政府门户网站，2020-5-20．

续表

目标领域	目标	基本要求
1 教育信念与责任	1.3 具有正确的教育观和相应的行为	1.3.1 理解教育对学生成长、教师专业发展和社会进步的重要意义，相信教育充满了创造的乐趣，愿意从事小学教育事业。 1.3.2 了解学校教育的历史、现状和发展趋势，认同素质教育理念，理解并参与教育改革。 1.3.3 形成正确的教育质量观，对与学校教育相关的现象进行专业思考与判断。
2 教育知识与能力	2.1 具有理解学生的知识与能力	2.1.1 了解儿童发展的主要理论和儿童研究的最新成果。 2.1.2 了解儿童身心发展的一般规律和影响因素，熟悉小学生年龄特征和个体发展的差异性。 2.1.3 了解小学生的认知发展、学习方式的特点及影响因素，熟悉小学生建构知识、获得技能的过程。 2.1.4 了解小学生品德和行为习惯形成的过程，了解小学生的交往特点，理解同伴交往对小学生发展的影响。 2.1.5 掌握观察、谈话、倾听、作品分析等方法，理解小学生学习和发展的需要。 2.1.6 了解我国教育的政策法规，熟悉关于儿童权利的内容以及维护儿童合法权益的途径。
	2.2 具有教育学生的知识与能力	2.2.1 了解小学教育的培养目标，至少熟悉两门学科的课程标准，学会依据课程标准制定教学目标或活动目标。 2.2.2 至少熟悉两门学科的教学内容与方法，学会联系小学生的生活经验组织教学活动，将教学内容转化为对小学生有意义的学习活动。 2.2.3 了解学科整合在小学教育中的价值，了解与小学生学习内容相关的各种课程资源，学会设计综合性主题活动，创造跨学科的学习机会。 2.2.4 了解课堂组织与管理的知识，学会创设支持性与挑战性的学习环境，激发学生的学习兴趣。

续表

目标领域	目标	基本要求
1 教育信念与责任	2.2 具有教育学生的知识与能力	2.2.5 了解课堂评价的理论与技术，学会通过评价改进教学与促进学生学习。 2.2.6 了解课程开发的知识，学会开发校本课程，设计、实施和指导简单的课外、校外活动。 2.2.7 了解班队管理的基本方法，学会引导小学生进行自我管理和形成集体观念。 2.2.8 了解小学生心理健康教育的基本知识，学会诊断和解决小学生常见学习问题和行为问题。 2.2.9 掌握教师所必需的语言技能、沟通与合作技能、运用现代教育技术的技能。
	2.3 具有发展自我的知识与能力	2.3.1 了解教师专业素养的核心内容，明确自身专业发展的重点。 2.3.2 了解教师专业发展的阶段与途径，熟悉教师专业发展规划的一般方法，学会理解与分享优秀教师的成功经验。 2.3.3 了解教师专业发展的影响因素，学会利用以课程学习为主的各种机会积累发展经验。
3 教育实践与体验	3.1 具有观摩教育实践的经历与体验	3.1.1 结合相关课程学习，观摩小学课堂教学，了解课堂教学的规范与过程。 3.1.2 深入班级，了解小学生群体活动的状况以及小学班级管理、班队活动的内容和要求，获得与小学生直接交往的体验。 3.1.3 密切联系小学，了解小学的教育与管理实践，获得对小学工作内容和运作过程的感性认识。
	3.2 具有参与教育实践的经历与体验	3.2.1 在有指导的情况下，根据小学生的特点和教学目标设计与实施教学方案，经历1-2门课程的教学活动。 3.2.2 在有指导的情况下，参与指导学习、管理班级和组织班队活动，获得与家庭、社区联系的经历。 3.2.3 参与各种教研活动，获得与其他教师直接对话或交流的机会。

续表

目标领域	目标	基本要求
3 教育实践与体验	3.3 具有研究教育实践的经历与体验	3.3.1 在日常学习和实践过程中积累所学所思所想，形成问题意识和一定的解决问题的能力。 3.3.2 了解研究教育实践的一般方法，经历和体验制订计划、开展活动、完成报告、分享结果的过程。 3.3.3 参与各种类型的科研活动，获得科学地研究学生的经历与体验。

表 7-2　小学职前教师教育课程设置

学习领域	建议模块	学分要求		
		三年制专科	五年制专科	四年制本科
1. 儿童发展与学习	儿童发展；小学生认知与学习等。	最低必修学分20学分	最低必修学分26学分	最低必修学分24学分
2. 小学教育基础	教育哲学；课程设计与评价；有效教学；学校教育发展；班级管理；学校组织与管理；教育政策法规等。			
3. 小学学科教育与活动指导	小学学科课程标准与教材研究；小学学科教学设计；小学跨学科教育；小学综合实践活动等。			
4. 心理健康与道德教育	小学生心理辅导；小学生品德发展与道德教育等。			
5. 职业道德与专业发展	教师职业道德；教育研究方法；教师专业发展；现代教育技术应用；教师语言；书写技能等。			
6. 教育实践	教育见习；教育实习。	18周	18周	18周
教师教育课程最低总学分数（含选修课程）		28学分+18周	35学分+18周	32学分+18周

说明：
(1) 1学分相当于学生在教师指导下进行课程学习18课时，并经考核合格。
(2) 学习领域是每个学习者必修的；建议模块供教师教育机构或学习者选择或组合，可以是必修也可以是选修；每个学习领域或模块的学分数由教师教育机构按相关规定自主确定。

上表可见，教师教育类课程领域包括儿童发展与学习、小学教育基础、小学学科教育与活动指导、心理健康与道德教育、职业道德与专业发展和教育实践，小学教育本科专业教育类课程最低学分为 32 学分，另加 18 周教育实践。各高校在实践中把"教育类"课程与狭义的"教师教育课程"等同，中师教育中的"教育类课程"之称谓被"教师教育课程"代替。

（二）《小学教师专业标准（试行）》

教育部于 2012 年 2 月 10 日印发了《小学教师专业标准（试行）》（简称《专业标准》）。《专业标准》指出：小学教师是履行小学教育教学工作职责的专业人员，需要经过严格的培养与培训，具有良好的职业道德，掌握系统的专业知识和专业技能。《专业标准》是国家对合格小学教师专业素质的基本要求，是小学教师实施教育教学行为的基本规范，是引领小学教师专业发展的基本准则，是小学教师培养、准入、培训、考核等工作的重要依据。《专业标准》主要包括基本理念、基本内容和实施建议三部分。

1. 基本理念

《小学教师教育专业标准》提出的基本理念是"师德为先、学生为本、能力为重、终身学习"。

师德为先。热爱小学教育事业，具有职业理想，践行社会主义核心价值体系，履行教师职业道德规范，依法执教。关爱小学生，尊重小学生人格，富有爱心、责任心、耐心和细心；为人师表，教书育人，自尊自律，做小学生健康成长的指导者和引路人。

学生为本。尊重小学生权益，以小学生为主体，充分调动和发挥小学生的主动性；遵循小学生身心发展特点和教育教学规律，提供适合的教育，促进小学生生动活泼学习、健康快乐成长。

能力为重。把学科知识、教育理论与教育实践有机结合，突出教书育人实践能力；研究小学生，遵循小学生成长规律，提升教育教学专业化水平；坚持实践、反思、再实践、再反思，不断地提高专业能力。

终身学习。学习先进小学教育理论，了解国内外小学教育改革与发展的经验和做法；优化知识结构，提高文化素养；具有终身学习与持续发展的意识和能力，做终身学习的典范。

2. 基本内容

《小学教师教育专业标准》的主要内容包括三个维度、十三个领域、六十条，详见表 7-3。

7-3　小学教师专业标准基本内容表

维度	领域	基本要求
专业理念与师德	（一）职业理解与认识	1. 贯彻党和国家教育方针政策，遵守教育法律法规。 2. 理解小学教育工作的意义，热爱小学教育事业，具有职业理想和敬业精神。 3. 认同小学教师的专业性和独特性，注重自身专业发展。 4. 具有良好职业道德修养，为人师表。 5. 具有团队合作精神，积极开展协作与交流。
专业理念与师德	（二）对小学生的态度与行为	6. 关爱小学生，重视小学生身心健康，将保护小学生生命安全放在首位。 7. 尊重小学生独立人格，维护小学生合法权益，平等对待每一位小学生。不讽刺、挖苦、歧视小学生，不体罚或变相体罚小学生。 8. 信任小学生，尊重个体差异，主动了解和满足有益于小学生身心发展的不同需求。 9. 积极创造条件，让小学生拥有快乐的学校生活。
专业理念与师德	（三）教育教学的态度与行为	10. 树立育人为本、德育为先的理念，将小学生的知识学习、能力发展与品德养成相结合，重视小学生全面发展。 11. 尊重教育规律和小学生身心发展规律，为每一个小学生提供合适的教育。 12. 引导小学生体验学习乐趣，保护小学生的求知欲和好奇心，培养小学生的广泛兴趣、动手能力和探究精神。 13. 引导小学生学会学习，养成良好的学习习惯。 14. 尊重和发挥好少先队组织的教育引导作用。
专业理念与师德	（四）个人修养与行为	15. 富有爱心、责任心、耐心和细心。 16. 乐观向上、热情开朗、有亲和力。 17. 善于自我调节情绪，保持平和心态。 18. 勤于学习，不断进取。 19. 衣着整洁得体，语言规范健康，举止文明礼貌。
专业知识	（五）小学生发展知识	20. 了解关于小学生生存、发展和保护的有关法律法规及政策规定。 21. 了解不同年龄及有特殊需要的小学生身心发展特点和规律，掌握保护和促进小学生身心健康发展的策略与方法。

续表

维度	领域	基本要求
专业知识	（五）小学生发展知识	22. 了解不同年龄小学生学习的特点，掌握小学生良好行为习惯养成的知识。 23. 了解幼小和小初衔接阶段小学生的心理特点，掌握帮助小学生顺利过渡的方法。 24. 了解对小学生进行青春期和性健康教育的知识和方法。 25. 了解小学生安全防护的知识，掌握针对小学生可能出现的各种侵犯与伤害行为的预防与应对方法。
专业知识	（六）学科知识	26. 适应小学综合性教学的要求，了解多学科知识。 27. 掌握所教学科知识体系、基本思想与方法。 28. 了解所教学科与社会实践、少先队活动的联系，了解与其他学科的联系。
专业知识	（七）教育教学知识	29. 掌握小学教育教学基本理论。 30. 掌握小学生品行养成的特点和规律。 31. 掌握不同年龄小学生的认知规律和教育心理学的基本原理和方法。 32. 掌握所教学科的课程标准和教学知识。
专业知识	（八）通识性知识	33. 具有相应的自然科学和人文社会科学知识。 34. 了解中国教育基本情况。 35. 具有相应的艺术欣赏与表现知识。 36. 具有适应教育内容、教学手段和方法现代化的信息技术知识。
专业能力	（九）教育教学设计	37. 合理制定小学生个体与集体的教育教学计划。 38. 合理利用教学资源，科学编写教学方案。 39. 合理设计主题鲜明、丰富多彩的班级和少先队活动。
专业能力	（十）组织与实施	40. 建立良好的师生关系，帮助小学生建立良好的同伴关系。 41. 创设适宜的教学情境，根据小学生的反应及时调整教学活动。 42. 调动小学生学习积极性，结合小学生已有的知识和经验激发学习兴趣。 43. 发挥小学生主体性，灵活运用启发式、探究式、讨论式、参与式等教学方式。

续表

维度	领域	基本要求
专业能力	（十）组织与实施	44. 发挥好少先队组织生活、集体活动、信息传播等教育功能。 45. 将现代教育技术手段整合应用到教学中。 46. 较好使用口头语言、肢体语言与书面语言，使用普通话教学，规范书写钢笔字、粉笔字、毛笔字。 47. 妥善应对突发事件。 48. 鉴别小学生行为和思想动向，用科学的方法防止和有效矫正不良行为。
	（十一）激励与评价	49. 对小学生日常表现进行观察与判断，发现和赏识每一位小学生的点滴进步。 50. 灵活使用多元评价方式，给予小学生恰当的评价和指导。 51. 引导小学生进行积极的自我评价。 52. 利用评价结果不断改进教育教学工作。
	（十二）沟通与合作	53. 使用符合小学生特点的语言进行教育教学工作。 54. 善于倾听，和蔼可亲，与小学生进行有效沟通。 55. 与同事合作交流，分享经验和资源，共同发展。 56. 与家长进行有效沟通合作，共同促进小学生发展。 57. 协助小学与社区建立合作互助的良好关系。
	（十三）反思与发展	58. 主动收集分析相关信息，不断进行反思，改进教育教学工作。 59. 针对教育教学工作中的现实需要与问题，进行探索和研究。 60. 制定专业发展规划，积极参加专业培训，不断提高自身专业素质。

3. 实施建议

"实施建议"部分指出"开展小学教师教育的院校要将《专业标准》作为小学教师培养培训的主要依据。重视小学教师职业特点，加强小学教育学科和专业建设。完善小学教师培养培训方案，科学设置教师教育课程，改革教育教学方式；重视小学教师职业道德教育，重视社会实践和教育实习；加强从事小学教师教育的师资队伍建设，建立科学的质量评价制度"①。因此，《专业标准》成为此后高等院校小学教育专业课程实践和改革的重要依据。

（三）小学教育本科专业教学质量国家标准

2018年1月 教育部发布了《普通高等学校本科专业类教学质量国家标准》（简称《国标》），这是向全国、全世界发布的第一个高等教育教学质量国家标准，与全世界重视人才培养质量的发展潮流相一致，对建设中国特色、世界水平的高等教育质量标准体系具有重要的标志性意义。②《国标》对小学教育专业课程设置及相关事宜提出了具体要求。

1. 对教育类专业和小学教育专业的界定

《国标》对教育学类专业和小学教育专业进行了如下的界定。

教育学类本科专业是教育学专业、科学教育专业、人文教育专业、教育技术学专业、艺术教育专业、学前教育专业、小学教育专业、特殊教育专业、华文教育专业和教育康复学专业等的统称，是我国教师职前培养和教育学人才培养的重要专业。③

小学教育专业是教育学类本科专业之一，培养具有良好思想道德品质、扎实的学科知识和较强的教育教学能力，能在小学从事教育、教学和管理等方面工作的复合型人才。④ 定义中"良好思想道德品质""扎实的学科知识""较强的教育教学能力"是小学专业课程设置需要实现的目标。

2. 学生中心、产出导向、持续改进三大原则

《国标》突出了学生中心、产出导向、持续改进三大原则，这三大原则也是小学教育专业课程建设的重要原则、基本理念，成为小学教育专业人才培养方案制定、特别是课程改革的重要指南。

《国标》把握了三大原则：第一，突出学生中心。注重激发学生的学习兴趣

---

① 中华人民共和国教育部. 教育部关于印发《幼儿园教师专业标准（试行）》《小学教师专业标准（试行）》和《中学教师专业标准（试行）》的通知［EB/OL］. 中华人民共和国教育部政府门户网站，2022-5-10.
② 中华人民共和国教育部. 教育部发布我国高等教育领域首个教学质量国家标准［EB/OL］. 中华人民共和国教育部政府门户网站，2022-5-10.
③ 教育部高等学校教学指导委员会. 普通高等学校本科专业类教学质量国家标准：上［M］. 北京：高等教育出版社，2018：74.
④ 教育部高等学校教学指导委员会. 普通高等学校本科专业类教学质量国家标准：上［M］. 北京：高等教育出版社，2018：74.

和潜能，创新形式、改革教法、强化实践，推动本科教学从"教得好"向"学得好"转变。第二，突出产出导向。主动对接经济社会发展需求，科学合理设定人才培养目标，完善人才培养方案，优化课程设置，更新教学内容，切实提高人才培养的目标达成度、社会适应度、条件保障度、质保有效度和结果满意度。第三，突出持续改进。强调做好教学工作要建立学校质量保障体系，要把常态监测与定期评估有机结合，及时评价、及时反馈、持续改进，推动教育质量不断提升。①

3. 教育类专业课程体系与小学教育专业课程设置要求

《国标》在《教育学类教学质量国家标准》中整体设计的教育类专业课程体系，并对小学教育专业课程设置提出了要求。

教育类专业课程体系主要包括理论课程、实践课程和毕业论文（设计）。理论课程由通识教育课程、专业基础课程、专业方向课程三类课程组成。通识教育课程包括大学公共课程、创新创业教育课程及相关的人文社会科学类、理工类以及艺术教育类课程。专业基础课程为教育学类专业的基本理论和方法课程。专业方向课程为教育学类各专业的主干课程和专业方向课程。实践课程包括教育见习、教育实训、教育实习、教育考察、教育调查等。毕业论文（设计）包括学术论文，调查报告，研究报告，实验报告，教育、教学和管理案例分析报告等。②

教育类专业通识课程主要包括思想政治理论课程、大学外语、计算机基础与应用、大学体育、文化素质教育课程、创业基础课程、就业创业指导课程等，旨在提升学生的基本知识素养、科学与人文素养、道德品质和身心素质。③

教育类专业基础课程主要包括教育学原理、教育研究方法、中国教育史、外国教育史、课程与教学论、普通心理学、教育心理学、发展心理学、现代教育技术、特殊教育概论等。④

作为教育类专业之一，教育类专业通识课程和基础课程也是小学教育专业

---

① 中华人民共和国教育部．教育部发布我国高等教育领域首个教学质量国家标准［EB/OL］．中华人民共和国教育部政府门户网站，2022-5-10．
② 教育部高等学校教学指导委员会．普通高等学校本科专业类教学质量国家标准：上［M］．北京：高等教育出版社，2018：70．
③ 教育部高等学校教学指导委员会．普通高等学校本科专业类教学质量国家标准：上［M］．北京：高等教育出版社，2018：71．
④ 教育部高等学校教学指导委员会．普通高等学校本科专业类教学质量国家标准：上［M］．北京：高等教育出版社，2018：71．

课程设置的主要依据。同时，作为方向性课程，小学教育专业课程主要有中文、数学、英语、小学教育学、小学心理学、小学班队原理与实践、小学各科教学与研究、中国小学教育史、外国小学教育史。①

实践课程包括教育见习、教育实训、教育实习、教育考察、教育调查等类型。教育见习是学生在教师指导下，在教育机构进行的有关教育、教学、教研与管理工作的观摩和学习；教育实训是学生在教师指导下，在模拟实践中或模拟实验平台上进行的教育、教学、教研与管理的技能训练；教育实习是学生在教师指导下，在教育机构进行的教育、教学、教研与管理实践活动；教育考察是学生对特定教育区域或教育机构现状的实地勘察；教育调查是学生对教育、教学、教研和管理工作具体问题的实地调研。②

二、卓越教师培养计划

2014年8月18日教育部印发的《教育部关于实施卓越教师培养计划的意见》提出："卓越小学教师培养。针对小学教育的实际需求，重点探索小学全科教师培养模式，培养一批热爱小学教育事业、知识广博、能力全面，能够胜任小学多学科教育教学需要的卓越小学教师。"③ 课程建设相关内容如下：

建立模块化的教师教育课程体系。构建公共基础课程、学科专业课程、教师教育课程比重适当、结构合理、理论与实践深度融合的课程体系。把社会主义核心价值观纳入教师教育课程体系，融入师范生培养全过程。采取将教书育人楷模、一线优秀教师请进课堂等方式，丰富师德教育的内涵与形式。落实《教师教育课程标准（试行）》，打破教育学、心理学、学科教学法"老三门"的课程结构体系，开设模块化、选择性和实践性的教师教育课程。④

突出实践导向的教师教育课程内容改革。紧密结合中小学教育教学实践，全面改革教师教育课程内容。在教师教育课程中充分融入优秀中小学教育教学

---

① 教育部高等学校教学指导委员会. 普通高等学校本科专业类教学质量国家标准：上[M]. 北京：高等教育出版社，2018：71.
② 教育部高等学校教学指导委员会. 普通高等学校本科专业类教学质量国家标准：上[M]. 北京：高等教育出版社，2018：71.
③ 中华人民共和国教育部. 教育部关于实施卓越教师培养计划的意见（教师〔2014〕5号）[EB/OL]. 中华人民共和国教育部政府门户网站，2022-5-10.
④ 中华人民共和国教育部. 教育部关于实施卓越教师培养计划的意见（教师〔2014〕5号）[EB/OL]. 中华人民共和国教育部政府门户网站，2022-5-10

案例。将学科前沿知识、课程改革和教育研究最新成果充实到教学内容中,及时吸收儿童研究、学习科学、心理科学、信息技术的新成果。①

2016年3月17日教育部印发了《教育部关于实施卓越教师培养计划的意见》的配套政策——《教育部关于加强师范生教育实践的意见》(教师〔2016〕2号)②,提出了明确教育实践的目标任务、构建全方位的教育实践内容体系、丰富创新教育实践的形式、组织开展规范化的教育实习、全面推行教育实践"双导师制"、完善多方参与的教育实践考核评价体系、协同建设长期稳定的教育实践基地、建立健全指导教师激励机制、切实保障教育实践经费投入九个方面的要求,旨在解决师范生教育实践中出现的问题,增强师范生的社会责任感、创新精神和实践能力,全面提升教师培养质量。这样,《教育部关于加强师范生教育实践的意见》进一步突出实践导向的教师教育课程内容改革,成为卓越教师培养计划的重要组成。

教育部2018年9月17日印发的《教育部关于实施卓越教师培养计划2.0的意见》针对性地提出了"面向培养素养全面、专长发展的卓越小学教师,重点探索借鉴国际小学全科教师培养经验、继承我国养成教育传统的培养模式"。

三、小学教育专业认证

2017年10月26日教育部印发了《普通高等学校师范类专业认证实施办法(暂行)》,《小学教育专业认证标准》与《普通高等学校师范类专业认证实施办法(暂行)》也同时颁布,《小学教育专业认证标准》包括三个等级的不同标准和相应指标要求,其中第一级是国家对小学教育专业办学的基本要求,第二级是国家对小学教育专业教学质量的合格要求,第三级是国家对小学教育专业教学质量的卓越要求。③《小学教育专业认证》中的课程与教学分包括教师教育课程、人文社会与科学素养课程、学科专业课程,把实践课程归类于"合作与实践"。

《小学教育专业认证标准》对各类课程所占比例或学分、学时的规定,特别

---

① 中华人民共和国教育部. 教育部关于实施卓越教师培养计划的意见(教师〔2014〕5号)[EB/OL]. 中华人民共和国教育部政府门户网站, 2022-5-10
② 中华人民共和国教育部. 教育部关于加强师范生教育实践的意见[EB/OL]. 中华人民共和国教育部政府门户网站, 2020-6-9.
③ 中华人民共和国教育部. 教育部关于印发《普通高等学校师范类专业认证实施办法(暂行)》的通知[EB/OL]. 中华人民共和国教育部政府门户网站, 2020-6-9.

是对"学科专业课程"大于或等于总学时35%的规定，对重视教育学类课程、轻视学科类课程的做法起到了重要的匡正作用。美中不足之处有二：一是没有明晰提出或界说"学科基础课程"的归属；二是没有对"教师教育课程"的内涵进行界说，给实践留出自主空间的同时，也带来不少麻烦。其他内容详见本书附录一。

第二节　安阳师范学院小学教育专业（普本）课程设置

安阳师范学院小学教育专业（普本）2007年开始招生，2016年停止招生，转招全科小学教育专业。小学教育专业（普本）人才培养方案有四版：2007版、2010版、2011版和2015版，后三版为修订版。其中2011年培养方案与2010年培养方案相比，主要采用了学分制，实行了弹性学制，增设跨学科教育平台，课程设置上基本没有变化。因此，2011年人才培养方案不再专题分析，这里只分析2007版、2010版和2015版人才培养方案。

一、2007小学教育专业教学计划

2007年级小学教育专业教学计划包括培养目标、培养规格、学制与学位、学程时间安排、额定总学分和总学时构成表、专业教学计划总表和专业主干课程及部分选修课简介七部分，该计划继承了三年制初等教育专业的特点，如采用学年学分制和继续设置方向性课程模块等，方向性课程方面设计了语文、数学、英语三个模块。

（一）学程时间安排

全学程共196周。包括课程讲授、教育实习、社会实践（劳动、军训）、毕业论义、复习考试16周和寒暑假各项，具体安排见表7-4。

表 7-4 学程时间安排表

学期\项目	第一学年 上个学期 18周	第一学年 下个学期 20周	第二学年 上个学期 20周	第二学年 下个学期 20周	第三学年 上个学期 20周	第三学年 下个学期 20周	第四学年 上个学期 20周	第四学年 下个学期 18周	合计
军训	2								2
考试	2	2	2	2	2	2	2	2	16
劳动			1		1		1		3
教育实习						6			6
毕业论文								6	6
寒、暑假									40
课堂教学	14	18	17	18	17	12	17	10	123

（二）额定总学分和总学时

额定总学时数为 2305，总学分为 153，各类别具体分配见表 7-5。

表 7-5 额定学分和总学时构成表

课程类别	学时数	该类别学时数占总学时数的百分比（%）	学分数	该类别学分占总学分的百分比（%）
公共必修课	814	35.31	47	30.72
专业必修课	869	37.70	53	34.64
专业限定选修课	210	9.11	12	7.84
专业任意选修课	188	8.16	15	9.80
全校素质教育选修课	224	9.72	16	10.46
实践性环节			10	6.54
总计	2305	100	153	100

（三）公共必修课

公共必修课共开设 17 门课程，在原有的三年制专业教学计划总表 12 门课程的基础上又增了中国近代史纲要、马克思主义基本原理、大学英语（四）、计算机基础（二）、大学体育（四）等五门课程，详见表 7-6，公共必修课的学时在原有的 508 学时的基础上增加到 814 学时，详见表 7-5。

表 7-6　公共必修课程教学计划表

课程名称	学分	第一学年上个学期	第一学年下个学期	第二学年上个学期	第二学年下个学期	第三学年上个学期	第三学年下个学期	第四学年上个学期	第四学年下个学期	讲授	实验	实习	实践	考试	考查
思想道德修养与法律基础	3	3								42					√
中国近现代史纲要	2		2							36				√	
马克思主义基本原理	3			3						51				√	
毛泽东思想邓小平理论和"三个代表"重要思想概论	6					3	3			87				√	
形势与政策	2									84					√
大学英语（一）	4	4+2								56					√
大学英语（二）	4		4+2							72				√	
大学英语（三）	4			4						68					√
大学英语（四）	4				4					72				√	
计算机基础（一）	2	2								28	28				√
计算机基础（二）	2		2							36	36			√	
大学体育（一）	2	2								28					
大学体育（二）	2		2							36					√
大学体育（三）	2			2						34				√	
大学体育（四）	2				2					36					√
现代教育技术学	2				2					36					√
大学生就业指导	1						1			12					√

（四）专业必修课

专业必修课共开设 17 门课程，在原有的 14 门课程的基础上，将班级管理课程调至专业任意选修课中，去掉了小学语文、历史、社会教学与研究、小学数学、科学教学研究等课程，将大学数学改为高等数学，把原有的在专业限定选修课中的学校管理学、教学社会学调至专业必修课中，并增加了课件制作、教育心理学、教育哲学、德育原理等课程，详见表7-7。除高等数学和大学语文外，其他均为教育类课程或教师教育类课程。专业必修课的学时共计869，占总学时的37.7%；共计47学分，占总学时的34.64%。

表7-7 专业必修课程教学计划表

课 程 名 称	学分	第一学年 上个学期	第一学年 下个学期	第二学年 上个学期	第二学年 下个学期	第三学年 上个学期	第三学年 下个学期	第四学年 上个学期	第四学年 下个学期	讲授	实验	实习	实践	考试	考查
基础心理学	6	3	3							96				√	√
高等数学	4	4								56				√	
大学语文	3		3							54				√	
教育统计学	3					3				36				√	
儿童发展心理学	3			3						51				√	
课程与教学论	3			3						51				√	
教育科学研究方法	3					3				51				√	
教育基本原理	3		3							54				√	
小学生心理健康与辅导	3			3						51				√	
教育社会学	3						3			51				√	
课件制作	3						3			51				√	
中国教育史	3				3					51					√
外国教育史	3					3				36					√
教育心理学	3				3					54				√	
教育哲学	3					3				36					√
德育原理	2					3				36				√	
学校管理学	2			3						54				√	

(五) 专业限定选修课

专业限定选修课由原来三年制课程计划开设的 11 门课程,缩减为 9 门课程,保留了原来的学校卫生学、自然科学基础、社会科学基础、家庭教育学等课程,并将原来的专业任意选修课中的教育经济学与教育法学调至专业限定选修课中,又增加了心理测量学、公共关系学以及马克思主义教育思想,详见表 7-8。共计开设 210 课时。

表 7-8　专业限定选修课程计划表

课程名称	学分	第一学年 上个学期	第一学年 下个学期	第二学年 上个学期	第二学年 下个学期	第三学年 上个学期	第三学年 下个学期	第四学年 上个学期	第四学年 下个学期	讲授	实验	实习	实践	考试	考查
学校卫生学	2		2							34					√
自然科学基础	2				2					34					√
社会科学基础	2								2	20				√	
心理测量学	2					3				51				√	
教育法学	2				2					34					√
家庭教育学	2							2		34				√	
公共关系学	2			2						36					√
马克思主义教育思想	2						3			51					√
教育经济学	2								2	20					√

(六) 专业任意选修课

专业任意选修课共开设 10 门课程,在原有的 9 门课程的基础上,保留了课堂教学艺术,并将原有的教师专业限定选修课中的教师口语、书写(书法)等课程调整到专业任意选修课中,又增加了专业英语、现代教育制度与思想、班级管理、音乐欣赏、美术欣赏、实验心理学、心理学史等课程,详见表7-9。该部分课程,结合了学校发展以及学生发展的需要,有利于激发学生的学生兴趣,促进专长发展。

表 7-9 专业任意选修课程计划表

课程名称	学分	各个学期周学时分配								总学时分配				考核方式	
		第一学年		第二学年		第三学年		第四学年		讲授	实验	实习	实践	考试	考查
		上个学期	下个学期	上个学期	下个学期	上个学期	下个学期	上个学期	下个学期						
课堂教学艺术	2								2	20				√	
专业英语	2								2	20					√
现代教育制度与思想	2								2	20					√
教师口语	2								2	20					√
书写与书法	2						2			34					√
班级管理	2								2	20					√
音乐欣赏	2			2						36					√
美术欣赏	2					2				34					√
试验心理学	2						2			34					√
心理学史	2					2				24					√

表 7-10　全校素质教育选修课程计划表

课程类别	课程名称	学分	各个学期周学时分配								总学时分配				考核方式	
			第一学年		第二学年		第三学年		第四学年		讲授	实验	实习	实践	考试	考查
			上个学期	下个学期	上个学期	下个学期	上个学期	下个学期	上个学期	下个学期						
语文方向	现代汉语	2								2	20					√
	小学语文教学论	2							2		34					√
	儿童文学	2								2	20					√
	中外文学简史	2								2	20					√
	小学综合实践活动设计	2								2	20					√
数学方向	现代数学概论	2								2	20					√
	小学数学教学论	2							2		34					√
	数学实践与科学实验	2								2	20					√
	科学技术与社会	2								2	20					√
	小学综合实践活动设计	2								2	20					√
英语方向	英语语音	2								2	20					√
	英语口语与听力	2								2	20					√
	英语阅读	2								2	20					√
	小学英语教学论	2							2		34					√
	小学综合实践活动设计	2								2	20					√

2007 版小学教育专业教学计划作为安阳师范学院第一个小学教育专业本科教学计划，延续了三年制设置方向性课程模块的做法，设计了语文、数学、英语三个方向性模块，比较符合小学教育专业人才培养的特点，这是其优点所在。不足之处是学科类课程偏少，教育类课程偏多。

二、2010 小学教育专业计划

2010年安阳师范学院教育科学学院对小学教育专业教学计划进行了修订，称为《教育科学学院小学教育专业培养方案》（师范本科）。以下介绍课程设置相关内容。

（一）学程时间安排

学程安排共196周，详见表7-11。

表7-11　学程时间安排表

学年 学期 项目	第一学年 上个学期 18周	第一学年 下个学期 20周	第二学年 上个学期 20周	第二学年 下个学期 20周	第三学年 上个学期 20周	第三学年 下个学期 20周	第四学年 上个学期 20周	第四学年 下个学期 18周	合计
考试	2	2	2	2	2	2	2		14
军训	2								2
教育实习								10	10
毕业论文								8	8
寒、暑假									40
课堂教学	14	18	18	18	18	18	18	0	122

（二）学分学时分配

总学时数为2204，总学分为200，各类别具体分配见表7-12。

表7-12　课程结构及学分学时比例

课程类别		学分及比例 学分	学分及比例 小计	学分及比例 占总学分比例	学分及比例 小计	课堂学时及比例 学时	课堂学时及比例 小计	课堂学时及比例 占课堂总学时比例	课堂学时及比例 小计
通识教育平台	必修课	45	55	22.5%	27.5%	626	706	28.4%	32.0%
	选修课	10		5%		80		3.6%	

续表

课程类别		学分及比例				课堂学时及比例			
		学分	小计	占总学分比例	小计	学时	小计	占课堂总学时比例	小计
专业课程平台	必修课	57	100	28.5%	50%	778	1390	35.3%	63.1%
	限选课	17		8.5%		252		11.4%	
	任选课	26		13%		360		16.3%	
专业深化拓展平台	专业技能教育课	6	6	3%	3%	108	108	4.9%	4.9%
	知识深化综合课	6		3%		108		4.9%	
实践教学平台	基础实践	19	39(58)	9.5%	19.5%(29%)				
	专业实践	24		12%					
	综合实践	15		7.5%					
合计			200		100%		2204		100%

（三）通识教育课

通识必修课与2007年的培养方案（表7-6）相比，课程门类有所增多，增加了多媒体技术和应用，大学语文以及大学生就业指导课，体现了时代的需求。通识课的学分在原有的47学分的基础上减少为45学分，占总学分的27.5%，学时由原来的814学时增加为874学时，占总学时32%。详见表7-13。

表7-13 通识教育课程计划表

课程类别	课程代码	课程名称	总学时数	总学分数	总学时分配			各个学期周学时安排								考核方式
					课堂		课外实践	第一学年		第二学年		第三学年		第四学年		
					讲授	实验		1	2	3	4	5	6	7	8	
必修课	A310011101	思想道德修养与法律基础	54	3	28		26	2								2
	A310011102	中国近现代史纲要	36	2	20		16	2								2

续表

课程类别	课程代码	课程名称	总学时数	总学分数	总学时分配 课堂讲授	总学时分配 课堂实验	总学时分配 课外实践	第一学年 1	第一学年 2	第二学年 3	第二学年 4	第三学年 5	第三学年 6	第四学年 7	第四学年 8	考核方式
必修课	A310011103	马克思主义基本原理	54	3	36		18			2						1
必修课	A310011104	毛泽东思想和中国特色社会主义理论体系概论（一）	54	3	26		28					2				2
必修课	A310011105	毛泽东思想和中国特色社会主义理论体系概论（二）	54	3	28		26						2			1
必修课	A310011106	形势与政策	32	2	32			见注								2
必修课	A040011201	大学英语（一）	56	4	48		8	4								2
必修课	A040011202	大学英语（二）	72	4	64		8		4							1
必修课	A040011203	大学英语（三）	72	4	64		8			4						2
必修课	A040011204	大学英语（四）	72	4	64		8					4				1
必修课	A320011301	大学计算机基础	56	2	28	20	8	2								1
必修课	A320011302	多媒体技术与应用	72	2	36	24	12		2							2
必修课	A120011401	大学体育（一）	28	2	28			2								2

续表

课程类别	课程代码	课程名称	总学时数	总学分数	总学时分配			各个学期周学时安排								考核方式
					课堂		课外实践	第一学年		第二学年		第三学年		第四学年		
					讲授	实验		1	2	3	4	5	6	7	8	
必修课	A120011402	大学体育（二）	36	2	36				2							1
	A120011403	大学体育（三）	36	1			36			√						2
	A120011404	大学体育（四）	36	1			36				√					2
	A010011501	大学语文	36	2	26		10				2					2
	A730011501	大学生就业指导	18	1	18							1				2
		小计	874	45	582	44	248									
选修课	安排在3~7个学期开设，学生选修学分不低于10学分 其中须选修2学分以上自然科学系列																

（四）专业必修课程

与2007年的人才培养方案表7-7相比，专业课程平台依旧采用必修课、限定选修课、任意选修课这三个模块，少了语文方向、数学方向、英语方向这三个模块。详见表7-14。

表 7-14 专业必修课程计划表

课程名称	总学时数	总学分数	课堂讲授	课堂实验	课外实践	1	2	3	4	5	6	7	8	考核方式
普通心理学（一）	74	5	56		18	4								1
普通心理学（二）	46	3	36		10		2							1
中国教育史	56	5	56			4								1
外国教育史	72	5	72				4							1
教育原理	80	5	72		8		4							1
课程与教学论	74	4	54		20			3						1
教育心理学	90	5	72		18				4					2
学校卫生学	64	4	54		10				3					2
教育研究方法	60	3	36		24				2					2
心理与教育统计	80	5	72		8				4					1
学校管理学	64	3	54		10				3					1
德育原理	54	4	54								3			1
心理健康与咨询	64	4	54		10			3						2
现代教育技术	44	2	30	6	8		2							2

（五）专业限定选修课

与 2007 年人才培养方案中的专业限定选修课（表 7-8）相比较，此时的专业限定选修课主要是围绕学科课程来开设的，涉及语文、数学、科学、综合实践等课程门类，共计开设 17 学分，占总学分的 8.5%，共计开设 252 学时，占课堂总学时的 11.4%。详见表 7-15。

表 7-15 专业限定选修课程计划表

课程名称	总学时数	总学分数	总学时分配 课堂 讲授	总学时分配 课堂 实验	总学时分配 课外 实践	第一学年 1	第一学年 2	第二学年 3	第二学年 4	第三学年 5	第三学年 6	第四学年 7	第四学年 8	考核方式
小学语文教学论	64	4	54		10			3						1
写作	46	3	36		10						2			2
儿童文学	54	3	54					3						2
艺术欣赏	54	3	54							3				2
社会科学基础	54	4	54					3						2
高等数学	54	3	54						3					1
小学综合实践活动设计	36	2	36								2			2
科学课程设计	36	2	36								2			2

3. 专业任意选修课

任意选修课主要围绕扩充学生的综合素养来设定，共计开设 13 门课程，其中 8 门课程与教育学类课程相关，分别是家庭教育学、教育社会学、教育经济学、教育名著选读、比较教育、新课程改革的理论与实践、教育法学、教师职业道德等，2 门课程跟心理相关，分别是儿童发展心理学、实验心理学，还有一门小学数学教学论属于教材教法课，只有自然科学基础与现代汉语是学科类课程，这就意味着专业任意选修课的设置更多地关注了教育类课程，弱化了学科类课程。详见表 7-16。

表 7-16 专业任意选修课程计划表

总学时数	总学分数	总学时分配 课堂 讲授	总学时分配 课堂 实验	总学时分配 课外 实践	第一学年 1	第一学年 2	第二学年 3	第二学年 4	第三学年 5	第三学年 6	第四学年 7	第四学年 8	考核方式
66	4	54		12						3			2
52	3	36		16				2					2

续表

| 总学时数 | 总学分数 | 总学时分配 || 各个学期周学时安排 |||||||| 考核方式 |
||| 课堂 | 课外 | 第一学年 || 第二学年 || 第三学年 || 第四学年 |||
		讲授	实验	实践	1	2	3	4	5	6	7	8	
44	2	36		8					2				2
36	2	36					2						2
54	4	54				3							1
54	3	54				3							2
64	4	54		10				3					1
54	4	36	18							3			1
36	2	36					2						2
36	2	36									2		2
46	3	36		10						2			2
28	2	28										2	2
36	2	36							2				1

（六）专业深化拓展平台

专业深化拓展平台是该时期新增的模块，主要围绕专业技能教育与知识深化来开设课程。为了提升学生的专业技能，开设了现代教师教学技能（一）、现代教师教学技能（二）和班级管理三门课程，学分共计6分，占总学分的3%，学时共计128学时，占课堂总学时的4.9%；为了拓展学生的知识面，开设了中外教育思想比较研究、现代教育理论新进展、教育测量学三门课程，学分共计6分，占总学分的3%，学时共计128学时，占课堂总学时的4.9%。详见表7-17。

表 7-17 专业深化拓展平台课程计划表

课程类别	课程代码	课程名称	总学时数	总学分数	总学时分配 课堂 讲授	总学时分配 课堂 实验	总学时分配 课外 实践	第一学年 1	第一学年 2	第二学年 3	第二学年 4	第三学年 5	第三学年 6	第四学年 7	第四学年 8	考核方式
知识深化	A070332201	中外教育思想比较	36	2	36								2			2
	A070332202	现代教育理论新进展	36	2	36								2			2
	A070332203	教育测量学	36	2	36							2				1
	小计		108	6	108											
专业技能	A070331201	现代教师教学技能（一）	46	2	36		10						2			2
	A070331202	现代教师教学技能（二）	46	2	36		10								2	2
	A070331203	班级管理	36	2	36									2		2
	小计		128	6	108		20									
备注	学生须选修6学分以上，可以在该平台内任意选课															

（七）实践教学平台

实践教学平台课程包括基础实践、专业实践、综合实践，与2007年的本科小学教育人才培养方案相比，实践教学门类更加细化，实践的学分与课时有所增多，如教育实习达到10周。详见表7-18。

171

表 7-18 实践教学平台课程计划表

课程类别	课程代码	课程名称	周数	学分数	开课学期 第一学年 1	第一学年 2	第二学年 3	第二学年 4	第三学年 5	第三学年 6	第四学年 7	第四学年 8	考核方式
基础实践		课程实践、课程实验学分、学时在课程安排中体现											
专业实践 必修	A070241101	军事理论及训练	2	2	√								2
	A070241102	教育实习	10	12							√		2
	A070241103	毕业论文	8	10							√		2
综合实践 选修	A070242101	综合实践	根据《大学生综合实践实施方案》，所有专业学生修读不少于 15 学分										

整体而言，2010 年方案延续 2007 的学年学分制，专业课程平台依旧采用必修课、限定选修课、任意选修课这三个模块，但是删去了方向性课程模块，增加了专业拓展类课程，课程整体设计趋向平台化、模块化。

删去了方向性课程模块，即删去了语文方向、数学方向、英语方向这三个模块，学科类课程进一步减少，整体教育学理论性增强，学科应用性减弱。这种课程设置方式有利于学生在教育学领域参加研究生入学考试，进一步深造，但难以培养出学科知识系统扎实的小学教师，特别是拥有主教学科的卓越教师，因为没有系统地开设此类课程，除非学生自学或选择中文、数学、英语之类的辅修学位。当然这不是个案，这一时期不少高校的小学教育专业在课程设置上也是重教育理论，轻学科知识与实践。这也是国家出台教师教育课程标准和卓越教师计划的重要现实考量。

三、2015 年小学教育专业计划

2015 年安阳师范学院教育学院对小学教育本科专业培养方案进行了修订，本次修订继续发展了 2011 方案的学分制。突出的特点主要有三：一是课程设计进一步平台化、模块化，形成了"三大教育平台九大课程模块"的课程体系；二是本方案落实了我国卓越小学教师培养的相关政策；三是进一步加强了实践环节，进行了教育实习与毕业论文（设计）一体化设计，并逐渐发展为本专业的重要特色。以下主要分析课程设置的相关内容。

(一) 学程时间安排

学程安排分为"学术后备人才学程"和"其他人才学程"两种。

1. 学术后备人才学程

标准全学程共 193 周，包括军训、入学教育、复习考试、寒暑假、课堂讲授、教育实习、毕业论文（设计）思想政治教育类课程实践等，详见表 7-19。

表 7-19　学术后备人才学程时间安排表

项目＼学期	第一学年 上个学期 17周	第一学年 下个学期 19周	第二学年 上个学期 19周	第二学年 下个学期 19周	第三学年 上个学期 19周	第三学年 下个学期 19周	第四学年 上个学期 19周	第四学年 下个学期 14周	合计
课堂教学	14	18	18	18	18	18	9		113
复习考核	1	1	1	1	1	1	1		7
军训、入学教育	2								2
学年论文				2★		2★			4
课程设计					1.5★				1.5
教育见习		1★							1
教育实习								6	6
毕业论文							9	8	17
寒、暑假		14周		14周		14周		6周	

注：★代表学年论文、课程设计、教育见习时间和课堂教学时间可以交叉。

2. 其他类人才

其他类人才这里指基础教育师资，详见表 7-20。

表 7-20　其他类型人才学程时间安排表

项目＼学期	第一学年 上个学期 17周	第一学年 下个学期 19周	第二学年 上个学期 19周	第二学年 下个学期 19周	第三学年 上个学期 19周	第三学年 下个学期 19周	第四学年 上个学期 19周	第四学年 下个学期 14周	合计
课堂教学	14	18	18	18	18	18			104
复习考核	1	1	1	1	1	1			6
军训、入学教育	2								2

续表

学年学期 项目	第一学年 上个学期 17周	第一学年 下个学期 19周	第二学年 上个学期 19周	第二学年 下个学期 19周	第三学年 上个学期 19周	第三学年 下个学期 19周	第四学年 上个学期 19周	第四学年 下个学期 14周	合计
学年论文				2★		2★			4
课程设计					1.5★				1.5
教育见习		1★							1
教育实习							10	4	14
毕业论文							9	10	19
寒、暑假	14周		14周		14周		6周		

注：★代表学年论文、课程设计、教育见习时间和课堂教学时间可以交叉。

（二）课程体系结构及学分学时比例

课程体系由"三大教育平台九大课程模块"构成。详见表7-21。

表7-21 课程体系结构及学分学时比例

平台类别	课程模块	课程类别	学分	各模块学分占总学分比例	小计	各平台学分占总学分比例	学时	各模块学时占总学时比例	小计	各平台学时占总学时比例
通识教育平台	通识教育必修课程模块	必修	38.5	23%	42	25%	662	31%（30%）	662	32%（30%）
通识教育平台	通识教育选修课程模块	选修	3.5	2%						
专业教育平台	学科基础课程模块	必修	55	33%	90（94）	54%（56%）	880	42%（41%）	1440（1504）	68%（70%）
专业教育平台	专业核心课程模块	必修								
专业教育平台	个性拓展课程模块	选修	35（39）	21%（23%）			560（624）	27%（29%）		

174

续表

平台类别	课程模块	课程类别	学分及比例				学时及比例			
^	^	^	学分	各模块学分占总学分比例	小计	各平台学分占总学分比例	学时	各模块学时占总学时比例	小计	各平台学时占总学时比例
实践教育平台	实验课程模块	必修	17	10%	35 (31)	21% (19%)	不计学时			
^	课程实践模块	必修	^	^	^	^	^		
^	集中实践模块	必修	25 (21)	15% (13%)	^	^	^		
^	综合实践模块	必修	10	6%	^	^	^		
合计			167	100%	167	100%	2102 (2166)		100%	

（三）通识教育课程教学学时、学分分布

表7-22 通识教育平台课程模块学分学时分布表

课程类别	课程代码	课程名称	总学时数	总学分数	总学时分配		各个学期周学时安排							考核方式
^	^	^	^	^	课堂		课外	第一学年		第二学年		第三学年		第四学年	^
^	^	^	^	^	讲授	实验	实践	1	2	3	4	5	6	7	8	^
通识教育必修课程模块	S204111001	思想道德修养与法律基础	54	3	28		26	2								2
^	S204111002	中国近现代史纲要	36	2	20		16		2							2
^	S204111003	马克思主义基本原理	54	3	28		26				2					1
^	S204111004	毛泽东思想和中国特色社会主义理论体系概论（一）	54	3	28		26						2			1

续表

课程类别	课程代码	课程名称	总学时数	总学分数	课堂讲授	课堂实验	课外实践	第一学年 1	第一学年 2	第二学年 3	第二学年 4	第三学年 5	第三学年 6	第四学年 7	第四学年 8	考核方式
通识教育必修课程模块	S204111005	毛泽东思想和中国特色社会主义理论体系概论（二）	54	3	28		26						2			2
	S204111006	形势与政策	32	2	32											2
	S084111001	大学英语（一）	56	3.5	48		8	4								2
	S084111002	大学英语（二）	72	4	64		8		4							2
	S084111003	大学英语（三）	72	4	64		8			4						1
	S194111001	大学计算机基础	72	4	36	18	18	4								1
	S124111001	大学体育（一）	28	1.5	28			2								2
	S124111002	大学体育（二）	36	2	36				2							1
	S124111003	大学体育（三）	36	2	36						2					2
	S124111004	大学体育（四）	36	2	36							2				1
	S014111001	大学语文*	28	1.5	24		4		2							2
	S294111001	大学生职业生涯规划	26	1.5	26			2								2
	S214111001	艺术素养教育	16	1	16				2							2
	S304111001	心理健康教育	8	0.5	8			2								2
	S274111001	大学生国防教育	8	0.5	8			2								2
		小计	778	44	594	18	116	14	16	8	2	2	2			

续表

课程类别	课程代码	课程名称	总学时数	总学分数	总学时分配		各个学期周学时安排								考核方式
					课堂	课外	第一学年		第二学年		第三学年		第四学年	
					讲授	实验	实践	1	2	3	4	5	6	7	8	
通识教育选修课程模块		1. 通识选修课程分为四个系列：人文社会科学系列、自然科学技术系列、教师教育系列和健康艺术体育系列 2. 每位学生选修学分不低于3.5学分，学生须选修1学分以上自然科学技术系列 3. 通识教育选修课程模块安排在第1—6个学期开设												
说明		1. 考试方式中，1为考试，2为考查 2. 形势与政策课程总计2学分，开设在第1—8个学期 3. 有课程实践环节的课程，其课堂讲授周数按照周学时上满讲授总学时即可，不延长讲授周数。课程实践可与讲授同步安排或交叉延后安排。其他平台的课程也依此为准安排												

（四）专业教育课程教学学时、学分分布

表7-23 专业教育平台课程模块

课程模块	课程代码	课程名称	总学时数	总学分数	总学时分配		各个学期周学时安排								考核方式
					课堂	课外	第一学年		第二学年		第三学年		第四学年	
					讲授	实验	实践	1	2	3	4	5	6	7	8	
学科基础课程模块	S140023001	普通心理学	64	4	56	8	4								1
	S140023002	中国教育史	64	4	56	8	4								1
	S140023003	外国教育史	64	4	54	10		3							1
	S140023004	教育概论	64	4	54	10		3							1
	S140023005	人体解剖生理学	32	2	28	4		2							2
	S140323006	教育统计学	48	3	36	12			2						1

177

续表

课程模块	课程代码	课程名称	总学时数	总学分数	总学时分配 课堂讲授	总学时分配 课程实验	总学时分配 实践	第一学年 1	第一学年 2	第二学年 3	第二学年 4	第三学年 5	第三学年 6	第四学年 7	第四学年 8	考核方式
学科基础课程模块	S140323007	学校卫生学	48	3	36		12					2				1
	S140323008	德育原理	48	3	36		12				2					1
	S140323009	教育哲学	32	2	20		12			2						2
	S140323010	儿童发展心理学	48	3	28		20			3						1
		小计	512	32	404		108	8	8	7	2	2				
专业核心课程模块	S140324001	教育心理学	48	3	36		12			2						1
	S140324002	小学语文教学论	48	3	36		12				2					1
	S140324003	小学数学教学论	48	3	36		12					2				1
	S140324004	小学英语教学论	48	3	36		12						2			1
	S140324005	小学教育学	48	3	36		12				2					1
	S140324006	小学心理学	42	2	28		14			2						1
	S140324007	教学论	54	4	36		18			2						1
	S140324008	小学班队原理与实践	32	2	22		10					2				1
		小计	368	23	266		102			4	8	2	2			
个性拓展课程模块	基础教育人才课程模块	S140325101	教育科学研究方法	48	3	36		12					2				1
		S140325102	教育法学	32	2	26		6		2							2
		S140325103	合唱与指挥	32	2	26		6						2			2
		S140325104	教育社会学	32	2	26		6				2					2
		S140325105	学校管理学	36	2	36						2					1
		S140325106	艺术欣赏	32	2	32			2								2
		S140025112	教师专业发展	18	1	18						2					2

178

续表

课程模块		课程代码	课程名称	总学时数	总学分数	总学时分配			各个学期周学时安排								考核方式
						课堂		课程实践	第一学年		第二学年		第三学年		第四学年		
						讲授	实验		1	2	3	4	5	6	7	8	
个性拓展课程模块	基础教育人才课程模块	S140325109	中小学生心理辅导	28	1	18		10						2			2
		S140025114	教师职业道德	18	1	18					2						2
		S154125101	现代教育技术★	36	2	18	4	14					2				1
		S140025105	教师礼仪练习☆	见注													2
		S140025106	书写技能实践☆														2
		S140025107	说课技能训练☆														2
		S140025108	教师基本功实践☆														2
		S140025109	教学名师观摩☆														2
		S140025110	地方基础教育调查研究☆														2
		S140025115	听评课与面试技巧	28	1	18		10						2			2
		S140325118	阅读与写作	36	2	28		8		2							2
		S140325119	大学数学	36	2	28		8				2					2
		S140325120	小学自然科学课程与教学	36	2	30		6		2							2
		S140325121	小学思想品德与社会教学	36	2	30		6				2					2

续表

课程模块	课程代码	课程名称	总学时数	总学分数	总学时分配 课堂讲授	总学时分配 实验	课程实践	各个学期周学时安排 第一学年 1	各个学期周学时安排 第一学年 2	各个学期周学时安排 第二学年 3	各个学期周学时安排 第二学年 4	各个学期周学时安排 第三学年 5	各个学期周学时安排 第三学年 6	各个学期周学时安排 第四学年 7	各个学期周学时安排 第四学年 8	考核方式
基础教育人才课程模块	S140325122	当代教育名家解读	36	2	32		4					2				2
基础教育人才课程模块	S140325123	科学技术史	48	3	36		12				2					1
基础教育人才课程模块	S140325124	家庭教育学	32	2	22		10				2					1
基础教育人才课程模块	S140325125	儿童文学	42	2	28		14			2						2
基础教育人才课程模块	小计		642	36	506	4	132	2		10	14	6	6			
个性拓展课程模块 学术后备人才课程模块	S084123301	拓展英语	72	4	72						4		2			
个性拓展课程模块 学术后备人才课程模块	S140325301	教育测量与评价	32	2	27		5							3		2
个性拓展课程模块 学术后备人才课程模块	S140325302	教育专业英语	32	2	18		14						2			2
个性拓展课程模块 学术后备人才课程模块	S140325303	SPSS原理与应用	32	2	18		14						2			2
个性拓展课程模块 学术后备人才课程模块	S140325304	科研论文写作指导	32	2	18		14			2						2
个性拓展课程模块 学术后备人才课程模块	S140325305	教育名著选读	36	2	36						2					2
个性拓展课程模块 学术后备人才课程模块	S140325306	基础教育专题研究	32	2	26		6				2					2
个性拓展课程模块 学术后备人才课程模块	S140325307	教育行政学	32	2	26		6							3		2
个性拓展课程模块 学术后备人才课程模块	S140325308	教育经济学	32	2	26		6					2				2
个性拓展课程模块 学术后备人才课程模块	S140325309	教育专书解读	32	2	26		6					2				2
个性拓展课程模块 学术后备人才课程模块	小计		364	22	293		71		2	2	4	2	3	7		

续表

课程模块	课程代码	课程名称	总学时数	总学分数	总学时分配 讲授	总学时分配 实验	课程实践	第一学年 1	第一学年 2	第二学年 3	第二学年 4	第三学年 5	第三学年 6	第四学年 7	第四学年 8	考核方式
个性拓展课程模块	S324125401	大学生创业基础★	32	2	24		8		2							2
	S324125402	GYB课程	16	1	8		8				2					2
	S324125403	创业环境与创业政策	16	1	10		6						2			2
	S324125404	创业融资	32	2	24		8					2				2
	S324125405	小微企业经营战略	16	1	10		6						2			2
	S324125406	SYB课程	32	2	24		8							2		2
	S324125407	创业模拟实训	16	1		16								8		2
	S140325401	创业政策解读★	32	2	26		6						2			2
	S140325402	心理咨询与辅导★	32	2	22		10						2			1
	S064125201	公务员考录★	64	4	36		28							2		2
		小计	288	18	184	16	88	0	2	2	2	8	6	12		

（五）实践教育

实践教育平台包括实验课程模块、课程实践模块、集中实践模块、综合实践模块四个模块，均为必修模块，详见表7-24。

表7-24 实践教育平台课程模块

模块	编号	课程名称	周数	学分	开课个学期	考核方式	备注
课程实验模块	S194111001	大学计算机基础	1	2	1		
课程实践模块	S084111001	大学英语（一）	0.5	1	2		
	S084111002	大学英语（二）	0.5	2	2		
	S084111003	大学英语（三）	0.5	3	1		
	S194111001	大学计算机基础	1	2	1		
	S014111001	大学语文*	0.5	2	2		
	S140023001	普通心理学	0.5	1	1		
	S140023002	中国教育史	0.5	1	1		
	S140023003	外国教育史	0.5	2	1		
	S140023004	教育概论	0.5	2	1		
	S140023005	人体解剖生理学	0.5	2	2		
	S140323006	教育统计学	1	3	1		
	S140323007	学校卫生学	1	4	1		
	S140323008	德育原理	1	5	1		
	S140323009	教育哲学	1	3	2		
	S140323010	儿童发展心理学	1	3	1		
	S140324001	教育心理学	1	4	1		
	S140324002	小学语文教学论	1	4	1		
	S140324003	小学数学教学论	0.5	5	1		
	S140324004	小学英语教学论	0.5	6	1		
	S140324005	小学教育学	0.5	4	1		
	S140324006	小学心理学	0.5	3	1		
	S140324007	教学论	0.5	3	1		
	S140324008	小学班队原理与实践	1	4	1		
备注		课程实验模块与课程实践模块学分之和为17，约占专业课程学分的比例为31%					

续表

模块	编号	课程名称	周数	学分	开课个学期	考核方式	备注
集中实践模块	S550011001	军训、入学教育	2	1	1	2	
	S140438001	教育实习（一）	14	6	第7—8个学期一体化安排。设置14周的校外教育实习，19周的毕业论文（设计）。实习期间完成1—2门的置换课程。根据小学教育专业实际情况制定一体化的可操作性的实践教学方案	1	其他模块
	S140438002	毕业设计（论文）（一）	19	6		1	
	S140438003	教育实习（二）	6	4	主要在第8个学期完成。设置6周的校外教育实习，8周的毕业论文（设计）。根据小学教育专业实际情况制定一体化的可操作性的实践教学方案	1	学术模块
	S140438004	毕业设计（论文）（二）	8	4		1	
	S204111007	思想政治教育类课程实践	6	5.5		2	
	S140438005	学年论文	4	4	要求每个学生至少参与两个主题的暑期实践活动。关于暑期课程实践管理办法和学分评定办法按照学校的有关规定执行	2	
	S140438007	课程设计	1.5	1.5	要求学生在第2、第3学年的第4、第6个学期内完成，在第4、第6个学期的第11—12周提交1篇有关小学教育专业方面的论文或调研报告，每篇记2个学分，共4个学分	2	
	S140438006	教育见习	1	1	主要在第5个学期完成。配合学校大学生教学技能大赛，在各班举行为期1.5周的课程设计或说课比赛，为学校彰德教师班选拔人才，提高学生的教学技能	2	
小计				25(21)			
综合实践模块	按照《安阳师范学院本科生综合实践实施方案》执行						10学分

综上分析，2015 年版人才培养方案在课程类型上继续了 2010 版培养方案一些做法，如不设方向性课程模块，重视教育学类课程，弱化语文、数学、英语等学科本体知识类课程等。比较而言，以下特点较为鲜明。

第一，课程设计平台化、模块化。2015 年培养方案在课程上形成了"三大教育平台九大课程模块"的课程体系，这就使课程的开设更加体系化。

第二，增加个性拓展课程，设置分类培养课程模块。根据学术后备人才和其他人才设置个性拓展课程，实施分类培养，使课程设置更加精细化、个性化。

第三，创新实施教育实习与毕业论文（设计）一体化设计实践教学模式。2015 版人才培养方案中在集中实践模块中，将实习与毕业论文写作统筹安排并整体设计，创造性地进行了教育实习与毕业论文（设计）一体化设计。

第三节　基本特点

这一时期，各学校自主设计小学教育本科教学计划或人才培养方案呈现出不同的特点，就安阳师范学院而言，小学教师教育的课程设置显示出以下特点。

一、课程设计凸显模块化

从 2007 年的小学教育专业计划，采用学年制与学分制相结合的培养模式，将课程分为六个模块，2010 年的小学教育专业培养方案在此基础上，又将课程设置为四个平台，分别是通识教育平台、专业选课课程平台、专业深化拓展平台、实践教学平台。2015 年的小学教育专业人才培养方案在原有课程分类的基础上发展成为"三大教育平台九大课程模块"，促进了课程方案的模块化与系统化建设。

二、突出实践导向的教师教育课程

2007 年的人才培养方案中设置了实习与社会实践两个环节，其中教育实习 6 周，社会实践（劳动、军训）5 周。2010 年在 2007 年的基础上，将教育实习延长至 10 周，社会实践（劳动与军训）依旧是 5 周，总体而言，教育实践时长有所增加。2010 年的人才培养方案与 2007 年人才培养方案相比，对于实践课程最突出的就是设置了实践教学平台这一模块，分为基础实践、专业实践与综合实践，且开设相应的课程。2015年的人才培养方案进一步加强了实践环节，创新实践教学模式，进行了毕业论文（设计）与实习一体化改革，成为安阳师范学院小学教育专业课程设置的亮点与特色。

三、学科类课程整体较弱

从2010年小学教育专业人才培养方案开始就删去了语文、数学、英语等方向性课程模块，教育理论性增强，学科系统知识类课程减弱。例如，2015版人才培养方案中有关语文、数学、英语三科的学科课程仅有阅读与写作、大学数学和儿童文学三门，而且安排在"个性拓展课程模块"之"基础教育人才课程模块"，也就是选修模块之列。基础课程与核心课程为：普通心理学、中国教育史、外国教育史、教育概论、人体解剖生理学、教育统计学、学校卫生学、德育原理、教育哲学、儿童发展心理学、教育心理学、小学语文教学论、小学数学教学论、小学英语教学论、小学教育学、小学心理学、教学论、小学班队原理与实践，这些课程均为教育类课程，没有一门支撑学生毕业后主教学科的学科类课程。这种课程设置有利于学生在教育学领域继续深造，而不利于培养出拥有学科专长、卓越的小学教师。

总之，安阳师范小学教育专业（普本）课程上体现出了鲜明的教育性，学科课程比较薄弱，与同时期相当一部分高校的小学教育专业同样呈现出教育理论型课程模式。接下来的全科小学教师教育、师范类专业认证等促进了这种课程模式的改革。

第八章

小学教育（全科）课程

小学全科教师最早起源于英国，后来美国、日本、芬兰、法国等西方发达国家对小学教师的培养均采用全科型、综合化的方式，要求小学教师具有跨学科教学的基本素养，即一位教师能承担多门学科的教学工作。[1] 但是，西方国家没有明确提出"小学全科教师"这一学理化概念，大多采用"跨学科""全面发展""全科"等比较零碎的逻辑概念。我国学者经过整理、研究，提出"小学全科教师"这一概念。[2] 下面是几位学者对全科小学教师的定义。

孙新、胡少明：全科型小学教师，是指由国家法定教育机构或教育组织专门培养的、具有教师职业基本素养，能在权利与义务的法律框架内有效履行小学教育教学法定职责的教育专业人员。[3]

黄俊官：全科教师是能教国家规定小学开设的全部课程的教师。[4]

黄友初、马陆一首：小学全科教师并不是能承担小学所有科目的教学工作，而是要拥有整合各科知识的能力，以帮助学生更全面地认识整个世界。[5]

满忠坤：理想化的全科教师应当是"一专多能"的卓越教师，能够淡化学科意识，注重小学生的养成教育。[6]

黄云峰：小学全科教师是能全面理解小学阶段国家所开设的课程目标、价

---

[1] 李慧丽. 农村小学全科教师培养路径研究［D］. 兰州：兰州大学，2019.
[2] 田振华. 小学全科教师的内涵、价值及培养路径［J］. 教育评论，2015（4）：83-85.
[3] 孙新，胡少明. 小学教育专业培养全科型教师探讨［J］. 教育评论，2014（7）：57-59.
[4] 黄俊官. 论农村小学全科教师的培养［J］. 教育评论，2014（7）：60-62.
[5] 黄友初，马陆一首. 小学全科型卓越教师的内涵、特征与培养路径［J］. 教育科学，2020，36（2）：47-52.
[6] 满忠坤. "应时之需"与"卓越追求"：农村小学全科教师的名与实之辨［J］. 教师教育研究，2019，31（3）：39-44，60.

值和内容，并能担任语文、数学、科学等多门学科教学的教师。[①]

实质上我国的中等师范教育就是全科教育，主要是为了区分"体育班""音乐班""美术班"，当时又称为"普师"，"普师"即不分科的全科教育，中师毕业到小学任教，特别是到农村小学任教，多数也是做全科教师。笔者本人就是20世纪80年代的中师生，毕业后任教的课程有初中语文、英语、代数、几何、物理和小学语文、数学、体育、劳动、社会等，也有"包班"的经历，当时称这些老师为"万金油"，其实就是现在说的全科教师。小学教师培养进入高校之后，打破了原本全科培养的中等师范教育模式，形成了各异的培养模式与不同的课程设置，加之我国尤其是农村小学对"全科型"小学教师的现实需求，再度引发了对"全科小学教师"培养的关注。国家相继出台了相关政策，各省也开始探索小学全科教师培养。2015年，安阳师范学院申报了全科小学教育专业，2016年获批并开始招生，目前已毕业三届。依据国家与河南省相关课程政策，安阳师范学院制定并逐渐完善了小学教育（全科）人才培养方案。

第一节 小学教育（全科）相关课程政策概要

一、国家与部分省份小学教育（全科）相关课程政策

1903年清政府颁布的《奏定学堂章程》明确规定小学教师培养以初级师范学堂完全科为主体，完全科包括历史、地理、算学等12门课程，从此时开始到21世纪初逐渐退出的中等师范教育实质上培养的均是小学全科教师。

2001年教育部发布的《基础教育课程改革纲要（试行）》提出中小学以"综合课程"为主，单一学科型教师已不能满足小学教育的需要，亟须学科综合型教师的出现。2012年教育部发布的《小学教师专业标准（试行）》提出了对小学教师综合性能力的要求，成为我国恢复综合性、全科型小学教师教育的又一前奏。

2012年教育部、中央编办、国家发展改革委、财政部、人力资源社会保障

---

① 黄云峰. 小学全科教师内涵意蕴、价值意义及培养路径［J］. 中小学教师培训，2017（1）：75-78.

部联合出台的《关于大力推进农村义务教育教师队伍建设的意见》提出：多渠道扩充农村优质师资来源。进一步完善部属师范大学师范生免费教育政策，充分发挥示范引领作用，鼓励支持地方结合实际实施师范生免费教育制度，为农村学校定向培养补充"下得去、留得住、干得好"的高素质教师。扩大实施"农村学校教育硕士师资培养计划"和"服务期满特岗教师免试攻读教育硕士计划"。采取定向委托培养等特殊招生方式，扩大双语教师、音体美等紧缺薄弱学科和小学全科教师培养规模，在师范生免费教育和"特岗计划"中向音体美教师倾斜。① 至此，国家政策正式提出了"小学全科教师"这一词语，启动了小学全科教师的培养。

2014年教育部出台的《关于实施卓越教师培养计划的意见》提出针对小学教育的实际需求，重点探索小学全科教师培养模式，培养一批热爱小学教育事业、知识广博、能力全面，能够胜任小学多学科教育教学需要的卓越小学教师。② 该文件提出了要探索培养模式，培养卓越的小学全科教师，这样就明确小学全科教师培养的方式和培养要求。

2015年，国务院办公厅印发《乡村教师支持计划（2015—2020年）》，规定各省市开始有计划实施师范生免费教育的政策，选择部分师范类本科高校招收免费师范生，面向乡村学校培养本科层次"一专多能"的全科教师，学生毕业取得教师资格并经用人学校考察合格后，直接安排到乡村学校任教。

2018年，教育部发布的《关于实施卓越教师培养计划2.0的意见》提出：面向培养素养全面、专长发展的卓越小学教师，重点探索借鉴国际小学全科教师培养经验、继承我国养成教育传统的培养模式。③ 进一步提出了小学全科教师的培养要求与改进方式。

教育部考试中心也适时把"小学全科"与语文、数学、英语、道德与法治、科学、音乐、体育、美术、心理健康教育、信息技术等学科并列成为小学教师资格证的一种。至此，国家层面小学全科教师培养政策已基本完善。与此同时，各省也出台了小学全科教师培养相关政策，开始了小学全科教师培养的探索。

---

① 中华人民共和国教育部.关于大力推进农村义务教育教师队伍建设的意见［EB/OL］.中华人民共和国教育部政府门户网站，2022-9-9.

② 中华人民共和国教育部.教育部就实施卓越教师培养计划提出意见［EB/OL］.中华人民共和国教育部政府门户网站，2022-9-9.

③ 中华人民共和国教育部.教育部关于实施卓越教师培养计划2.0的意见［EB/OL］.中华人民共和国教育部政府门户网站，2022-9-9.

以下介绍几个省份或培养单位的做法。

2006年湖南省率先实施五年制专科层次的"全科型"小学教师培养，2013年开始，广西、重庆、河南等地面陆续实施小学全科教师培养。但是在培养要求上各省有所不同。

重庆市明确提出培养"一专多能"的全科小学教师，重庆市教委有关负责人说："全科教师既继承中师全科培养'一专多能'传统，又体现师范院校的学科优势和本科层次的专业支持，更是对破解当前深度推进基础教育课程融合改革难题的积极回应。"① 广西则提出了培养能够胜任小学各门课程教学任务的全科教师。②

湖北省在恩施州率先试点定向培养小学全科教师，小学全科教师以"包班"方式进行教学，可同时承担一个班级的语文、数学、英语、计算机、音乐、美术、体育等课程。③

2021年开始，甘肃省每年将通过定向委托培养、在职教师在岗培训等方式，为全省乡村学校特别是小规模学校和教学点培养、补充一批能胜任多门学科教学的小学全科型教师，使乡村学校拥有一批知识和专业结构合理、"下得去、留得住、教得好"的小学教师。④

浙江省杭州师范大学"小学全科教师"的培养要求是：全科小学教育专业的学生毕业后每人至少要能从事4门科目的教学。⑤

二、河南省农村小学教师培养相关政策

2015年10月13日，河南省教育厅、省财政厅、省人力资源和社会保障厅、省编办下发了《关于印发〈河南省农村小学全科教师培养工作实施方案〉（试行）的通知》（教师〔2015〕881号），决定以培养乡村小学全科教师为载体，

---

① 胡航宇. 重庆：培养"一专多能"全科教师［EB/OL］. 中华人民共和国教育部政府门户网站，2022-10-19.
② 张莺. 结合农村实际 广西将培养5000名小学"全科教师"［EB/OL］. 中华人民共和国教育部政府门户网站，2022-10-19.
③ 程墨. 湖北：试点定向培养小学全科教师［EB/OL］. 中华人民共和国教育部政府门户网站，2022-10-19.
④ 尹晓军. 每年定向培养800名 开展在职教师在岗培训 甘肃省多途径培养乡村小学全科教师［EB/OL］. 中华人民共和国教育部政府门户网站，2022-10-19.
⑤ 朱振岳. 浙江试点定向培养农村小学全科教师 学费政府出资 毕业后回村小任教［EB/OL］. 中华人民共和国教育部政府门户网站，2022-10-19.

实施河南省免费师范生培养试点工作，着力为乡村教学点免费定向培养一批"一专多能"的农村小学全科教师。①

2016年1月4日，河南省教育厅制定了《河南省小学教育专业全科教师培养方案（试行）》（以下简称《方案》）、《河南省小学教育专业全科教师教育教学能力培养指导标准（试行）》（以下简称《标准》）②，作为培养院校课程设置和实施教学的重要依据。

《方案》和《标准》以党的十八大，十八届三中、四中、五中全会和习近平总书记系列讲话精神为指导，围绕"下得去，留得住，教得好"的培养目标，以义务教育阶段国家规定的小学课程为依据，在综合考虑我省义务教育阶段农村小学的教育教学现状的基础上，从基本知识、基本能力、教学设计能力、教学实施能力、教学评价能力、课程研究能力等六个方面来进行设计，构建具有河南特色的小学全科教师培养指导标准。③ 其中对课程结构与学分学时提出了具体建议，详见表8-1。其他内容详见附录二。

8-1 河南省小学教育专业全科教师培养方案课程结构及学分学时比例建议表④

课程体系	课程类别	学分	合计	比例(%)	合计(%)	学时	合计	比例(%)	合计(%)
公共基础课程	必修课	38	38	20.9	20.9	676	676	25	25
学科基础课程	必修课	24	32	13.3	17.7	456	568	16.9	21.1
学科基础课程	选修课	8	32	4.4	17.7	112	568	4.2	21.1
专业基础课程	必修课	27	39	14.8	21.5	520	712	19.2	26.3
专业基础课程	选修课	12	39	6.7	21.5	192	712	7.1	26.3

---

① 河南省教育厅，河南省财政厅，河南省人力资源和社会保障厅，河南省编办．关于印发《河南省农村小学全科教师培养工作实施方案（试行）》的通知［EB/OL］．河南省教育厅政府门户网站，2022-10-19．
② 关于印发《河南省小学教育专业全科教师培养方案（试行）》和《河南省小学教育专业全科教师教育教学能力培养指导标准（试行）》的通知［EB/OL］．河南省教育厅．
③ 关于印发《河南省小学教育专业全科教师培养方案（试行）》和《河南省小学教育专业全科教师教育教学能力培养指导标准（试行）》的通知［EB/OL］．河南省教育厅．
④ 关于印发《河南省小学教育专业全科教师培养方案（试行）》和《河南省小学教育专业全科教师教育教学能力培养指导标准（试行）》的通知：附件1《河南省小学教育专业全科教师培养方案（试行）》［EB/OL］．河南省教育厅．

续表

课程体系	课程类别	学分及比例				学时及比例			
		学分	合计	比例（%）	合计（%）	学时	合计	比例（%）	合计（%）
教师教育课程	必修课	21	24	11.5	13.2	384	448	14.2	16.6
	选修课	3		1.7		64		2.4	
信息技术与应用课程	必修课	8	10	4.4	5.6	120	152	4.4	5.6
	选修课	2		1.2		32		1.2	
教育管理与研究课程	必修课	5	8.5	2.7	4.6	104	148	3.8	5.4
	选修课	3.5		1.9		44		1.6	
实践教学		30	30	16.5	16.5				
合计			181.5				2704		
说明		实践教学 30 学分，占专业总学分的 15.58%。不包括课程教学中的实践部分								

需要提出的是，本方案安排了 181.5 学分，突破了《国家质量标准》设置的 160 学分，这符合全科小学教育专业课程设置的需要。在专业认证中个别学校对总学分又做了降低调整的措施。

《标准》涵盖了义务教育小学阶段国家规定的各个学科：语文、数学、英语、体育、音乐、美术、品德与社会、科学、综合实践活动，并包括一项班队管理能力，共十项能力标准。[①]

与此同时，河南省也设置了"小学全科"教师资格证考试，与语文、数学、英语、道德与法治、科学、音乐、体育、美术、心理健康教育、信息技术等学科并列。其面试方式是从语文、数学、英语三科中任抽一科进行。所以，全科小学教育培养单位均看重语文、数学、英语三类学科的课程设置，保证学生顺利获得小学全科教师资格证，毕业后能够胜任小学语文、数学、英语这三门课程的教学工作。

---

① 河南省教育厅. 关于印发《河南省小学教育专业全科教师培养方案（试行）》和《河南省小学教育专业全科教师教育教学能力培养指导标准（试行）》的通知［EB/OL］. 河南省教育厅政府门户网站，2022-10-19.

第二节　安阳师范学院小学教育（全科）课程设置

2015年安阳师范学院成功申报为河南省农村小学全科教师培养单位，2016年开始招生小学教育专业（全科）开始招生，持续招生至2020年，2021年停招，2022年复招，现已毕业三届。小学教育（全科）人才培养方案现有三版：2016版、2019修订版和2022修订版。以下分别介绍其课程设置。

一、2016版小学教育（全科）课程设置

2016版小学教育（全科）人才培养方案与2015版小学教育（普本）人才培养方案相比，其主要特点有七个：一是增加了"指导思想""毕业要求"两部分；二是恢复使用2010年之前方案中的学年学分制，规定修业年限为四年；三是延续了2015方案的"三大平台九大模块"课程体系；四是在课程设置上有全科小学教师教育的元素，如全面开设小学语文课程标准与教学设计、小学数学课程标准与教学设计、小学英语课程标准与教学设计等；五是实施教育实习与毕业论文一体化整体设计为33周，集中安排在第七、第八两个学期；六是没有设置学科方向性课程模块；七是学科课程学科依旧薄弱。以下主要分析课程设置相关内容。

（一）学程时间安排

本方案标准全学程共193周，包括在规定学习时间和寒暑假，详见表8-2。

表8-2　学程时间安排表

项目\学期\学年	第一学年 上个学期 18周	第一学年 下个学期 20周	第二学年 上个学期 20周	第二学年 下个学期 20周	第三学年 上个学期 20周	第三学年 下个学期 20周	第四学年 上个学期 20周	第四学年 下个学期 18周	合计
课堂教学	14	17	17	17	17	17			99
复习考核	1	1	1	1	1	1			6
军训、入学教育	2								2
学年论文				2★		2★			4

续表

项目 \ 学期 \ 学年	第一学年 上个学期 18周	第一学年 下个学期 20周	第二学年 上个学期 20周	第二学年 下个学期 20周	第三学年 上个学期 20周	第三学年 下个学期 20周	第四学年 上个学期 20周	第四学年 下个学期 18周	合计
课程设计					1.5★				1
教育见习		1★	1★	1★	1★	1★			10
教育实习与毕业论文一体化							33		33
寒、暑假	14周		14周		14周		6周		

注：★1. 学年论文、课程设计和课堂教学时间可以交叉。

2. 教育见习与课堂教学时间不可交叉。

（二）课程体系结构及学分学时比例

总学时为2120，总学分为170.5，各模块与必修、选修等类课程分配占比整体与《河南省小学全科教师培养指导性方案》相关指标吻合。信息技术应用课程、教育管理与研究课程，安阳师范学院没有单独分模块，而是分布于其他模块当中。详见表8-3。

表8-3 课程体系结构及学分学时比例

平台类别	课程模块	课程类别	学分	各模块学分占总学分比例	小计	各平台学分占总学分比例	学时	各模块学时占总学时比例	小计	各平台学时占总学时比例
通识教育	通识教育必修课程模块	必修	47	27.6%	50.5	29.6%	718	33.8%	718	33.8%
	通识教育选修课程模块	选修	3.5	2%						

193

续表

平台类别	课程模块	课程类别	学分及比例			学时及比例		
^	^	^	学分	各模块学分占总学分比例	小计	各平台学分占总学分比例	学时	各模块学时占总学时比例	小计	各平台学时占总学时比例
专业教育	学科基础课程模块	必修	49	28.7%	90	52.8%	688	32.5%	1402	66.2%
^	专业核心课程模块	必修	^	^	^	^	^	^	^	^
^	个性拓展课程模块	必修	41	24%	^	^	714	33.7%	^	^
实践教育	实验课程模块	必修	不计学分		30	17.6%	不计学时			
^	课程实践模块	必修	^		^	^	^			
^	集中实践模块	必修	20	11.7%	^	^	^			
^	综合实践模块	必修	10	6%	^	^	^			
合计			170.5	100%	170.5		2120	100%		
说明										1. 实验课程、课程实践学分学时包含在通识教育和专业教育中，在总学时学分中不重复计算； 2. 通识教育必修课程的48学分包括课程实践学分5.5学分

（三）通识教育课程教学学时、学分分布

1. 通识教育平台

通识教育具体学时、学分分布见表8-4。

表8-4 通识教育平台课程

课程模块	课程代码	课程名称	总学时数	总学分数	总学时分配 讲授	总学时分配 实验	总学时分配 课程实践	第一学年 1	第一学年 2	第二学年 3	第二学年 4	第三学年 5	第三学年 6	第四学年 7	第四学年 8	考核方式
通识教育必修课程	S204111001	思想道德修养与法律基础	54	3	28		26	2								2
	S204111002	中国近现代史纲要	36	2	20		16		2							2
	S204111003	马克思主义基本原理	54	3	28		26			2						1
	S204111004	毛泽东思想和中国特色社会主义理论体系概论（一）	54	3	28		26						2			1
	S204111005	毛泽东思想和中国特色社会主义理论体系概论（二）	54	3	28		26						2			2
	S204111006	形势与政策	32	2	32							见注				2
	S084111001	大学英语（一）	55	3.5	48		8	4								2
	S084111002	大学英语（二）	72	4	64		8		4							2
	S084111003	大学英语（三）	72	4	64		8			4						1
	S084111005	大学英语（四）：英语视听说、英美文学	72	4	64		8				4					2

续表

课程模块	课程代码	课程名称	总学时数	总学分数	总学时分配 课堂 讲授	总学时分配 课堂 实验	总学时分配 课程 实践	各个学期周学时安排 第一学年 1	各个学期周学时安排 第一学年 2	各个学期周学时安排 第二学年 3	各个学期周学时安排 第二学年 4	各个学期周学时安排 第三学年 5	各个学期周学时安排 第三学年 6	各个学期周学时安排 第四学年 7	各个学期周学时安排 第四学年 8	考核方式
通识教育必修课程	S194111001	大学计算机基础	72	4	36	18	18	1	2							1
	S124111001	大学体育（一）	28	1.5	28			2								2
	S124111002	大学体育（二）	36	2	36				2							1
	S124111003	大学体育（三）：含小学体育教学设计与实践	36	2	36					2						2
	S124111004	大学体育（四）：足球	36	2	36						2					1
	S014111001	大学语文*	28	1.5	24		4	2	2							2
	S294111001	大学生职业生涯规划	26	1.5	26			2								2
	S304111001	心理健康教育	8	0.5	8			2								2
	S274111001	大学生国防教育	8	0.5	8			2								2
		小计	834	47	642	18	174	14	16	8	6	2	2			

续表

课程模块	课程代码	课程名称	总学时数	总学分数	总学时分配（讲授/实验/实践）	各个学期周学时安排（第一学年 1,2 / 第二学年 3,4 / 第三学年 5,6 / 第四学年 7,8）	考核方式
通识教育选修课程							

说明：
1. 通识选修课程分为四个系列：人文社会科学系列、自然科学技术系列、教师教育系列和健康艺术体育系列。
2. 每位学生选修学分不低于3.5学分。学生须选修1学分以上自然科学技术系列。
3. 通识教育选修课程模块安排在第1—6学期开设。
4. 每位学生可以选修网络通识课程。

说明：
1. 考试方式中，1为考试，2为考查。
2. 形势与政策课程总计2学分，开设在第1—6学期。
3. 有课程实践环节的课程，其课堂讲授周数按照同学时上满讲授总学时即可，不延长讲授周数；课程实践可与讲授同步安排或交叉延后安排。其他平台的课程也依此为准安排。
4. 通过全国大学英语四级的学生可免修大学英语课程的11.5学分。
5. 获得全国计算机等级考试二级以上证书者可获得相应的4学分。

根据河南省小学教育专业全科教师培养方案《河南省小学全科教师培养指导方案》与2015小学教育专业本科人才培养方案的有机结合，表统计可见，通识教育中的必修课学分共41.5分，总学时共718学时，要求公共必修课的学分达到38分，学时达到676学时。上专业平台课程的设置是《河南省小学全科教师培养指导方案》与2015小学教育专业本科人才培养方案的有机结合，超过河南省小学教育专业全科教师专业培养方案。

（四）专业平台课程教学学时、学分分布

分为学科基础课程、专业核心课程、个性拓展课程三个模块,其中个性拓展课程包括教师教育课程和学科拓展课程。从具体课程分析,学科基础课程模块既有教育学学科基础课程也有其他学科基础课程,前者如中外教育简史、普通心理学等;后者如高等数学、人文社会科学基础等。专业核心课程均为教育类课程。教师教育课程为狭义的教师教育课程,即教育类课程。详见表8-5。

表8-5 专业教育平台课程模块

课程模块	课程代码	课程名称	总学时数	总学分数	总学时分配 课堂 讲授	总学时分配 课堂 实验	总学时分配 实践	各个学期周学时安排 第一学年	各个学期周学时安排 第二学年	各个学期周学时安排 第三学年	各个学期周学时安排 第四学年	考核方式
学科基础课程	S141023001	中外教育简史	48	3	42		6	1	3			1
学科基础课程	S141023002	普通心理学	28	2	28			3				1
学科基础课程	S110023003	普通话与教师语言	30	2	26		4	2				2
学科基础课程	S110023038	高等数学	56	4	56			4				1
学科基础课程	S141023004	教育概论	54	4	48		6	3				1
学科基础课程	S141023005	人文社会科学基础	34	2	30		4	2				2
学科基础课程	S141023006	书写基础与技能	34	2	30		4	2	2			2
学科基础课程	S141023007	教育统计学	34	2	30		4		2			2
学科基础课程	S141023008	自然科学基础	34	2	30		4			2		2
学科基础课程	S141023009	学校卫生学	28	2	24		4		2			2
		小计	380	25	344		36	11	6	4	2	7	8	

续表

第八章 小学教育（全科）课程

课程模块	课程代码	课程名称	总学时数	总学分数	总学时分配			各个学期周学时安排								考核方式
					课堂		课程实践	第一学年		第二学年		第三学年		第四学年		
					讲授	实验		1	2	3	4	5	6	7	8	
专业核心课程	S141024001	小学心理学	54	4	48		6	3	3							1
	S141024002	小学教育学	38	3	34		4			2						1
	S141024003	小学教育心理学	38	3	34		4			2						1
	S141024004	小学课程与教学论	38	3	34		4				2					1
	S141024005	小学语文课程标准与教学设计	38	3	34		4			2						1
	S141024006	小学班队原理与实践	26	2	22		4				2	2				2
	S141024007	小学数学课程标准与教学设计	38	3	34		4					2				1
	S141024008	小学英语课程标准与教学设计	38	3	34		4					4				1
		小计	308	24	274		34	3		6	4	4				

199

续表

课程模块	课程代码	课程名称	总学时数	总学分数	总学时分配			各个学期周学时安排								考核方式
					讲授	实验	课程实践	第一学年		第二学年		第三学年		第四学年		
								1	2	3	4	5	6	7	8	
教师教育课程 个性拓展课程	S141025001	教育名家名著解读	34	2	34					2						2
	S141025002	小学德育理论与实践	30	1	30		4				2					1
	S141025003	教育科学研究方法	40	3	34		6				2					2
	S141025004	家庭教育学	38	2	34		4				2					1
	S141025005	教师职业道德	22	1	18		4					2				2
	S141025006	儿童文学	28	2	24		4					2				2
	S141025007	特殊教育	18	1	18							2				1
	S154125101	现代教育技术	36	2	18	4	14					2				2
	S141025008	教育法学	22	1	18		4							2		2
	S141025009	小学生心理辅导	22	1	18		4							2		2
	S141025010	听评课与面试技巧	22	1	18		4								☆	2
	S141025011	小学教育教学专题研究（师生现场共研）☆	见注													2

续表

课程模块	课程代码	课程名称	总学时数	总学分数	总学时分配				各个学期周学时安排								考核方式
					课堂			课程实践	第一学年		第二学年		第三学年		第四学年		
					讲授	实验			1	2	3	4	5	6	7	8	
	S141025012	小学校本课程开发与实施（师生现场共研）☆													☆		2
	S140025105	教师礼仪练习☆														☆	2
	S140025106	书写技能实践☆														☆	2
	S140025107	说课技能训练☆													☆		2
教师教育课程	S140025108	教师基本功实践☆														☆	2
个性拓展课程	S140025109	教学名师观摩☆	见注												☆		2
	S141022013	农村留守儿童问题研究☆													☆		2
	S140025110	地方基础教育调查研究☆													☆		2
		小计	312	17	264		4	48			2	8	8	4			

续表

课程模块	课程代码	课程名称	总学时数	总学分数	总学时分配 课堂 讲授	总学时分配 课堂 实验	总学时分配 课程 实践	各个学期周学时安排 第一学年 1	各个学期周学时安排 第一学年 2	各个学期周学时安排 第二学年 3	各个学期周学时安排 第二学年 4	各个学期周学时安排 第三学年 5	各个学期周学时安排 第三学年 6	各个学期周学时安排 第四学年 7	各个学期周学时安排 第四学年 8	考核方式
教师教育课程	S214111002	音乐基础（乐理、视唱练耳）	40	2.5	36		4		2							2
	S100125321	甲骨文书法	20	1	18		2		2							2
	S100125322	简笔画设计与实践	22	1	18		4			2						2
	传媒	阅读与写作	28	2	28						2					2
	文学院	演讲与口才	16	1	12		4				2					2
	数学	小学趣味数学	28	2	28						2					2
	公共艺术部	美术基础（素描、色彩）	38	2.5	34		4					2				2
	数学	小学数学思维	18	1	18							2				2
	公共艺术部	电钢琴教学与设计	22	1	18		4					2				2
个性拓展课程	教育学院	小学综合实践活动设计	22	1	18		4						2			2
	文学院	朗读与讲故事指导	22	1	18		4						2			2
	S100125323	板书设计	14	1	10		4						2			2

202

续表

课程模块	课程代码	课程名称	总学时数	总学分数	总学时分配 讲授	总学时分配 实验	总学时分配 实践	第一学年 1	第一学年 2	第二学年 3	第二学年 4	第三学年 5	第三学年 6	第四学年 7	第四学年 8	考核方式
教师教育课程	传媒	微课设计与制作	12	1	8		4						2			2
个性拓展课程	公共艺术部	少儿合唱与指挥	28	2	24		4						2			2
	公共艺术部	手工设计与制作	22	1	18		4						2			2
	公共艺术部	弹唱综合训练	22	1	18		4						2			2
	物电	小学科技活动指导	12	1	8		4						2			2
	文学院	小学生作文指导	12	1	8		4						2			2
		小计	398	24	340		58	4	4	2	6	10	14			
		总计	1402	90	1222	4	176	11	13	14	22	20	18			

说明 带☆的课程是教育实习的必修课程，在实习期间完成。

203

（五）实践教育

2016 版小学教育专业实践教育课程学分分配等详见表 8-6。

表 8-6　实践教育课程模块

模块	编号	课程名称	周数	学分	开课个学期	考核方式	备注
课程实验模块	S194111001	大学计算机基础	1		2	1	
	S084111001	大学英语（一）		0.5	1	2	
课程实践模块	S084111002	大学英语（二）		0.5	2	2	
	S084111003	大学英语（三）		0.5	3	1	
	S084111004	大学英语（四）		0.5	4	2	
	S194111001	大学计算机基础	1		2	1	
	S014111001	大学语文*		0.5	2	2	
	S141023001	中外教育简史		0.5	2	2	
	S141023003	普通话与教师语言		0.5	1	1	
	S141023004	教育概论		0.5	2	1	
	S141023005	人文社会科学基础		0.5	2	2	
	S141023006	书写基础与技能		0.5	2	2	
	S141023007	教育统计学		0.5	3	2	
	S141023008	自然科学基础		0.5	3	2	
	S141023009	学校卫生学		0.5	4	2	
	S141024001	小学心理学		0.5	2	1	
	S141024002	小学教育学		0.5	3	1	
	S141024003	小学教育心理学		0.5	3	1	
	S141024004	小学课程与教学论		0.5	3	1	
	S141024005	小学语文课程标准与教学设计		0.5	4	1	
	S141024006	小学班队原理与实践		0.5	4	2	

续表

模块	编号	课程名称	周数	学分	开课个学期	考核方式	备注
课程实践模块	S141024007	小学数学课程标准与教学设计		0.5	5	1	
	S141024008	小学英语课程标准与教学设计		0.5	5	1	
集中实践模块	S550011001	军训、入学教育	2	1	1	2	
	S140438001	教育实习	33	12	第7—8学期一体化实施	2	
	S140438002	毕业设计（论文）					
	S204111007	思想政治教育类课程实践	6	5.5	要求每个学生至少参与两个主题的暑期实践活动。关于暑期课程实践管理办法和学分评定办法按照学校的有关规定执行	2	
	S140438005	学年论文	4	4	要求学生在第2、第3学年的第4、第6学期内完成，在第4、第6学期的第11—12周提交1篇有关小学教育专业方面的论文或调研报告，每篇记2学分，共4个学分	2	
	S140438007	课程设计	1.5	1.5	主要在第5个学期完成。配合学校大学生教学技能大赛，在各班举行为期1.5周的课程设计或说课比赛，为学校彰德教师班选拔人才，提高学生的教学技能	2	
	S140438006	教育见习	5	1.5	教育见习贯穿全程，主要安排在第2—6学期	2	
小计				20			

续表

模块	编号	课程名称	周数	学分	开课个学期	考核方式	备注
综合实践模块		按照《安阳师范学院本科生综合实践实施方案》执行					10学分
说明		军训、学年论文、课程设计、教育见习在第1—6学期完成					

虽然 2016 版小学教育（全科）人才培养方案是在河南省小学全科教师培养指导性方案的指导下编制而成的，但通过对比发现，只有通识教育平台课程的设置符合河南省要求，专业教育平台课程设置则是在已有方案的基础上进行的整合，与河南省要求并不一致。特别是学科课程薄弱、没有设置学科方向性课程模块等均需要进一步加强、完善。

二、2019 年版小学教育（全科）课程设置

2019 版人才培养方案是在 2016 版小学教育（全科）人才培养方案的基础上，在小学教育专业质量标准、小学教师教育课程标准、小学教育专业认证等国家政策与河南省小学全科教师相关政策的指导下，加之对安阳师范学院小学教育专业历史发展经验的借鉴和时代特点、区域特色的综合考量的基础修订而成的。整体框架包括专业简介、学制学位学分、培养目标、毕业要求、课程体系结构、课程安排、专业核心课程及部分选修课程介绍八部分。本次人才培养方案在延续 2016 版 33 周教育实习与毕业论文一体化等基础上，进行了四个方面的改革：一是增加毕业五年左右学生发展预期，进一步落实目标导向；二是增加了小学教育专业认证"践行师德、学会教学、学会育人、学会发展"具体要求；三是增加了"小学教育专业课程支撑毕业要求有效达成矩阵"，强化了课程设置的目标导向；四是增加了方向性课程模块，提高了学科课程的数量与比重。以下主要分析的是 2019 版小学教育（全科）人才培养方案课程设置的相关内容。

（一）学程时间安排

小学教育专业标准全学程共 193 周，详见表 8-7。

表 8-7　小学教育专业学程时间安排表

项目＼学年／个学期	第一学年 上个学期 17周	第一学年 下个学期 19周	第二学年 上个学期 19周	第二学年 下个学期 19周	第三学年 上个学期 19周	第三学年 下个学期 19周	第四学年 上个学期 19周	第四学年 下个学期 14周	合计
课堂教学	14	18	18	18	18	18			104
考试	1	1	1	1	1	1			6
军训、入学教育	2								2
学年论文				2★		2★			4
教育考察			1★						1
教育调查				1★					1
教育实训					1★				1
课程设计					1★				1
教育研习			1★		1★				2
教育见习		1★		1★					2
教育实习与毕业论文一体化							33		33
寒、暑假		14周		14周		14周		6	48

（二）课程体系结构

小学教育（全科）人才培养方案课程体系包括"三大教育平台九大课程模块"。其中，专业教育平台课程设置方面在已有课程体系框架下经过历次修订形成了自己的专业特色，如根据小学教育的专业特点精选学科基础课程、把小学教师教育基本课程厘定为专业核心课程、基础教育人才模块进行方向性设置、毕业论文指导与实习一体化设置等。课程体系结构及学分学时分配详见表 8-8 和表 8-9。

表 8-8　小学教育专业总体课程体系结构及学分学时分配

平台类别	课程模块	课程类别	课程组成	学分分配	学时分配
通识教育平台	通识教育必修课程	必修	1. 思想政治教育类课程 2. 形势与政策 3. 大学英语 4. 大学计算机基础 5. 大学体育 6. 大学语文 7. 大学生职业生涯与发展规划 8. 就业指导 9. 学业指导 10. 心理健康教育 11. 艺术素养 12. 军事理论 13. 大学生创新创业基础 14. 劳动教育	53学分	902学时
	通识教育选修课程	选修	1. 人文社会科学系列 2. 自然科学技术系列 3. 教师教育系列 4. 健康艺术体育系列 5. 校本课程系列	4学分	不计学时
专业教育平台	学科基础课程	必修	1. 相关学科基础课 2. 本学科基础课 3. 专业基础课	9学分	156
	专业核心课程	必修	培养专业核心知识和核心能力的课程	25学分	518
	基础教育人才课程	选修	培养基本能力和综合能力的课程	40学分	820

续表

平台类别	课程模块	课程类别	课程组成	学分分配	学时分配
实践教育平台	实验课程	必修	包括与理论课程同步开设的实验课程和单独开设的实验课程两类	24学分	学时计入相应理论课程
	课程实践	必修	主要是课程内含的实践教学环节		
	集中实践	必修	包括军事技能训练、课程论文、课程设计、教育实训、教育考察、教育调查、教育见习、教育实习、毕业论文9个环节	22学分	不计学时
	第二课堂	必修	按照《安阳师范学院第二课堂成绩单制度实施方案》执行	5学分	不计学时
合计				158学分	2396学时
说明	本专业在通识教育平台和专业教育平台课程中设置的实验课程、课程实践学分计入实践教育平台，学时计入相应理论课程中。在总学分学时中不重复计算				

表8-9 小学教育专业总体课程体系结构及学分学时表

平台类别	课程模块	课程类别	学分及比例			学时及比例		
			学分	小计	各平台学分占总学分比例	学时	小计	各平台学时占总学时比例
通识教育	通识教育必修课程	必修	53学分	57学分	36%	902学时	902学时	40%
	通识教育选修课程	选修	4学分			不计学时		
专业教育	学科基础课程	必修	34学分	74学分	47%	156学时	1494学时	60%
	专业核心课程					518学时		
	基础教育人才课程	选修	40学分			820学时		

续表

平台类别	课程模块	课程类别	学分及比例			学时及比例		
^	^	^	学分	小计	各平台学分占总学分比例	学时	小计	各平台学时占总学时比例
实践教育	实验课程	必修	24学分		17%	学时计入相应理论课程中，在总学时中不重复计算	不计学时	
^	课程实践	必修	^		^	^	^	
^	集中实践课程	必修	22学分	22学分	^	不计学时	^	
^	第二课堂	必修	5学分	5学分	^	^	^	
合计	总学分=通识教育必修课程学分+通识教育选修课程学分+学科基础课程学分+专业核心课程学分+分类培养课程应修学分+集中实践课程学分+第二课堂学分		158学分		100%	各专业根据实际统计	2396学时	100%
说明	1. 学时按照：1学分=14~18学时计算 2. 本专业在通识教育平台和专业教育平台课程中设置一定学分的实验课程和课程实践，达到24学分							

(三) 课程安排

1. 通识教育平台课程模块

通识教育平台课程模块课程安排详见表8-10和表8-11。

表8-10 小学教育专业通识教育平台课程模块

课程模块	课程代码	课程名称	总学时数	总学分数	总学时分配					学期、周学时安排									考核方式
					课堂			实验		课程实践		第一学年		第二学年		第三学年		第四学年		
					讲授													
					学时	学分	学时	学分	学时	学分	1	2	3	4	5	6	7	8	
通识教育必修课程	D219100101	思想道德修养与法律基础	5	43	45	2.5			9	0.5	2	2	3						2
	D219100102	中国近现代史纲要	54	3	45	2.5			9	0.5		2							1
	D219100103	马克思主义基本原理概论	54	3	45	2.5			9	0.5			3						1
	D219100104	毛泽东思想和中国特色社会主义理论体系概论（一）	45	2.5	36	2			9	0.5						2			2
	D219100105	毛泽东思想和中国特色社会主义理论体系概论（二）	45	2.5	36	2			9	0.5						2			1
	D219100106	形势与政策	32	2	32	2					2								2

211

续表

课程模块	课程代码	课程名称	总学时数	总学分数	总学时分配 课堂 讲授 学时	总学时分配 课堂 讲授 学分	总学时分配 实验 学时	总学时分配 实验 学分	课程实践 学时	课程实践 学分	学期、周学时的安排 第一学年		学期、周学时的安排 第二学年		学期、周学时的安排 第三学年		学期、周学时的安排 第四学年		考核方式
											1	2	3	4	5	6	7	8	
通识教育必修课程	D099111001	大学英语（一）	56	3.5	48	3			8	0.5	4								1
	D099111002	大学英语（二）	72	4	64	3.5			8	0.5		4							2
	D099111003	大学英语（三）	72	4	64	3.5			8	0.5			4						1
	D229111001	大学计算机基础	72	4	36	2	18	1	18	1	3								1
	D129111001	大学体育（一）	28	1.5	18	1			10	0.5	2								2
	D129111002	大学体育（二）	36	2	18	1			18	1		2							1
	D129111003	大学体育（三）	36	2	18	1			18	1			2						2
	D129111004	大学体育（四）	36	2	18	1			18	1				2					1

表8-11 小学教育专业通识教育平台课程模块

课程模块	课程代码	课程名称	总学时数	总学分数	学时分配-课堂-讲授(学时)	学时分配-课堂-讲授(学分)	学时分配-课堂-实验(学时)	学时分配-课堂-实验(学分)	学时分配-课程实践(学时)	学时分配-课程实践(学分)	学期、周学时安排-第一学年-1	第一学年-2	第二学年-3	第二学年-4	第三学年-5	第三学年-6	第四学年-7	第四学年-8	考核方式
通识教育必修课程	D019111001	大学语文	28	1.5	24	1.5			4			2							2
	D329111101	大学生职业生涯与发展规划	18	1	10	0.5			8	0.5	2								2
	D329111102	就业指导	20	1	10	0.5			10	0.5									2
	D100111001	艺术鉴赏	32	2	32	2							2						2
	D319111001	心理健康教育	36	2	36	2					2								2
	D289111001	军事理论	36	2	36	2					2								2
	D259111001	大学生创新创业基础	32	2	24	1.5			8	0.5	2					2			2
	D149111001	学业指导	8	0.5	8	0.5													2
	D289111002	劳动教育	8	2						2								8	
		小计	853	93	703	40	18	1	181	12				见注					
通识教育选修课程																			

1. 通识选修课程分为五个系列，分别是：人文社会科学、自然科学技术、教师教育、健康艺术体育、校本课程系列
2. 每位学生选修学分不低于4学分，其中人文社科类专业学生至少选修1学分自然科学技术类课程
3. 通识教育选修课程模块安排在第1~8学期开设

续表

课程模块	课程代码	课程名称	总学时数	总学分数	总学时分配				学期、周学时安排				考核方式
					课堂			课程实践	第一学年	第二学年	第三学年	第四学年	
					讲授	实验							
					学时	学时	学分	学时学分	1 2	3 4	5 6	7 8	

说明：
1. 考试方式中，1 为考试，2 为考查。
2. 形势与政策课程总计 2 学分，开设在第 1~8 学期。
3. 有课程实践环节的课程，其课堂讲授周数按照周学时上满讲授总学时即可，不延长讲授周数。课程实践可与讲授同步安排或交叉延后安排。其他平台的课程也以此为准安排。

2. 专业教育平台

（1）精选学科基础课程

小学教育专业的学科性、教育性、综合性等特点，在一次次人才培养方案修订中，形成了精选教育学科基础课程的理念，如本方案中的学科基础课程定为三门：小学教育学、小学教育心理学和中外教育简史。学分共计 9 学分，占总学分的 5.6%；学时共计 156 学时，占总学时的 6.5%。详见表 8-12。

214

表 8-12 学科基础课程教学计划表

课程名称	总学时数	总学分数	学时分配 课堂 讲授 学时	学时分配 课堂 讲授 学分	学时分配 实验 学时	学时分配 实验 学分	课程实践（项目课程）学时	课程实践（项目课程）学分	学期、周学时安排 第一学年	学期、周学时安排 第二学年	学期、周学时安排 第三学年	学期、周学时安排 第四学年	考核方式
									1　2	3　4	5　6	7　8	
小学教育学	52	3	42	2.5			10	0.5	2	3				1
小学教育心理学	52	3	42	2.5			10	0.5	3	3				1
中外教育简史	52	3	42	2.5			10	0.5	3					1

2. 厘定专业核心课程

安阳师范学院小学教育专业随着教师教育课程改革深入，通过多次研讨，形成了将小学教师教育基本课程厘定为专业核心课程的课程改革思路，并以此设置了儿童发展心理学等 14 门专业核心课程，详见表 8-13。

表 8-13 专业核心课程教学计划表

课程名称	总学时数	总学分数	学时分配 课堂 讲授 学时	学时分配 课堂 讲授 学分	学时分配 实验 学时	学时分配 实验 学分	课程实践（项目课程）学时	课程实践（项目课程）学分	学期、周学时安排 第一学年	学期、周学时安排 第二学年	学期、周学时安排 第三学年	学期、周学时安排 第四学年	考核方式
									1　2	3　4	5　6	7　8	
儿童发展心理学	44	2	34	2			10	0.5	2	3				1
小学教育哲学	28	1.5	18	1			10	0.5			2			1
小学教育管理	42	2	32	1.5			10	0.5				2		2

215

续表

课程名称	总学时数	总学分数	总学时分配							学期、周学时安排				考核方式
			课堂				课程实践(项目课程)		第一学年		第二学年		第三学年		第四学年		
			讲授		实验		学时	学分	1	2	3	4	5	6	7	8	
			学时	学分	学时	学分										
小学课程与教学论	44	2	34	1.5			10	0.5		2							2
小学班队原理与实践	40	2	32	1.5			8	0.5				2					2
小学综合实践活动设计	34	1.5	24	1			10	0.5					2				2
小学生心理辅导	28	1.5	18	1			10	0.5					2				2
小学生品德发展与道德教育	34	1.5	24	1			10	0.5						2			1
小学教师职业道德	28	1.5	18	1			10	0.5					2				2
小学教育研究方法	42	2	32	1.5			10	0.5				2					2
普通话与教师语言	46	2.5	36	2			10	0.5	2								2
家庭教育学	44	2	34	1.5			10	0.5			2						2
教育统计学	42	2	34	1.5			8	0.5			2						2
书法I	22	1	18	1			4		2								2

3. 方向性设置基础教育人才模块

本培养方案在安阳师范学院基础教育人才模块的整体框架下创造性地设计了五类课程，包括学科方向性课程、特色课程、校本课程与其他教师教育选修课程。

基础教育人才课程Ⅰ——文科类课程，设置了现代汉语、中国文学等课程，详见表8-14。

表8-14 基础教育人才课程Ⅰ——文科类课程教学计划表

课程名称	总学时数	总学分数	总学时分配							学期、周学时安排								考核方式
			课堂				课程实践(项目课程)		第一学年		第二学年		第三学年		第四学年		
			讲授		实验					1	2	3	4	5	6	7	8	
			学时	学分	学时	学分	学时	学分									
现代汉语★	42	2	34	1.5			8	0.5	1	2							1
古代汉语★	52	3	42	2.5			10	0.5			2						1
小学语文课程标准与教学设计★	46	2.5	36	2			10	0.5				2					1
小学语文微格教学指导	45	2.5	36	2			10	0.5					2				2
小学语文课程与教学研究	45	2.5	36	2			10	0.5			2						2
儿童文学	32	2	26	1.5			6	0.5				2					2
阅读与写作	23	1.5	18	1			10	0.5			2						2
文学概论	40	2	32	1.5			8	0.5			2						2
中国文学	40	2	36	2			4	0.5				2					2
外国文学	22	1	18	1			4	0.5					2				2
朗读与讲故事指导	28	1.5	18	1			10	0.5						2			2
小学思想政治课程标准与教学设计																	

217

续表

课程名称	总学时数	总学分数	总学时分配					学期、周学时安排					考核方式
			课堂		课程实践(项目课程)		第一学年	第二学年	第三学年	第四学年		
			讲授		实验		学时	学分					
			学时	学分	学时	学分	学时	学分	1	2	3	4	5	6	7	8	
小学生作文指导	12	0.5	8	0.5			4									2
人文社会科学基础★	42	2	34	1.5			8	0.5	1	2		2				1

基础教育人才课程Ⅱ——理科类课程，设置了高等数学、自然科学基础等课程，详见表8-15。

表8-15 基础教育人才课程Ⅱ——理科类课程教学计划表

课程名称	总学时数	总学分数	总学时分配					学期、周学时安排					考核方式
			课堂		课程实践(项目课程)		第一学年	第二学年	第三学年	第四学年		
			讲授		实验		学时	学分					
			学时	学分	学时	学分	学时	学分	1	2	3	4	5	6	7	8	
高等数学Ⅰ★	52	3	52	3					3							1
小学数学课程标准与教学设计★	46	2.5	36	2			10	0.5				2				1
小学数学微格教学指导	46	2.5	36	2			10	0.5					2			2
小学数学课程与教学研究	46	2.5	36	2			10	0.5							2	2
初等数论	42	2	34	1.5			8	0.5		2						1

218

续表

课程名称	总学时数	总学分数	课堂讲授 学时	课堂讲授 学分	实验 学时	实验 学分	课程实践（项目课程）学时	课程实践（项目课程）学分	第一学年 1	第一学年 2	第二学年 3	第二学年 4	第三学年 5	第三学年 6	第四学年 7	第四学年 8	考核方式
小学数学思维	28	1.5	18	1			10	0.5		2							2
高等数学Ⅱ	52	3	42	2.5			10	0.5		3							1
小学科技活动指导	12	0.5	8	0.5			4						2				2
小学趣味数学	23	1.5	18	1			10	0.5				2					2
智能机器人	23	1.5	18	1			10	0.5				2					2
计算机程序设计基础	42	2	34	1.5			8	0.5				2					2
小学科学课程标准与教学设计	28	1.5	18	1			10	0.5						2			1
自然科学基础★	42	2	34	1.5			8	0.5			2						1
科学技术史	28	1.5	18	1			10	0.5			2						2

基础教育人才课程Ⅲ——英语类课程，设置了英语文学作品选读等课程，详见表8-16。

表8-16 基础教育人才课程Ⅲ——英语类课程教学计划表

课程名称	总学时数	总学分数	总学时分配					学期、周学时安排								考核方式
			课堂				课程实践（项目课程）		第一学年		第二学年		第三学年		第四学年		
			讲授		实验		学时	学分	1	2	3	4	5	6	7	8	
			学时	学分	学时	学分										
基础英语Ⅰ★	42	2	34	1.5			8	0.5	2	2							1
小学英语课程标准与教学设计★	46	2.5	36	2			10	0.5				2					1
小学英语微格教学指导	46	2.5	36	2			10	0.5					2	2			2
小学英语课程与教学研究	46	2.5	36	2			10	0.5			2						2
基础英语Ⅱ	40	2	32	1.5			8	0.5			2						2
英语口语与听力	40	2	32	1.5			8	0.5				2					2
英语阅读与写作	40	2	32	1.5			8	0.5			2			2			2
高级英语	40	2	32	1.5			8	0.5			2						2
英汉翻译基础	28	1.5	18	1			10	0.5					2				2
英语口译	28	1.5	18	1			10	0.5						2			2
英语国家文化概况	28	1.5	18	1			10	0.5					2				2
英语文学作品选读	28	1.5	18	1			10	0.5						2			2
日语	28	1.5	18	1			10	0.5					2		7	8	2

基础教育人才课程Ⅳ——艺术和体育类课程，设置了音乐基础等11门课程，详见表8-17。

表8-17 基础教育人才课程Ⅳ——艺术和体育类课程教学计划表

<table>
<tr><th rowspan="3">课程
名称</th><th rowspan="3">总学
时数</th><th rowspan="3">总学
分数</th><th colspan="7">总学时分配</th><th colspan="8">学期，周学时安排</th><th rowspan="3">考核
方式</th></tr>
<tr><th colspan="4">课堂</th><th colspan="3">课程实践
（项目课程）</th><th colspan="2">第一
学年</th><th colspan="2">第二
学年</th><th colspan="2">第三
学年</th><th colspan="2">第四
学年</th></tr>
<tr><th colspan="2">讲授</th><th colspan="2">实验</th><th>学时</th><th>项目</th><th>学分</th><th>1</th><th>2</th><th>3</th><th>4</th><th>5</th><th>6</th><th>7</th><th>8</th></tr>
<tr><td></td><td></td><td></td><td>学时</td><td>学分</td><td>学时</td><td>学分</td><td></td><td></td><td></td><td></td><td></td><td></td><td></td><td></td><td></td><td></td><td></td><td></td></tr>
<tr><td>音乐基础
（乐理、视唱练耳）★</td><td>40</td><td>2</td><td>36</td><td>2</td><td></td><td></td><td>4</td><td></td><td></td><td></td><td>2</td><td></td><td></td><td></td><td></td><td></td><td></td><td>2</td></tr>
<tr><td>美术基础
（素描、色彩）★</td><td>38</td><td>1.5</td><td>34</td><td>1.5</td><td></td><td></td><td>4</td><td></td><td></td><td></td><td>2</td><td></td><td></td><td></td><td></td><td></td><td></td><td>2</td></tr>
<tr><td>简笔画设计与实践</td><td>28</td><td>1.5</td><td>18</td><td>1</td><td></td><td></td><td>10</td><td></td><td>0.5</td><td></td><td></td><td>2</td><td></td><td></td><td></td><td></td><td></td><td>2</td></tr>
<tr><td>舞蹈基础</td><td>22</td><td>1</td><td>18</td><td>1</td><td></td><td></td><td>4</td><td></td><td></td><td></td><td>2</td><td></td><td></td><td></td><td></td><td></td><td></td><td>2</td></tr>
<tr><td>电钢琴教学与设计</td><td>22</td><td>1</td><td>18</td><td>1</td><td></td><td></td><td>4</td><td></td><td></td><td></td><td>2</td><td></td><td></td><td></td><td></td><td></td><td></td><td>2</td></tr>
<tr><td>少儿合唱与指挥</td><td>22</td><td>1</td><td>18</td><td>1</td><td></td><td></td><td>4</td><td></td><td></td><td></td><td></td><td></td><td>2</td><td></td><td></td><td></td><td></td><td>2</td></tr>
<tr><td>小学音乐课程标准与教学设计</td><td>28</td><td>1.5</td><td>18</td><td>1</td><td></td><td></td><td>10</td><td></td><td>0.5</td><td></td><td></td><td></td><td></td><td>2</td><td></td><td></td><td></td><td>2</td></tr>
<tr><td>小学美术课程标准与教学设计</td><td>28</td><td>1.5</td><td>18</td><td>1</td><td></td><td></td><td>10</td><td></td><td>0.5</td><td></td><td></td><td></td><td></td><td>2</td><td></td><td></td><td></td><td>2</td></tr>
<tr><td>小学体育与健康课程标准与教学设计</td><td>28</td><td>1</td><td>24</td><td>1</td><td></td><td></td><td>4</td><td></td><td></td><td></td><td></td><td>3</td><td></td><td></td><td></td><td></td><td></td><td>2</td></tr>
<tr><td>学校工生学</td><td>54</td><td>3</td><td>45</td><td>2.5</td><td></td><td></td><td>9</td><td></td><td></td><td></td><td></td><td></td><td></td><td></td><td>2</td><td></td><td></td><td>2</td></tr>
<tr><td>手工设计与制作</td><td>28</td><td>1</td><td>18</td><td>1</td><td></td><td></td><td>4</td><td></td><td></td><td></td><td></td><td></td><td></td><td></td><td></td><td></td><td></td><td>2</td></tr>
</table>

基础教育人才课程Ⅴ——特色课程、校本课程和其他教师教育类课程等，课程主要有特殊教育概论（双语课程）、教育政策法规、小学教师专业发展、现代教育技术、儿童认知神经发展、生命教育、教育名家名著解读、中小学教育发展比较、红旗渠研学旅行课程开发、甲骨文书法、安阳师院小教发展史专题（校本课程）、全球小学课程与教学改革专题（讲座）、SPSS基础与应用、科研论文写作指导、小学教师面试技能、书法Ⅱ、书法Ⅲ、书法Ⅳ、经典诵读、教师礼仪练习、书写技能实践、说课技能训练、教学名师观摩等。详见表8-18。

表8-18 基础教育人才课程Ⅴ——特色课程、校本课程和其他教师教育类课程教学计划表

课程名称	总学时数	总学分数	总学时分配					课程实践（项目课程）		学期、周学时安排								考核方式
			课堂讲授		实验					第一学年		第二学年		第三学年		第四学年		
			学时	学分	学时	学分	学时	学分	1	2	3	4	5	6	7	8	
特殊教育概论（双语课程）★	40	2	30	1.5			10	0.5		2						8	2
教育政策法规	28	1.5	18	1			10	0.5		2							2
小学教师专业发展	22	1	18	1			4							2			2
现代教育技术★	40	2	18	1	8	0.5	14	0.5			2						1
儿童认知神经发展	22	1	18	1			4						2				2
生命教育	22	1	18	1			4					2					2
教育名家名著解读	40	2	34	1.5			6	0.5				2					2
中外小学教育发展比较	42	2	32	1.5			10	0.5				2					2

续表

课程名称	总学时数	总学分数	总学时分配 课堂 讲授 学时	总学时分配 课堂 讲授 学分	总学时分配 课堂 实验 学时	总学时分配 课堂 实验 学分	课程实践(项目课程) 学时	课程实践(项目课程) 学分	学期、周学时安排 第一学年 1	学期、周学时安排 第一学年 2	学期、周学时安排 第二学年 3	学期、周学时安排 第二学年 4	学期、周学时安排 第三学年 5	学期、周学时安排 第三学年 6	学期、周学时安排 第四学年 7	学期、周学时安排 第四学年 8	考核方式
红旗渠研学旅行课程开发(地方特色课程)	22	1	18	1			4					2					2
甲骨文书法(校本课程)	22	1	18	1			4							2			2
安阳师院小教发展史专题(校本课程)	18	1	14	1			4		2								1
全球小学课程与教学改革专题(讲座)	18	1	14	1			4			2							2
SPSS基础与应用	28	1.5	18	1			10	0.5						2			1
科研论文写作指导	22	1	18	1			4							2			2
农村教育专题	28	1.5	18	1			10	0.5					2				2
小学教师面试技能	22	1	18	1			4						2				2
书法Ⅱ	22	1	18	1			4			2							2
书法Ⅲ	22	1	18	1			4				2						2
书法Ⅳ	22	1	18	1			4					2					2
经典诵读★	32	1.5	26	1			6	0.5	2								2

续表

课程名称	总学分数	总学时数	总学时分配					学期、周学时安排				考核方式
			课堂			课程实践(项目课程)		第一学年	第二学年	第三学年	第四学年	
			讲授	实验									
			学时	学分	学时	学分	学时	学分	1 2	3 4	5 6	7 8	
教师礼仪练习 ☆									☆				2
书写技能实践 ☆									☆			2
说课技能训练 ☆										☆	☆	2
教师基本功实践 ☆											☆	2
教学名师观摩 ☆											☆	

方向性教学模块课程需要说明的三点：

首先，基础教育人才课题模块模块需修满 40 学分。

其次，农村教育教育模块专题包括六个方面：陶行知教育思想概论，农村留守儿童心理特点与教育，农村优秀教师成长研究，农村小规模班级教学研究，农村小学教育资源开发与合理利用。

最后，小学教师面试技能主要是"课证融合"的需要，是针对教师资格证考试开设的课程。

224

（三）实践教育平台

实践教育平台的构成详见表8-19。

表8-19 小学教育专业实践教育平台课程模块

模块	编号	课程名称	周数	学分	开课学期	考核方式	备注
实验课程		24学分467学时			在第1—6学期完成。课程实践占专业课程理论教学总学时的20%		
课程实践							
集中实践	D140338001	军事技能训练	2	2		2	一体化模块
	D140338002	教育实习	≥15	6	基础教育人才培养在第7—8学期进行，校外实习前的专项实践训练（见注），最后1周的实习总结；在实习期间完成不少于10周的毕业论文和教育考察与教育调研，同时实习期间完成1~2门的置换课程。学院根据专业实际制订可操作性的实践教学方案	1	
	D140338003	毕业论文	≥10	6		1	
	D140338004	课程论文	不计学时	0	各任课老师自行安排	2	
	D140338005	教育考察	不计学时	0	第3学期布置任务，提交教育考察报告	2	
	D140338006	教育调查	不计学时	0	第4学期布置任务，提交教育考察报告	2	
	D140338007	教育实训	不计学时	0	第5学期针对教育教学问题，进行教育教学实际训练	2	

续表

模块	编号	课程名称	周数	学分	开课学期	考核方式	备注
集中实践	D140338008	学年论文	4	2	在第2第3学年的第4第6学期完成，参照毕业论文格式，字数在3000字以上	2	
	D140338009	课程设计	1	2	主要在第5学期完成，配合学校大学生教学技能大赛，在各班进行讲课、说课设计	2	
	D140338010	教育研习	2	2	主要在第3学期和第5学期进行，结合教育见习中遇到的问题，或者实际模拟课堂教学，进行研讨	2	
	D140338011	教育见习	2	2	主要在第2学期和第4学期进行，到合作学校实地听评课，和一线小学老师和管理人员交流，写见习心得	2	
第二课堂	按照《安阳师范学院"第二课堂成绩单"制度实施暂行办法》执行					5学分	
说明	1. 军事技能训练、课程论文、课程设计、教育考察、教育调查、教育实训、教育研习、教育见习在第1—6学期完成 2. 集中实践模块中，军事技能训练、教育实习、毕业论文属于必修实践环节 3. 教育实训、教育考察、教育调查是为校外一体化实习做准备的实践训练，如专题讲座、教育项目训练等 4. 置换课程即将人才培养方案中的部分课程替换为实习单位的某些相关教育或实践环节，在实践过程中要有严格的教学大纲、教学计划和教学安排，实现教学应达到的教学目标，完成替代课程后，经认定可获得被替换课程相应的学分						

实践课程设置的重要特色就是进行教育实习与毕业论文（设计）一体化设计，实践证明"一体化设计"具有以下特点。

1. 协调各种资源有序推进。学院领导、论文指导老师、双导师、辅导员、班主任以及实习指导老师等,通过教学实践管理系统及各种新媒体手段对学生加强管理,确保一体化方案圆满完成。

2. 设计个性化方案并做到因材施教。根据学生兴趣和实习中发现的"真问题",量身定做方案,彰显学生个性。

3. 交叉设计提高论文和实习质量。教育实习与毕业论文的写作在时间上相互交叉、从教育生活中发现问题,把问题当成研究课题,用理论指导与实践和用实践丰富理论,最大限度地提升学生的论文质量。

4. 突出实践活化理论。除了增加实习和毕业论文的时间外,还要求学生结合所选论题,开展调查研究,搜集整理资料,学会从专业视角分析研究教育问题,做到学以致用、知行合一。

经过多轮实践,教育实习与毕业论文(设计)一体化设计效果显著、特色鲜明。

三、2022版小学教育(全科)课程设置

2022版小学教育(全科)人才培养方案是在2019版小学教育基础上修订而成的。这次修订,进一步明确了通识教育课程、专业教育课程和教师教育课程。把一专多能进一步细化为"1+2+N"模式:"1+2"指语文、数学、英语三个学科,学生通过学习能够任教小学语文、数学、英语3门课程,同时把其中的"1"门作为将来的主教学科,进行深入学习;"N"指道德与法治、科学、信息技术科学等,学生毕业后能够担任小学道德与法治、科学等其中一门或多门学科的教学。根据"1+2+N"模式进行了课程设置,专业核心课程与教师教育必修课程保障"1+2"培养目标和"N"培养目标的实现,专业选修课程与教师教育选修课程进一步保障"1"和"N"的实现。

在学科基础课程、专业核心课程、教师教育课程方面有所调整。学科基础课在2019版方案3门课程的基础上增加到6门;把2019版的专业核心课程分解到学科基础课程和教师教育课程,2022版方案中的专业核心课程仅设置语义、数学、英语、音乐、美术等学科课程,体现课程的学科性和全科性;2022版方案中专门设置教师教育必修课程模块与教师教育选修课程模块。调整后的课程结构更加切合小学教育专业认证要求和小学教育专业的特点。

进一步增强了实践性和研究性课程。新增小学语文教材分析、小学数学教材分析、小学英语教材分析三门课程,它们与微格教学指导、课程与教学论等课程相互配合,进一步提高学生的实践能力;新增中国教育史专题、外国教育史专题,增加全球小学课程与教学改革专题的课时数,进一步加强研究性课程,

提高学生的研究能力。

进一步明析了方向性课程设置。2022版小学教育专业（全科）人才培养方案在2019版的基础进一步细化了方向课程，设置了专业选修课程Ⅰ（语文）、专业选修课程Ⅱ（数学）、专业选修课程Ⅲ（英语）、专业选修课程Ⅳ（道德与法治、科学、信息科技、艺术与体育），并明确选课方式和最低学分规定。

以上课程改革与变化体现在《安阳师范学院教育学院2022级小学教育专业（全科）人才培养方案》专业教育及教师教育课程的设置中，详见表8-20。

第八章 小学教育（全科）课程

表8-20 2022级小学教育专业（全科）人才培养方案专业教育及教师教育课程

课程模块	课程代码	课程名称	总学时数	总学分数	课堂讲授学时	课堂讲授学分	实验学时	实验学分	课程实践(项目课程)学时	课程实践(项目课程)学分	第一学年1	第一学年2	第二学年3	第二学年4	第三学年5	第三学年6	第四学年7	第四学年8	考核方式
学科基础课程	D147023001	小学教育学	52	3	42	2.5			10	0.5	1		3						1
	D147023002	小学教育心理学	52	3	42	2.5			10	0.5			3						1
	D147023003	中外教育简史	52	3	42	2.5			10	0.5	3								1
	D147023008	普通心理学	52	3	42	2.5			10	0.5		3							1
	D147023006	小学教育研究方法	46	2.5	36	2			10	0.5				2					1
	D147324013	教育统计学	46	2.5	36	2			10	0.5			2	2					
	小计		300	17	240	14			60	3	3	3	8	2					
专业核心课程	D147325001	现代汉语	46	2.5	36	2			10	0.5	3	2							1
	D147325002	古代汉语	52	3	42	2.5			10	0.5			2						1
	D147325006	儿童文学	44	2	34	1.5			10	0.5				2					2
	D060023021	高等数学Ⅰ（微积分）	52	3	52	3					3	3							1
	D147325019	小学数学思维	28	1.5	18	1			10	0.5					2				2
	D147325022	小学趣味数学	28	1.5	18	1			10	0.5						2			2

续表

课程模块	课程代码	课程名称	总学时数	总学分数	课堂讲授 学时	课堂讲授 学分	实验 学时	实验 学分	课程实践（项目课程）学时	课程实践（项目课程）学分	第一学年 1	第一学年 2	第二学年 3	第二学年 4	第三学年 5	第三学年 6	第四学年 7	第四学年 8	考核方式
专业核心课程	D147325028	综合英语	44	2	34	1.5			10	0.5	1	2							1
	D147325033	英语口语与听力	40	2	30	1.5			10	0.5		2							2
	D147325014	人文社会科学基础	44	2	34	1.5			10	0.5				2					1
	D147325026	自然科学基础	44	2	34	1.5			10	0.5			2						1
	D147327020	舞蹈基础	44	2	34	1.5			10	0.5		2							2
	D147327001	美术基础	44	2	34	1.5			10	0.5		2							2
	D147327010	音乐基础	44	2	34	1.5			10	0.5		2							2
	小计		554	27.5	434	21.5			120	6	3	10	4	6	2	2			
专业选修课程Ⅰ	D147325004	小学语文微格教学指导	46	2.5	36	2			10	0.5					2	2			2
	D147325005	小学语文课程与教学研究	46	2.5	36	2			10	0.5					2	2			2
	D147328003	小学语教材分析	46	2.5	36	2			10	0.5					2				1
	D147325009	中国文学	46	2.5	36	2			10	0.5			2						2
	D147325010	外国文学	46	2.5	36	2			10	0.5						2			1
	D147325007	阅读与写作	46	2.5	36	2			10	0.5		2							2

续表

课程模块	课程代码	课程名称	总学时数	总学分数	总学时分配 课堂 讲授 学时	总学时分配 课堂 讲授 学分	总学时分配 课堂 实验 学时	总学时分配 课堂 实验 学分	课程实践（项目课程） 学时	课程实践（项目课程） 学分	学期、周学时安排 第一学年 1	2	第二学年 3	4	第三学年 5	6	第四学年 7	8	考核方式
专业选修课程 I	D147325008	文学概论	42	2	32	1.5			10	0.5		2							1
	D147325011	朗读与讲故事指导	36	2	26	1.5			10	0.5				2	2				2
		小计	354	19	274	15			80	4		2	2	2	6	4			
	D147325016	小学数学微格教学指导	46	2.5	36	2			10	0.5		2			2				2
	D147325017	小学数学课程与教学研究	46	2.5	36	2			10	0.5						2			2
专业选修课程 II	D147328004	小学数学教材分析	46	2.5	36	2			10	0.5		2			2				1
	D147325001	线性代数	52	3	42	2.5			10	0.5	3								1
	D147325020	概率论与数理统计	52	3	42	2.5			10	0.5				3					1
	D147325018	初等数论	46	2	36	1.5			10	0.5			2						1
	D147328001	解析几何	52	3	42	2.5			10	0.5					3	2			2
	D147328002	数学文化	46	3	36	2.5			10	0.5						2			2
		小计	386	21.5	306	17.5			80	4	3	2	3	7	4				

续表

课程模块	课程代码	课程名称	总学时数	总学分数	总学时分配 讲授 学时	总学时分配 讲授 学分	总学时分配 实验 学时	总学时分配 实验 学分	课程实践（项目课程）学时	课程实践（项目课程）学分	第一学年 1	第一学年 2	第二学年 3	第二学年 4	第三学年 5	第三学年 6	第四学年 7	第四学年 8	考核方式
专业选修课程Ⅲ	D147325030	小学英语微格教学指导	46	2.5	36	2			10	0.5									2
	D147325031	小学英语课程与教学研究	46	2.5	36	2			10	0.5					2	2			2
	D147328005	小学英语教材分析	46	2.5	36	2			10	0.5					2	2			1
	D147325034	英语阅读与写作	40	2	30	1.5			10	0.5									1
	D147325035	高级英语	40	2	30	1.5			10	0.5			2						1
	D147325036	英汉翻译基础	28	1.5	18	1			10	0.5						2			1
	D147325037	英语口译	28	1.5	18	1			10	0.5				2					2
	D147325039	英语文学作品选读	28	1.5	18	1			10	0.5				2	2	2			2
	D147325038	英语国家文化概况	28	1.5	18	1			10	0.5			2						2
		小计	330	17.5	240	13			90	4.5					6	8			
专业选修课程Ⅳ	D147324008	小学生品德发展与道德教育	34	1.5	24	1			10	0.5		2							2
	D147325027	科学技术史	28	1.5	18	1			10	0.5			2						2
	D147325021	小学科技活动指导	28	1.5	18	0.5			10	0.5					2				2

续表

课程模块	课程代码	课程名称	总学时数	总学分数	课堂讲授 学时	课堂讲授 学分	实验 学时	实验 学分	课程实践（项目课程）学时	课程实践（项目课程）学分	第一学年 1	第一学年 2	第二学年 3	第二学年 4	第三学年 5	第三学年 6	第四学年 7	第四学年 8	考核方式
专业选修课程Ⅳ	D147326004	自然科学实验	28	1.5	18	0.5			10	0.5			2						2
	D147325023	智能机器人	28	1.5	18	1			10	0.5				2					2
	D147327011	钢琴基础	44	2	34	1.5			10	0.5			2						2
	D147327012	电钢琴与教学设计	44	2	34	1.5			10	0.5				2					2
	D147527013	歌曲弹唱	44	2	34	1.5			10	0.5					2				2
	D147527014	合唱与指挥	44	2	34	1.5			10	0.5				2					2
	D147327003	中国画	44	2	34	1.5			10	0.5						2			2
	D147327021	中国古典舞	44	2	34	1.5			10	0.5			2						2
	D147327022	民族民间舞	44	2	34	1.5			10	0.5				2					2
	D147327023	少儿舞蹈创编	44	2	34	1.5			10	0.5					2				2
	D147327002	简笔画设计与实践	44	2	34	1.5			10	0.5			2						2
	D147327003	手工设计与制作	28	1.5	18	1			10	0.5					2				2
	D147325050	学校卫生学	46	2.5	36	2			10	0.5				3					2
		小计	616	29.5	456	20.5			160	8	2		8	13	8	2			

续表

课程模块	课程代码	课程名称	总学时数	总学分数	总学时分配 讲授 学时	总学时分配 讲授 学分	总学时分配 课堂 实验 学时	总学时分配 课堂 实验 学分	课程实践(项目课程) 学时	课程实践(项目课程) 学分	第一学年 1	第一学年 2	学期、周学时安排 第二学年 3	学期、周学时安排 第二学年 4	第三学年 5	第三学年 6	第四学年 7	第四学年 8	考核方式
教师教育必修课程	D147023005	小学课程与教学论	44	2.5	34	2			10	0.5	1	2							1
	D147325003	小学语文课程与教学论	46	2.5	36	2			10	0.5				2					1
	D147325015	小学数学课程与教学论	46	2.5	36	2			10	0.5				2					1
	D147325029	小学英语课程与教学论	46	2.5	36	2			10	0.5				2					1
	D150025101	现代教育技术	40	2	18	1	8	0.5	14	0.5			2						1
	D147324005	小学班队原理与实践	42	2	32	1.5			10	0.5				2					2
	D147324006	小学综合实践活动与劳动教学设计	44	2	34	1.5			10	0.5					2				2
	D147324009	小学教师职业道德	28	1.5	18	1			10	0.5	2								2
	D147324111	普通话与教师语言	46	2.5	36	2			10	0.5	2		2		2				2
	D147324012	家庭教育学	44	2	34	1.5			10	0.5									2
	D147324114	书法 I	44	2	34	1.5			10	0.5					4				2
		小计	470	24	348	18	8	0.5	114	5.5	4	2	4	8	4				

234

续表

课程模块	课程代码	课程名称	总学时数	总学分数	总学时分配 课堂 讲授 学时	总学时分配 课堂 讲授 学分	总学时分配 课堂 实验 学时	总学时分配 课堂 实验 学分	课程实践（项目课程）学时	课程实践（项目课程）学分	第一学年 1	第一学年 2	第二学年 3	第二学年 4	第三学年 5	第三学年 6	第四学年 7	第四学年 8	考核方式
教师教育选修课程	D147325052	特殊教育概论（双语课程）	40	2	30	1.5			10	0.5				2					2
	D147324001	儿童发展心理学	46	2.5	36	2			10	0.5				2					2
	D147326007	教育哲学	46	2.5	36	2			10	0.5				2					2
	D147324003	小学教育管理	46	2.5	36	2			10	0.5					2				2
	D147326002	STEAM课程设计与评价	28	1.5	18	1			10	0.5				2					2
	D147325012	小学道德与法治课程标准与教学设计	28	1.5	18	1			10	0.5						2			2
	D147325025	小学科学课程标准与教学设计	28	1.5	18	1			10	0.5						2			2
	D147325086	小学信息科技课程标准与教学设计	28	1.5	18	1			10	0.5						2			2
	D147327005	小学美术课程标准与教学设计	28	1.5	18	1			10	0.5						2			2

续表

课程模块	课程代码	课程名称	总学时数	总学分数	总学时分配 - 课堂讲授 学时	总学时分配 - 课堂讲授 学分	总学时分配 - 实验 学时	总学时分配 - 实验 学分	课程实践(项目课程) 学时	课程实践(项目课程) 学分	学期、周学时安排 第一学年 1	第一学年 2	第二学年 3	第二学年 4	第三学年 5	第三学年 6	第四学年 7	第四学年 8	考核方式
教师教育选修课程	D147327015	小学音乐课程标准与教学设计	28	1.5	18	1			10	0.5									2
	D147325049	小学体育与健康课程标准与教学设计	28	1.5	24	1			10	0.5					2				2
	D147326006	小学教育评价	44	2	34	1.5			10	0.5						2			2
	D147325053	教育政策法规	28	1.5	18	1			10	0.5		2							2
	D147325058	中外小学教育发展比较	42	2	32	1.5			10	0.5			2						2
	D147325057	教育名家名著解读(教育专书解读)	40	2	34	1.5			10	0.5				2					2
	D147326010	小学生学习心理辅导	28	1.5	18	1			10	0.5					2				2
	D147324007	小学生心理辅导	28	1.5	18	1			10	0.5			2						2
	D147325054	小学教师专业发展	28	1.5	18	1			10	0.5					2				2
	D147325060	甲骨文书法	22	1	18	1			4										2
	D147325063	SPSS基础与应用	28	1.5	18	1			10	0.5				2					2

续表

课程模块	课程代码	课程名称	总学时数	总学分数	总学时分配 课堂讲授 学时	总学时分配 课堂讲授 学分	总学时分配 实验 学时	总学时分配 实验 学分	课程实践（项目课程）学时	课程实践（项目课程）学分	学期、周学时安排 第一学年 1	第一学年 2	第二学年 3	第二学年 4	第三学年 5	第三学年 6	第四学年 7	第四学年 8	考核方式
	D147325065	农村教育专题	28	1.5	18	1			10	0.5		2							
	D147325062	全球小学课程与教学改革专题	46	2.5	36	2			10	0.5						2			
	D140025109	基础教育改革专题	28	1.5	18	1			10	0.5				2					
教师教育选修课程	D147326006	红旗渠精神概论	28	1.5	18	1			10	0.5					2				2
	D147325167	书法Ⅱ	28	1.5	18	1			10	0.5		2							2
	D147325168	书法Ⅲ	28	1.5	18	1			10	0.5			2						2
	D147325169	书法Ⅳ	28	1.5	18	1			10	0.5				2					2
	D147328006	中国教育史专题	46	2.5	36	2			10	0.5						2			2
	D147328007	外国教育史专题	46	2.5	36	2			10	0.5						2			2
		小计	968	51	694	37			284	14	4	6	16	12	20				

说明：
1. 需从专业选修课程Ⅰ（语文）、Ⅱ（数学）、Ⅲ（英语）任选其一，修满11.5学分以上
2. 专业选修课程Ⅳ（道德与法治、科学、信息科技、艺术与体育）需修满4学分或4学分以上
3. 教师教育选修课程需修满8学分或8学分以上

第三节 基本特点

2019 版人才培养方案是在 2016 版使用的基础上修订而成的，2022 版是 2019 版的修订版。整体分析，三个版本的小学教育专业（全科）课程设置的基本特点体现在以下几方面。

一、整体符合小学教育专业认证标准

2019 版和 2022 版人才培养方案在充分吸收安阳师范学院小学教育专业历史发展经验，并在时代特点和区域特色综合考量的基础上修订而成，整体取向小学教育专业认证相关指标。

教师教育课程方面，小学教育专业认证标准要求四年制本科院校设置的必修课学分不少于 24 学分，总学分不少于 32 学分，安阳师范学院三版人才培养方案的教师教育课程在必修课、选修课方面符合认证要求。

学科课程数量与所占学分比例从 2016 版到 2019 版、2022 版逐步提升，达到了小学教育专业认证之学科课程学分不低于 35% 的要求。

人文社会与科学素养、学科专业课程主要在通识教育课程之中，三版人才的培养方案均达到不低于 10% 的认证要求。

安阳师范学院单独设置实践教育平台，并将其分为实验课程模块、课程实践模块、集中实践模块以及第二课程模块四部分，教育实践总时间也远远多于 18 周。

总之，安阳师范学院小学教育专业（全科）在认证标准的引领之下逐步修订与完善，整体达到了专业认证要求的各项指标。

二、指向"素养全面，专长发展"卓越小学教师培养要求

"素养全面，专长发展"是新时期我国小学卓越教师的培养导向，安阳师范学院全科小学教育专业课程设置上指向了这一培养导向。

2016 版的人才培养方案中提出了培养"一专多能"的小学教师，为此在专业教育平台通过基础学科、专业核心课程以及个性拓展课程三个模块开设相应的课程以确保这一目标的实现。

2019 版和 2022 版人才培养方案通过精选学科基础课程，厘定专业核心课程

等方式，注重培养学生的全面素养，与此同时设计方向性课程模块，为学生的专长发展打下了坚实的基础。2019版在学校设定的基础人才模块整体框架之下设计了五类课程，其中包括文科类课程、理科类课程、英语类课程、艺术和体育类课程之学科方向性课程。在此基础上，2022版又进一步明析为语文、数学、英语方向性课程模块，并整体设置道德与法治、科学、信息科技、艺术、体育、综合实践活动与劳动等专业选修课程模块等，为学生的专长发展提供课程保障。

2022版人才培养方案还进一步整体设计了专业课程与教师教育类课程的模块划分，由"一专多能"进一步设计为"1+2+N"，进一步体现了"素养全面，专长发展"的小学卓越教师培养导向。

三、通识教育课程所占比重逐步增加

2016版至2022版，通识教育课程所占比重逐渐增加，包括数量和学分数。

2016版通识教育必修课程设置19门，2019年通识教育必修课程新增5门（就业指导、艺术鉴赏、大学生创新创业基础、学业指导、劳动教育），减少大学英语（四）：英语视听说、英美文学等课程，共计23门，2022年通识教育必修课程新增1门（习近平总书记关于教育问题的重要论述），共24门。2016年至2022年通识教育必修课程增加了6门。

2016版通识教育必修课程要求修满47学分、选修课程要求修满3.5学分，共计50.5学分；2019版通识教育必修课程要求修满53学分，选修课程要求修满4学分，共计57学分；2022版通识教育必修课程要求修满55学分，选修课程要求修满4学分，共59学分。2016年至2022年通识教育基本学分要求由50.5学分增至59学分，增加了8.5学分。

四、教育实习与毕业论文一体化设计

2016版、2019版和2022版小学教育（全科）人才培养方案关于实习的安排，均采用了教育实习与毕业论文一体化设计，时间统一排在第七学期和第八学期，连续33周。

"实践取向"是教师教育课程改革的三大理念之一，是小学教师培养，尤其是培养农村全科小学教师在课程改革应该秉持的重要理念。不少于一学期（18周）的教育实践，是教师教育课程标准、教育部关于加强师范生教育实践的意见和师范专业认证的基本要求。增加集中实习时间，尤其是将研究与实习紧密结合则更有利于提升学生的教学能力和研究能力，有利于培养质量的提高，这

正是安阳师范学院教育实习与毕业论文一体化设计的初衷所在。多年实践证明，教育实习与毕业论文一体化设计特色鲜明，效果显著。教育实习与毕业论文一体化实施有利于将实践中的"真问题"与毕业论文选题紧密结合，提高毕业论文选题的问题意识与应用价值，有利于教师教育"实践导向"理念的实现。

美中不足之处是学生第七学期和第八学期连续在小学实习，集中时间偏长，挤占了在校学习系统理论知识的时间。教育实习与毕业论文一体化实施使学生在校理论学习时间仅剩三年，有些学期出现了排课过密的现象，不利于扎实、系统学科知识的学习与掌握。如何改进方能两全其美，既有利于提高学生的教学能力与研究能力，又有利于学生学习和掌握扎实、系统的学科知识，尚在进一步的探索之中。

第九章

小学教育（专升本）课程

所谓"专升本"，是指专科升本科，它包括两层含义：一是专科生升学为本科生，二是专科院校升格为本科院校。专科生升为本科生主要有三种途径：一是普通专升本教育，二是成人高考，三是自学考试。普通专升本教育，是指专科学生在取得专科学历后，通过专升本考试继续本科学业，此途径主要适用于专科在校生或应届毕业生。① 本书"专升本"指"普通专升本教育"。小学教育（专升本）即指小学教育专业或其他获准报考的专科学生在取得专科学历后，通过专升本考试进入小学教育专业本科阶段学习。普通专升本教育课程设置相关事宜尚无国家专门政策出台，各培养院校主要参照同时期小学教育普通本科课程计划制订专升本课程计划。因此，本章不再分析国家相关课程政策，而是主要分析我国专升本教育相关政策、安阳师范学院小学教育专升本及主要特点。

第一节 普通专升本教育相关政策概要

普通专升本教育是在成人教育专升本之后逐渐设立的，小学教育专升本同样也经历了这一过程。以下简要介绍我国普通专升本教育的相关政策与发展历程。

1987年，经国家教委批准开始在部分高等学校举办的函授部、夜大和少数成人高等学校中试办专科起点本科班（简称"专升本"）。通过对已取得专科学历文凭的在职人员进行二至三年的系统培训，使其在基础理论和专业知识方面达到本科学历层次并获得本科学历证书。②

---

① 潘懋元，肖海涛. 论我国高等教育学制改革——基于专升本的视角 [J]. 高等教育研究，2006（7）：36-39.
② 曹志芳. "专升本"何去何从？——关于"专升本"试办情况的报告 [J]. 中国高等教育，1994（5）：38-39.

1999年，《中共中央国务院关于深化教育改革全面推进素质教育的决定》指出："构建与社会主义市场经济体制和教育内在规律相适应、不同类型教育相互沟通相互衔接的教育体制，为学校毕业生提供继续学习深造的机会。职业技术学院（或职业学院）可采取多种方式招收普通高中毕业生和中等职业学校毕业生。职业技术学院（或职业学院）毕业生经过一定选拔程序可以进入本科高等学校继续学习。"[1]

2000年北京、上海等省市开始试点，此后普通高校专升本比率迅速增加。

2006年《关于编报2006年普通高等教育分学校分专业招生计划的通知》规定"各地普通专升本教育的招生规模要严格控制在当年省属高校高职（专科）应届毕业的5%以内，'985工程'和'211工程'重点建设的高校、独立学院和民办院校原则上不举办普通专升本教育"。2010年《关于编报2010年普通高等教育分学校分专业招生计划的通知》重申5%等相关要求。2022年，《关于2022年职业教育重点工作介绍》中指出，"目前全国专升本的比例已达20%"[2]。

目前，专升本教育已成为我国普通高等教育的重要组成部分，小学教育专升本数量也在增加，就河南省而言，近三年小学教育专升本的招生计划为：2020年1940人，2021年1580人，2022年2185人。安阳师范学院小学教育专升本2020年招生298人，2021年招生182人，2022年招生124人。近三年小学教育（专升本）在校生数已与全科小学教育专业持平，其课程建设也愈加重要。

第二节　安阳师范学院小学教育（专升本）课程设置

安阳师范学院教育学院从2017年起开始招收专升本小学教育专业，2019年停招，2020年恢复招生。小学教育专升本专业修业年限为2年，采用学年学分制，以课程设置为主的人才培养方案主要参照同期实施的普通本科和全科小学教育专业人才培养方案制订，现有2017版、2020版、2021版和2022版四版人才培养方案，以下简要分析各方案的课程设置。

一、2017版小学教育专业（专升本）人才培养方案

2017版《安阳师范学院小学教育（专升本）人才培养方案》是安阳师范学

---

[1] 孙霄兵. 常用教育法律法规[M]. 北京：教育科学出版社，2010：362-363.
[2] 劳赐铭. 高职学生专升本存在的问题、原因分析与对策[J]. 教育与职业，2022（16）：46-50.

院小学教育（专升本）第一个人才培养方案，该方案主要借鉴了 2015 版《安阳师范学院小学教育（普本）人才培养方案》和 2016 版《安阳师范学院小学教育（全科）人才培养方案》的相关内容，由安阳师范学院教育学院教育系具体制定。具体内容如下。

安阳师范学院小学教育专业（专升本）人才培养方案
（2017 版）
（教育学）

一、培养目标

本专业旨在培养能适应 21 世纪小学教育改革和发展需要，热爱小学教育事业，德智体美全面发展，具备良好的职业道德和文化素质，掌握教育科学理论知识和学科基本理论知识，学科素养和教师专业素养高度整合，富有社会责任感、创新意识、良好的艺术修养、教育教学工作能力和研究能力，能够胜任小学多门学科教学和教育管理工作，"下得去，留得住，教得好"的高素质全科型小学教师，并为更高层次的教育专业培养合格生源。

二、培养规格

1. 以马克思列宁主义、毛泽东思想、邓小平理论、"三个代表"重要思想和科学发展观为指导，领会和掌握中国特色社会主义道路、中国特色社会主义理论体系、中国特色社会主义制度的精神实质，具有坚定的理想信念和政治立场。

2. 热爱农村小学教育事业，立德树人，具有扎根农村长期从教、终身从教的使命感，具有良好的教师职业道德，具有社会责任感、改革创新意识，具有奉献精神和团队精神。强化教师专业精神的养成，具有良好的教师职业理想、责任、使命、情感、态度和价值观。

3. 熟悉国家教育法规和方针政策，了解基于小学教育改革的发展趋势，能够正确认识和把握小学课程的性质、价值和目标，学会运用符合小学教育规律的教学方法和科学的教学评估原则、方法，能够胜任小学课堂教学、指导小学生课外艺体活动和参与校园文化环境建设。

4. 系统掌握从事小学教育各科教学所必备的学科基本理论、基础知识和基本技能。主要包括数学、自然科学、汉语言文学、英语语言文学、思想品德教育、音乐、美术、体育等学科的基本知识和基本理论。掌握科学实验的基本技能和体育训练技能，具有良好的艺术理论修养，健康的审美观和一定的艺术教育能力。

5. 坚持育人为本、实践取向、终身学习的理念。具有较强的组织协调能力、表达能力、教育科研能力、教育反思能力以及使用现代教育信息技术的能力和开发小学生潜质的能力。

6. 掌握标准的普通话，规范的三笔字和熟练操作信息技术的能力。掌握一门外语，具有一定的外语应用能力。养成良好的锻炼习惯、卫生习惯和生活习惯，具有良好的心理素质、健康的体魄和积极向上的生活态度。掌握体育运动的基本知识和技能，达到国家规定的《大学生体育合格标准》。

三、学制、学位

1. 学制：二年

2. 学位：教育学学士

四、毕业要求

1. 本专业学生需修满该培养方案规定的75学分，1030学时。

2. 圆满完成该培养方案规定的各项实践环节并考核合格。

五、学程时间安排

标准全学程共93周，其中课堂讲授54周，专业（教育）实习6周，毕业论文（设计）8周，复习考核3周，寒暑假20周。

表9-1　学程时间安排表

学年 学期 项目	第一学年 上学期 19周	第一学年 下学期 19周	第二学年 上学期 19周	第二学年 下学期 14周	合计
课堂教学	18	18	18		54
考核	1	1	1	1	4
教育见习		1★			1
学年论文		2★			2
课程设计			2★		2
项目课程			1★		1
专业（教育）实习				6	6
毕业论文（设计）				8	8
寒、暑假	14周		6周		

注：★表示教育见习、学年论文、课程设计、项目课程时间和课堂教学时间可以交叉。

六、课程体系

课程体系由"三大教育平台六大课程模块"构成。"三大教育平台"包括通识教育平台、专业教育平台、实践教育平台。"六大课程模块"包括通识教育必修课程模块、通识教育选修课程模块、专业必修模块、专业选修模块、实验实践模块和集中实践模块。

总体课程体系结构及学分学时分配，如表9-2所示。

表9-2　总体课程体系结构及学分学时分配

平台类别	课程模块	课程组成	学分分配	学时分配
通识教育平台	通识教育必修课程模块	1. 马克思主义基本原理 2. 当代世界经济与政治 3. 形势与政策 4. 大学英语（三） 5. 大学英语（四） 6. 大学生职业生涯规划	15学分	284学时
	通识教育选修课程模块	1. 人文社会科学系列 2. 自然科学技术系列 3. 教师教育系列 4. 健康艺术体育系列	2学分	不计学时
专业教育平台	专业必修课程模块	旨在传授本专业核心知识、深化知识	25学分	450学时
	专业选修课程模块		最少修满17学分	270学时
实践教育平台	实验实践模块	包括独立开设的实验课程、随课论开设的实验课程、课程实践等	此部分（10~20学分）包含在通识教育平台和专业教育平台里面，不单独计算	不计学时
	集中实践模块	学年论文、课程设计、项目课程、专业实训、教育见习、教育实习、毕业论文（设计）等环节	要求学生至少修满16学分	不计学时

续表

平台类别	课程模块	课程组成	学分分配	学时分配
合计	75 学分，1030 学时			
说明	1. 专业（教育）见习、专业（教育）实习、毕业论文（设计）为必选环节 2. 形式与政策 1 学分，开设在 1~4 学期 3. 学年论文、课程设计、项目课程、教育实习等环节 1 周记 1 学分；理论课 16~18 学时记 1 学分；实验课 16~18 学时记 1 学分			

（一）通识教育平台（17 学分，其中通识教育必修课程模块 15 学分，通识教育选修课程模块 2 学分）

通识教育平台中的课程模块是学校层面的课程模块，是所有在校生公共学习课程，包括通识教育必修课程模块和通识教育选修课程模块。通识教育必修课程模块主要包括马克思主义原理、当代世界经济与政治、形势与政策、大学英语（三）、大学英语（四）、大学生职业生涯规划课程等。通识教育选修课程模块分为四个系列：人文社会科学系列、自然科学技术系列、教师教育系列、健康艺术体育系列。

1. 大学生职业生涯规划课程

将学业指导课程和大学生就业指导课程合并为大学生职业生涯规划课程，由各学院和大学生就业指导与服务中心共同开设。该类课程共 1 学分。

2. 通识教育选修课程

将网络课程引入通识教育选修课程模块。通识教育选修课程设置为现场课程和网络课程两种形式。现场课程由学校统一安排在双休日进行，网络课程依托网络在线教育平台进行。

表9-3 通识教育平台课程模块

课程模块	课程代码	课程名称	总学时数	总学分数	总学时分配 讲授	总学时分配 实验	总学时分配 实践	学期、周学时安排 第一学年 1	学期、周学时安排 第一学年 2	学期、周学时安排 第二学年 3	学期、周学时安排 第二学年 4	考核方式
通识教育必修课程模块	S204111003	马克思主义基本原理	54	3	28		26	3				1
	S204111015	当代世界经济与政治	36	2	28		8		2			2
	S204111006	形势与政策	16	1	16				见注			2
	S084111004	大学英语（三）	72	4	64		8	4				2
	S084111005	大学英语（四）	72	4	64		8		4			1
	S294111002	大学生职业生涯规划	24	1	24			2				2
		小计	284	15	258			9	6			
通识教育选修课程	\multicolumn{12}{l}{1. 通识选修课程分为四个系列：人文社会科学系列、自然科学技术系列、教师教育系列和健康艺术体育系列 2. 每位学生选修学分不低于3学分 3. 通识教育选修课程安排在第1~4学期开设}
说明	\multicolumn{12}{l}{1. 考试方式中，1为考试，2为考查 2. 形势与政策课程总计1学分，开设在第1~4学期 3. 有课程实践环节的课程，其课堂讲授周数按照周学时上满讲授总学时即可，不延长讲授周数。课程实践可与讲授同步安排或交叉延后安排。其他平台的课程也以此为准安排}

（二）专业教育平台（共42学分，其中必修课程25学分，选修课程17学分）

专业教育平台是培养各专业知识、专业素养、专业能力的教育平台，主要深化专业知识，系统学习专业理论体系。包括专业必修课程和专业选修课程。

1. 专业必修课程

必修课是根据培养目标，为保证人才培养基本规格，学生必须修读的课程，旨在夯实学生的专业基础，着力培养专业核心知识和核心能力；同时根据各专业业务范围、方向学习与专业相关的知识和技能的课程，旨在提升学生的核心竞争力，一般开设在第1~3学期。

2. 专业选修课程

专业选修课程是指学生根据个人兴趣和实际需要选择的旨在扩大知识面，提高适应能力的课程，允许学生结合自己的兴趣、爱好和特长进行选修。专业选修课所列出课程的总学分、学时应为学生实际所选课程学分、学时数的150%~200%。

表9-4 专业教育平台课程模块

课程模块	课程代码	课程名称	总学时数	总学分数	总学时分配 讲授	总学时分配 实验	总学时分配 课程实践	第一学年 1	第一学年 2	第二学年 3	第二学年 4	考核方式
专业必修课程模块	S141024001	小学心理学	60	3	48		12	3				2
	S140624002	教育原理	64	4	54		10	3				1
	S140624003	中国教育史	59	4	54		5	3				1
	S140624004	外国教育史	60	3	54		6		3			1
	S140624005	教育心理学	53	3	45	8			3			1
	S140624006	教育研究方法	46	2	36		10		2			2
	S140624007	教育统计学	48	2	36	6	6		2			2
	S141024005	小学语文课程标准与教学设计	40	2	36		4		2			2
	S141024007	小学数学课程标准与教学设计	40	2	36		4		2			2
	S141024008	小学英语课程标准与教学设计	40	2	36		4		2			2

续表

课程模块	课程代码	课程名称	总学时数	总学分数	总学时分配 讲授	总学时分配 实验	课程 实践	学期、周学时安排 第一学年 1	学期、周学时安排 第一学年 2	学期、周学时安排 第二学年 3	学期、周学时安排 第二学年 4	考核方式
专业选修课程模块	S140625107	家庭教育学	44	2	36		8	2				2
	S1406251004	教育名著解读	28	1	18		10			2		2
	S140225310	教育专书解读	32	2	26		6			2		2
	S140625105	教育经济学	44	2	36		8	2				2
	S140625115	教育哲学	46	2	36		10	2				2
	S140025117	教师职业道德	28	1	18		10		2			2
	S141024006	小学班队原理与实践	30	2	22		8			2		2
	S140625109	教育行政学	44	2	36		8			2		2
	S154125101	现代教育技术	32	2	24	8		2				1
	S140625111	基础教育专题研究	30	2	20		10		2			2
	S141025009	小学生心理辅导	22	1	18		4			2		2
	S141023005	人文社会科学基础	26	1	16		10			2		2
	S324125401	大学生创业基础	32	2	24		8			2		2
	S064125201	公务员考录	64	4	36		28			2		2
	S141025006	儿童文学	28	2	24		4	2				2
	S214111002	音乐基础（乐理、视唱练耳）	40	2.5	36	4		2				2
公共艺术部（设置）		美术基础（素描、色彩）	38	2	34		6		2			2

续表

课程模块	课程代码	课程名称	总学时数	总学分数	总学时分配			学期、周学时安排				考核方式
					课堂讲授	课程实验	实践	第一学年		第二学年		
								1	2	3	4	
	S140025105	教师礼仪练习☆					见注					2
	S140025106	书写技能实践☆										2
	S140025107	说课技能训练☆										2
	S140025108	教师基本功实践☆										2
	S140025109	教学名师观摩☆										2
	S140025110	地方基础教育调查研究☆										2
小计			608	325	460	12	116	10	8	16		
说明												
1. 选修课课时学分34学分，占学生实际选修学分200%												
2. 带☆的课程是师范专业教育实习的必修课程，在实习期间完成，其他未标注的为选修课程												

（三）实践教育平台（共26~31学分）

1. 实验课程模块

实验课程从属于理论课，是为验证课程的理论、原理、规律设置的课内实践教学环节。实验模块包括与理论课程同步进行的实验和单独开设的实验课程。

2. 课程实践模块

课程实践是课程课堂教学之外的实践教学环节，它是教师围绕课程知识指导、由学生自主学习的实践环节，旨在通过理论联系实际，培养学生的实践能力和创新精神。一般不以课堂讲授的方式进行，其学时包含于对应课程总学时之中。课程实践要有严格的教学大纲、教学计划和教学安排。

实践教育平台是为培养学生的创新精神和实践能力而设定的实践性课程，包括学年论文、课程设计、项目课程、教育见习、教育实习、毕业论文（设计）等环节，实践教育平台课程模块设置见表9-5。

表 9-5 实践教育平台课程模块

模块	编号	课程名称	周数	学分	开课学期	考核方式
通识教育必修课程模块	S204111003	马克思主义基本原理	1	1	1	1
	S204111015	当代世界经济与政治	0.5	2	2	2
	S084111004	大学英语（三）	0.5	1	1	2
	S084111005	大学英语（四）	0.5	2	2	1
专业必修课程与专业选修课程模块	S140025117	教师职业道德	0.5	2	2	2
	S140423001	教育心理学	0.5	2	2	1
	S141024001	小学心理学	0.5	1	1	2
	S140624002	教育原理	0.5	2	2	1
	S140624003	中国教育史	0.5	1	1	2
	S140624004	外国教育史	0.5	2	2	1
	S140624006	教育研究方法	1	2	2	1
	S140624007	教育统计学	0.5	2	2	2
	S141024005	小学语文课程标准与教学设计	0.5	1	1	2
	S141024007	小学数学课程标准与教学设计	0.5	2	2	2
	S141024008	小学英语课程标准与教学设计	0.5	3	3	2
	S140625115	教育哲学	1	2	2	2
	S140625107	家庭教育学	1	2	2	2
	S140625111	基础教育专题研究	1	2	2	2
	S140025117	教师职业道德	1	1	1	2
	S141023005	人文社会科学基础	0.5	3	3	2
	S141025002	小学德育理论与实践	0.5	2	2	1

续表

模块	编号	课程名称	周数	学分	开课学期	考核方式
专业必修课程与专业选修课程模块	S141025006	儿童文学		0.5	1	2
	公共艺术部	音乐基础（乐理、视唱练耳）		0.5	1	2
	公共艺术部	美术基础（素描、色彩）		0.5	2	2
	S141025009	小学生心理辅导		0.5	3	2
	S324125401	大学生创业基础		0.5	3	2
	S064125201	公务员考录	2		3	2
集中实践模块	S140438001	教育实习	6	6	第4学期，安排6周教育实习，8周毕业论文设计。在专业实习过程中，还要结合个人论文选题，进行资料的收集、整理以及调研工作，为完成毕业论文奠定基础	1
	S140438002	毕业设计	8	6		1
	S140438005	学年论文	2	1	在第一学年完成。要求学生在第一学年第2学期的第11、12周提交1篇与本专业有关的论文或研究报告，计1学分	2
	S140438006	教育见习	1	1	在第2学期的第6周左右进行，由学校统一安排。也可根据实际情况，安排学生到中小学实地调查，进行为期1周的教育见习，使学生进一步了解中小学教育流程，增强专业学习的自觉性与目的性，为树立科学的教育观打好基础	2

续表

模块	编号	课程名称	周数	学分	开课学期	考核方式
	S140438007	课程设计	2	1	主要在第3学期完成。配合学校大学生教学技能大赛，在各班举行课程设计或说课比赛，为学校彰德教师班选拔人才，提高学生的教学技能	2
	S140538008	项目课程	1	1	主要在第3学期完成。针对当前教育热点前沿等话题，组织学生开展资料查阅、调研、讨论等一系列活动，培养学生的教研技能，增强学生的职业责任感	2
说明	1. 实验课程、课程实践、学年论文、课程设计等环节一般开设在第1~3学期 2. 实验课程模块、课程实践模块的学分学时包含在通识教育平台和专业教育平台之中，在总学分总学时中不重复计算 3. 专业（教育）实习、毕业设计（论文）为各个专业必选环节，在第3、4学期完成						

七、专业核心课程及部分选修课程介绍（略）

2017版小学教育（专升本）人才培养方案在实施过程中采用学年制，统一开课，对学生的方向性学习或专长学习造成一定的影响。这也成为后续方案制订时需要着力解决的主要问题。

二、2020版小学教育（专升本）人才培养方案

2020版安阳师范学院小学教育（专升本）人才培养方案与2019版安阳师范学院小学教育（全科）人才培养方案一样，均是在小学教育专业认证的背景下制订的，由安阳师范学院初等教育系具体制订。其基础是2017版小学教育专升本人才培养方案，2020版主要变化是"课程与教学"类课程方面，在延续2017版把小学语文课程标准与教学设计、小学数学课程标准与教学设计、小学英语课程标准与教学设计同时作为必修课的基础上，增加了微格教学指导、小学课程与教学研究两门方向性课程，开课时具体分为小学语文微格教学指导、小学

语文课程与教学研究，小学数学微格教学指导、小学数学课程与教学研究，小学英语微格教学指导、小学英语课程与教学研究。学生从语文、数学、英语中选修一个方向性课程，从教学能力和研究能力方面促进自己的专长发展。以下为具体内容。

教育学院小学教育（专升本）人才培养方案
（2020版）

（学科门类：教育学　专业类别：小学教育　专业代码：040107）

一、专业简介

安阳师范学院小学教育专业源于1908年创办的彰德师范传习所小学教师培养，至今已有112年的专业发展史。2000年小学教育专科开始招生，2007年小学教育本科开始招生。本专业现在拥有一支教学科研能力强、学历层次高、高职称占比高的优秀教师队伍和一个院级科研创新团队，拥有虚拟仿真实验教学项目、教师教育实验中心等省级质量工程项目和书法教室、美术教室、手工制作教室、微格教室、钢琴房、形体练功房、科学实验室、心理咨询室等专业实验室，有校外优质实践教学基地27个，是学校特色专业。

二、学制、学位、学分

学制：两年

学位：教育学学士

学分：80

三、培养目标

安阳师范学院小学教育专业立足豫北、面向河南、辐射全国，培养具有国际视野、本土情怀，儿童为本、彰德博学，素养全面、一专多能的创新型小学教师和教育管理人才，为毕业后成长为骨干教师、卓越教师、教育家型教师奠定坚实基础。毕业五年后能够成长为小学骨干教师。

四、毕业要求

经过两年培养，毕业前应达到《普通高等学校本科专业类教学质量国家标准》规定的小学教育专业在培养目标上的要求，即具有良好思想道德品质、扎实的学科知识和较强的教育教学能力，一专多能的高素质小学教师。符合师范类专业认证"一践行三学会"的要求，取得毕业资格（有毕业证书、学位证书、教师资格证书），普通话达到二级乙等、"三字一话"考核合格、学科教学能力达标等毕业及学位授予要求。具体如下：

(一) 践行师德

1. 师德规范

践行社会主义核心价值观，坚持立德树人，增进对中国特色社会主义的认同。贯彻党的教育方针；遵守新时代中小学教师职业行为准则规范要求，有依法执教意识，立志成为有理想信念、有道德情操、有扎实学识、有仁爱之心的好老师。

2. 教育情怀

具有从教意愿，认同教师工作的意义和专业性，具有正确的教育观、教学观、学生观，对学生对教育有积极的情感；具有强烈的爱心与责任感，乐于做学生成长的指导者和引路人。

(二) 学会教学

3. 学科素养

具有良好的人文与科学素养，掌握主教学科的知识体系、思想与方法，理解学科核心素养内涵；掌握兼教学科和其他学科的基本知识、基本原理和技能，了解学科知识体系基本思想和方法；初步习得基于核心素养的学习指导方法和策略。

4. 教学能力

能够以学习者为中心，创设适合的学习环境，科学指导学习过程，进行有效学习评价。具备课程整合与综合性学习设计与实施能力；运用现代信息技术支持学习设计和转变学生学习方式。

(三) 学会育人

5. 班级指导

树立"德育为先"的理念，了解小学德育原理与方法；掌握班级组织与建设的工作规律与方法，能够胜任班主任工作；能够组织、指导德育与心理健康教育等活动，具备与家长及社区沟通与合作的能力。

6. 综合育人

掌握育人的知识与技能，处理好小学生全面发展和个性发展的关系；在实践中，能够结合学科教学进行育人活动；了解校园文化和教育活动的育人内涵与方法；积极参与组织主题教育、少先队活动和社团活动。

(四) 学会发展

7. 学会反思

运用批判性思维方法，能够从学生学习、课堂教学、学科理解等不同角度进行反思；掌握教育实践研究的方法和指导学生探究学习的技能，具有一定的创新意识和教育教学研究能力。

8. 沟通合作

具有团队协作精神，掌握沟通合作技能，能够开展小组互助与合作学习；能够与学生、家长进行有效沟通与合作，促进学生发展；能够与同事合作交流，共同学习与发展。

五、学程时间安排

标准全学程共91周。其中课堂讲授54周，教育实习6周，毕业论文（设计）8周，复习考试4周，寒暑假20周。

表9-6　学程时间安排表

学年 学期 项目	第一学年		第二学年		合计
	上学期 19周	下学期 19周	上学期 19周	下学期 14周	
课堂教学	18	18	18		54
考　核	1	1	1	1	4
学年论文		1			1
课程设计			1		1
教育实习				6	6
毕业论文（设计）				8	8
寒、暑假		14	6		

六、课程体系结构

2019版本科专业人才培养方案课程体系由"三大教育平台七大课程模块"构成。"三大教育平台"包括通识教育平台、专业教育平台、实践教育平台。"七大课程模块"包括通识教育必修课程模块、通识教育选修课程模块、专业必修模块、专业选修模块、实验实践模块、集中实践模块和第二课堂模块。平台学分及学时构成见表9-7。

表 9-7　总体课程体系结构及学分学时分配

平台类别	课程模块	课程类别	课程组成	学分分配	学时分配
通识教育平台	通识教育必修课程	必修	1. 马克思主义基本原理 2. 当代世界经济与政治 3. 形势与政策 4. 大学英语（三） 5. 大学英语（四） 6. 大学计算机基础（二） 7. 大学生职业生涯与发展规划 8. 劳动教育	18 学分	310 学时 不计学时
	通识教育选修课程	选修	1. 人文社会科学系列 2. 自然科学技术系列 3. 教师教育系列 4. 健康艺术体育系列 5. 校本课程系列	2 学分	不计学时
专业教育平台	专业必修课程	必修	旨在传授本专业核心知识、深化知识	26 学分	494 学时
	专业选修课程	选修	按照学生应选学分的 150%~200% 设置	15.5 学分	320 学时
实践教育平台	实验实践	必修	独立开设的实验课程、随理论课开设的实验课程、课程实践等	单独计算	不计学时
	集中实践	必修	学年论文、课程设计、项目课程、专业实训、专业（教育）实习、毕业论文（设计）、金工（木工）实习等环节	16 学分	不计学时
	第二课堂	必修		2.5 学分	不计学时
合计	80 学分，1122 学时				
说明	1. 教育实习、毕业论文（设计）为必选环节 2. 形式与政策 1 学分，开设在 1~4 学期 3. 学年论文、课程设计、项目课程、专业实训、金工（木工）实习等环节 1 周记 1 学分；理论课 16~18 学时记 1 学分；实验课 16~18 学时记 1 学分				

七、课程安排

1. 通识教育平台（20 学分，其中通识教育必修课程模块 18 学分，通识教育选修课程模块 2 学分）

通识教育平台包括通识教育必修课程模块和通识教育选修课程模块，设置见表 9-8。学校将网络教学形式引入通识教育课程教学，实行线上线下相结合的混合式教学形式。线下课堂教学由学校统一安排，线上课程教学依托网络在线开放课程教学进行，学生可通过在线学习完成课程学习任务。通识教育平台课程设置具体要求如下：

(1) 通识教育必修课程模块

通识教育必修课程模块主要包括马克思主义原理、当代世界经济与政治、形势与政策、大学英语（三）、大学英语（四）、计算机基础（二）、大学生职业生涯规划、劳动教育等。

承担通识必修课程教学任务的学院举办专业可以调整通识必修课程设置，例如，英语专升本专业可将大学英语通识必修课调整为日语或俄语作为本专业的通识必修课程，或者将大学英语通识必修课学分调整为专业教育学分，通识教育平台学分占总学分比例也随之调整。

思想政治教育类课程。强化思想政治理论课程理想信念的引领功能。设置 6 学分 106 学时，其中，理论课程 4 学分 72 学时，课程实践 2 学分 34 学时。

大学英语课程。大学英语必修课程共计 8 学分 144 学时，其中，理论课程 7 学分 128 学时，课程实践 1 学分 16 学时。通过全国大学英语四级的学生可获得大学英语必修课程 8 学分。

大学计算机基础课程。设置 2 学分 36 学时，其中，理论课程 1.5 学分 24 学时，实验及课程实践 0.5 学分 12 学时。获得全国计算机等级考试二级以上证书的学生可获得相应课程的 2 学分。

大学生职业生涯规划课程。将学业指导课程和大学生就业指导课程合并为大学生职业生涯规划课程，由各学院和大学生就业指导与服务中心共同开设。该类课程共 1 学分。

劳动教育课程。增设劳动教育课程，设置 1 学分，不计学时。学生通过《安阳师范学院劳动教育管理办法》完成学习任务，可获得相应 1 学分。

(2) 通识教育选修课程模块

通识教育选修课程共计 2 学分，设置人文社会科学、自然科学技术、教师教育、健康艺术体育等系列选修课程。同时增设具有安阳地方特色的红旗渠精神和甲骨文研究的校本课程。人文社科类专业学生至少选修1学分理工科类课程，理工科类专业学生至少选修1学分人文社科类课程。

表9-8 通识教育平台课程模块

课程模块	课程代码	课程名称	总学时数	总学分数	总学时分配 讲授	总学时分配 实验	课程实践	第一学年 1	第一学年 2	第二学年 3	第二学年 4	考核方式
通识教育必修课程模块	D219100103	马克思主义基本原理	54	3	28		26	3				1
		当代世界经济与政治	36	2	28		8		2			2
	D219100106	形势与政策	16	1	16			见注	2			
	D099111003	大学英语（三）	72	4	64		8	4				2
		大学英语（四）	72	4	64		8		4			1
		大学计算机基础（二）	36	2	24	6	6	2				2
	D329111101	大学生职业生涯规划	24	1	24			2				2
	D289111002	劳动教育		1								2
		小计	310	18	248	6	56	11	6			
通识教育选修课程	1. 通识选修课程分为五个系列：人文社会科学系列、自然科学技术系列、教师教育系列、健康艺术体育系列和校本课程系列；通识教育选修课程设置为现场课程和网络课程两种形式。现场课程由学校统一安排在双休日进行，网络课程依托网络在线教育平台进行 2. 每位学生选修学分不低于2学分 3. 通识教育选修课程安排在第1~4学期开设											
说明	1. 考试方式中，1为考试，2为考查 2. 形势与政策课程总计1学分，开设在第1~4学期 3. 有课程实践环节的课程，其课堂讲授周数按照周学时上满讲授总学时即可，不延长讲授周数。课程实践可与讲授同步安排或交叉延后安排。其他平台的课程也以此为准安排											

2. 专业教育平台

专业教育平台是培养各专业知识、专业素养、专业能力的教育平台，主要深化专业知识，系统学习专业理论体系。包括专业必修课程和专业选修课程。

（1）专业必修课程

必修课是根据培养目标，为保证人才培养毕业要求，学生必须修读的课程，旨在夯实学生的专业基础，着力培养专业核心知识和核心能力；同时根据各专业业务范围、方向学习与专业相关的知识和技能的课程，旨在提升学生的核心竞争力，一般开设在第1~3学期。

（2）专业选修课程

专业选修课程是指学生根据个人兴趣和实际需要选择的旨在扩大知识面，提高适应能力的课程，允许学生结合自己的兴趣、爱好和特长进行选修。

表 9-9　师范专业教育平台课程模块

课程模块	课程代码	课程名称	总学时数	总学分数	总学时分配 课堂 讲授	总学时分配 课堂 实验	总学时分配 课程 实践	学期、周学时安排 第一学年 1	学期、周学时安排 第一学年 2	学期、周学时安排 第二学年 3	学期、周学时安排 第二学年 4	考核方式
专业必修课程	D147023001	小学教育学	52	3	42		10	3				1
	D147023002	小学教育心理学	52	3	42		10	3				1
	D147023003	中外教育简史	52	3	42		10	3				1
	D147324012	家庭教育学	44	2	34		10		2			2
	D147324006	小学综合实践活动设计	34	1.5	24		10		2			2
	D147324007	小学生心理辅导	28	1	18		10		2			2

续表

课程模块	课程代码	课程名称	总学时数	总学分数	总学时分配			学期、周学时安排				考核方式
					课堂		课程	第一学年		第二学年		
					讲授	实验	实践	1	2	3	4	
专业必修课程	D147324008	小学生品德发展与道德教育	34	1.5	24		10		2			1
	D147324009	小学教师职业道德	28	1.5	18		10	2				2
	D147324010	小学教育研究方法	42	2	32		10		2			1
	D147325003	小学语文课程标准与教学设计	46	2.5	36		10	2				1
	D147325015	小学数学课程标准与教学设计	46	2.5	36		10	2				1
	D147325029	小学英语课程标准与教学设计	46	2.5	36		10		2			1
小计			504	26	384		120	14	13			
专业选修课程	D147324005	小学班队原理与实践★	40	2	32		8		2			2
	D147324002	小学教育哲学	28	1.5	18		10		2			2
	D147325063	SPSS基础与应用	28	1.5	18		10			2		2

续表

课程模块	课程代码	课程名称	总学时数	总学分数	总学时分配			学期、周学时安排				考核方式
					课堂		课程	第一学年		第二学年		
					讲授	实验	实践	1	2	3	4	
专业选修课程	D147325053	教育政策法规	28	1.5	18		10	2				2
	D150025101	现代教育技术	40	2	18	8	14			2		2
	D147325041	音乐基础（弹唱与指挥）	40	2	36		4	2				2
	D147325042	美术基础（素描、色彩、简笔画）	40	2	36		4	2				2
	D147325075	微格教学指导	46	2.5	36		10		2			2
	D147325076	小学课程与教学研究	46	2.5	36		10			2		2
	D147325071	教师礼仪练习☆										2
	D147325072	书写技能实践☆										2
	D147325073	说课技能训练☆										2
	D147325074	教师基本功实践☆										2
	D147325075	教学名师观摩☆										2
	D147325057	教育名家名著解读	40	2	34		6	2				2
	D147325014	人文社会科学基础	42	2	34		8	2				1
	D147325026	自然科学基础	42	2	34		8	2				1
	D147325052	特殊教育概论★（双语课程）	40	2	30		10		2			2

续表

课程模块	课程代码	课程名称	总学时数	总学分数	总学时分配			学期、周学时安排				考核方式
					课堂		课程	第一学年		第二学年		
					讲授	实验	实践	1	2	3	4	
专业选修课程	D147325019	小学数学思维	28	1.5	18		10		2			2
	D147325059	红旗渠研学旅行课程开发	22	1	18		4	2				2
	D147325060	甲骨文书法	22	1	18		4		2			2
	D147325061	安阳师院小教发展史专题	18	1	14		4	2				2
	D147325062	全球小学课程与教学改革专题	18	1	14		4		2			2
小计			608	31	462	8	138	14	10	12		
说明	带★的课程是师范专业必修课程，带☆的课程是师范专业教育实习的必修课程，在实习期间完成。其他未标注的为选修课程												

3. 实践教育平台（16 学分）

实践教育平台是为培养学生的创新精神和实践能力而设定的实践性课程，包括实验课程、课程实践、学年论文、课程设计、项目课程、专业实训、专业（教育）实习、毕业论文（设计）、金工（木工）实习等环节，其中专业（教育）实习、毕业论文（设计）为各个专业必选环节且以集中形式开展。实践教育平台课程模块设置见表 9-10。

（1）实验课程

实验课程从属于理论课，是为验证课程的理论、原理、规律设置的课内实践教学环节。实验模块包括与理论课程同步进行的实验和单独开设的实验课程。

263

(2) 课程实践

课程实践是课程课堂教学之外的实践教学环节，它是教师围绕课程知识指导、由学生自主学习的实践环节，旨在通过理论联系实际，培养学生的实践能力和创新精神。一般不以课堂讲授的方式进行，其学时包含在对应课程总学时之中。课程实践要有严格的教学大纲、教学计划和教学安排。

表 9-10　实践教育平台课程模块

模块	编号	课程名称	周数	学分	开课学期	考核方式	备注
实验实践课程模块	D219100103	马克思主义基本原理	1	1	1		
		当代世界经济与政治	0.5	2	2		
	D099111003	大学英语（三）	0.5	1	2		
		大学英语（四）	0.5	2	1		
		大学计算机基础（二）	0.5	1	2		
	D147023001	小学教育学	0.5	1	1		
	D147023002	小学教育心理学	0.5	1	1		
	D147023003	中外教育简史	0.5	1	1		
	D147324012	家庭教育学	0.5	2	2		
	D147324006	小学综合实践活动设计	0.5	2	2		
	D147324007	小学生心理辅导	0.5	1	2		
	D147324008	小学生品德发展与道德教育	0.5	2	1		
	D147324009	小学教师职业道德	0.5	1	2		
	D147324010	小学教育研究方法	0.5	2	1		

续表

模块	编号	课程名称	周数	学分	开课学期	考核方式	备注
实验实践课程模块	D147325003	小学语文课程标准与教学设计	0.5		1	1	
	D147325015	小学数学课程标准与教学设计	0.5		2	1	
	D147325029	小学英语课程标准与教学设计	0.5		2	1	
	D147324005	小学班队原理与实践	0.5		2	2	
	D147324002	小学教育哲学	0.5		2	2	
	D147325063	SPSS基础与应用	0.5		3	2	
	D147325053	教育政策法规	0.5		1	2	
	D150025101	现代教育技术	0.5		3	2	
	D147325075	微格教学指导	0.5		2	2	
	D147325076	小学课程与教学研究	0.5		3	2	
	D147325057	教育名家名著解读	0.5		1	2	
	D147325014	人文社会科学基础	0.5		1	1	
	D147325026	自然科学基础	0.5		1	1	
	D147325052	特殊教育概论（双语课程）	0.5		2	2	
	D147325019	小学数学思维	0.5		3	2	

续表

模块	编号	课程名称	周数	学分	开课学期	考核方式	备注
集中实践模块	S190438001	专业（教育）实习	6	6	第4学期，安排6周教育实习，8周毕业论文设计。在专业实习过程中，还要结合个人论文选题，进行资料的收集、整理以及调研工作，为完成毕业论文奠定基础	1	
	S190438002	毕业设计（论文）	8	8		1	
	S190438004	学年论文	2	1	在第一学年完成。要求学生在第一学年第2学期的第11、12周提交1篇与本专业有关的论文或研究报告，计1学分	2	
	S190438004	教育见习	1	1	在第2学期的第6周左右进行，由学校统一安排。也可根据实际情况，安排学生到中小学实地调查，进行为期1周的教育见习，使学生进一步了解中小学教育流程，增强专业学习的自觉性与目的性，为树立科学的教育观打好基础	2	
	S190438005	教学设计	1	1	主要在第3学期完成。结合学校大学生教学技能大赛，在各班举行课程设计或说课比赛，为学校彰德教师班选拔人才，提高学生的教学技能	2	
	S140538006	项目课程	1	1	主要在第3学期完成。针对当前教育热点前沿等话题，组织学生开展资料查阅、调研、讨论等一系列活动，培养学生的教研技能，增强学生的职业责任感	2	

续表

模块	编号	课程名称	周数	学分	开课学期	考核方式	备注
第二课堂模块		按照《安阳师范学院"第二课堂成绩单"制度实施暂行办法》执行				2.5学分	
说明	1. 实验课程、课程实践、学年论文、项目课程等环节一般开设在第1~3学期 2. 专业（教育）实习、毕业设计（论文）为各个专业必选环节，在第3、4学期完成						

4. 课程理论教学与课程实践环节一体化安排表

按照人才培养目标，加强理论教学与实践教学的紧密联系，提高教学水平和人才培养质量。

表9-11 课程理论教学与课程实践教学环节一体化教学安排表

课程名称 \ 教学环节	理论教学	实验教学	课程实践	课程论文	项目课程
马克思主义基本原理	√		√		
当代世界经济与政治	√		√		
形势与政策	√		√		
大学英语（三）	√		√		
大学英语（四）	√		√		
大学计算机基础（二）	√	√	√		
大学生职业生涯规划	√				
劳动教育	√		√		
小学教育学	√		√		
小学教育心理学	√		√		
中外教育简史	√		√		
家庭教育学	√		√		
小学综合实践活动设计	√		√		
小学生心理辅导	√		√		
小学生品德发展与道德教育	√		√		

续表

课程名称＼教学环节	理论教学	实验教学	课程实践	课程论文	项目课程
小学教师职业道德	√		√		
小学教育研究方法	√		√		
小学语文课程标准与教学设计	√		√		
小学数学课程标准与教学设计	√		√		
小学英语课程标准与教学设计	√		√		
小学班队原理与实践	√		√		
小学教育哲学	√		√		
教师专业发展	√		√		
教育政策法规	√				
现代教育技术	√	√	√		
音乐基础	√		√		
美术基础	√		√		
微格教学指导	√		√		
小学课程与教学研究	√				
教师礼仪练习			√		
书写技能实践			√		
说课技能训练			√		
教师基本功实践			√		
教学名师观摩			√		
教育名家名著解读	√		√		
人文社会科学基础	√		√		
自然科学基础	√		√		
特殊教育概论（双语课程）	√		√		
小学数学思维	√		√		
红旗渠研学旅行课程开发	√		√		
甲骨文书法	√		√		
安阳师院小教发展史专题	√		√		
全球小学课程与教学改革专题	√		√		

注：1. 根据课程教学目标对毕业要求的支撑作用合理设计课程实践教学环节。

2. 推进课程理论教学与课程实践教学环节一体化安排,提高理论教学与实践教学紧密联系,提高课程教学应用效果。

3. 一体化安排的相应实践教学环节用√标注。

4. 各专业人才培养方案中设计两个以上(含两个)教学环节的所有必修课程,均须实施一体化教学安排。

八、专业核心课程及部分选修课程介绍(略)

三、2021小学教育(专升本)人才培养方案

2021版小学教育(专升本)人才培养方案是在2019版的基础上修订而成的,其主要不同之处是在学年制的框架下,让学生可以根据专长发展需要选择自己的方向性课程以及个别课程与课时的调整等。主要体现在师范专业教育平台课程模块方面,其主要变化有二:一是继续沿着2020版的思路进一步改进"课程与教学"类课程。具体做法是将小学语文课程标准与教学设计、小学数学课程标准与教学设计、小学英语课程与教学设计同时作为必修课的做法改为让学生任选其一。二是进一步增加方向性课程。具体做法是在微格教学指导、小学课程与教学研究的基础上增加两门学科本体知识性质的方向性课程,语文方向是现代汉语和中国文学;数学方式是高等数学和初等数论;英语方面是高级英语1和高级英语2。这样连同小学课程标准与教学设计,方向性课程达到了五门,进一步促进了学生的专长发展。

除上述变化外,其他方面与2020版基本相同,故这里只呈现"师范专业教育平台课程模块"的内容。

表9-12 2021版小学教育(专升本)人才培养方案之师范专业教育平台课程模块

课程模块	课程代码	课程名称	总学时数	总学分数	总学时分配 课堂 讲授	总学时分配 课堂 实验	总学时分配 课程 实践	学期、周学时安排 第一学年 1	学期、周学时安排 第一学年 2	学期、周学时安排 第二学年 3	学期、周学时安排 第二学年 4	考核方式
专业必修课程	D147023001	小学教育学	52	3	42		10	3				1
	D147023002	小学教育心理学	52	3	42		10		3			1
	D147023100	中外教育简史	64	3.5	54		10	3		1		1
	D147324012	家庭教育学	44	2	34		10		2			2

续表

课程模块	课程代码	课程名称	总学时数	总学分数	总学时分配 课堂 讲授	总学时分配 课堂 实验	总学时分配 课程实践	学期、周学时安排 第一学年 1	学期、周学时安排 第一学年 2	学期、周学时安排 第二学年 3	学期、周学时安排 第二学年 4	考核方式
专业必修课程	D147324006	小学综合实践活动设计	34	1.5	24		10		2			2
	D147324008	小学生品德发展与道德教育	34	1.5	24		10		2			2
	D147324101	教师职业道德	28	1.5	18		10	2				2
	D147324106	小学教育研究方法	46	2.5	36		10		2			1
	D147325090	小学课程标准与教学设计	46	2.5	36		10	2				1
	D147325091	学科基础（一）	46	2.5	36		10	2				1
	D147325092	学科基础（二）	46	2.5	36		10		2			1
		小计	492	26	382		110	9	16			
专业选修课程	D147324005	小学班队原理与实践★	40	2	32		8		2			2
	D147324102	教育哲学	46	2.5	36		10		2			2
	D147325063	SPSS基础与应用	28	1.5	18		10			2		2
	D150025101	现代教育技术	40	2	18	8	14			2		2
	D147325041	音乐基础（弹唱与指挥）	40	2	36		6	2				2
	D147325042	美术基础（素描、色彩、简笔画）	40	2	36		6	2				2
	D147325075	微格教学指导★	46	2.5	36		10		2			2
	D147325076	小学课程与教学研究★	46	2.5	36		10			2		2
	D147325071	教师礼仪练习☆										2
	D147325072	书写技能实践☆									2	

续表

课程模块	课程代码	课程名称	总学时数	总学分数	总学时分配 课堂 讲授	总学时分配 课堂 实验	总学时分配 课程实践	学期、周学时安排 第一学年 1	学期、周学时安排 第一学年 2	学期、周学时安排 第二学年 3	学期、周学时安排 第二学年 4	考核方式
专业选修课程	D147325073	说课技能训练☆										2
	D147325074	教师基本功实践☆										2
	D147325075	教学名师观摩☆										2
	D147325105	教育名家名著解读	44	2	34		10	2				2
	D147324007	小学生心理辅导	28	1	18		10		2			2
	D147325103	小学教师教育史研究	44	2	36		8	2				2
	D147325081	小学生心理学	42	2	34		8	2				2
	D147325052	特殊教育概论★（双语课程）	40	2	30		10		2			2
	D147325019	小学数学思维	28	1.5	18		10			2		2
	D147325104	红旗渠精神与校本课程开发	44	2	36		8	2				2
小计			596	29.5	454	8	138	10	12	8	2	
说明	\multicolumn{12}{l	}{1. 小学课程标准与教学设计分为小学语文课程标准与教学设计、小学数学课程标准与教学设计、小学英语课程与教学设计三门方向性课程，学生任选其一 2. 学科基础（一）分为现代汉语、高等数学、高级英语1三门方向性课程，学生任选其一 3. 学科基础（二）分为中国文学、初等数论、高级英语2三门方向性课程，学生任选其一 4. 微格教学指导分为小学语文微格教学指导、小学数学微格教学指导、小学英语微格教学指导三门方向性课程，学生任选其一 5. 小学课程与教学研究分为小学语文课程与教学研究、小学数学课程与教学研究、小学数学课程与教学研究三门方向性课程，学生任选其一 6. 带★的课程是师范专业必修课程，带☆的课程是师范专业教育实习的必修课程，在实习期间完成。其他未标注的为选修课程 7. 根据需要把小学教材分析、中国教育史专题、外国教育史专题、全球小学课程与教学改革专题四门课安排在适合的学期}

四、2022 版小学教育（专升本）人才培养方案

2022 版小学教育（专升本）人才培养方案是 2021 版的修订版，主要在专业课程方面进行了修订，因此，本部分只介绍变化之处，不再展示培养方案的具体内容。

2022 版小学教育（专升本）人才培养方案围绕更好地提高学生的教学能力和研究能力，主要进行两方面的修订：一是新增加一门方向性课程——小学教材分析，包括小学语文教材分析、小学数学教材分析、小学英语教材分析三个方向，学生任选其一。这样一来，方向性课程就达到了六门，与 2017 版没有方向性课程相比更加契合小学教育专业的课程特点和专升本学生的发展需求。二是增加了中国教育史专题、外国教育史专题、全球小学课程与教学改革专题三门课程，为学生的后续发展进一步开阔研究视野、奠定研究基础、提高研究能力。

第三节　基本特点

根据《中华人民共和国高等教育法》的相关规定，培养院校自主制订培养方案、设置课程。就安阳师范学院小学教育（专升本）的课程设置情况而言，其基本特点主要有以下四点。

一、借鉴和延续现有课程是小学教育（专升本）课程体系构建的主要方式

小学教育（专升本）的课程门类主要来自同时期使用的小学教育（普本）人才培养方案或全科小学教育专业人才培养方案，以及已有专升本小学教育专业人才培养方案。换言之，小学教育（专升本）课程体系构建的主要方式是借鉴和延续现有课程。

2017 版安阳师范学院小学教育专业（专升本）人才培养方案是本专业第一个专升本人才培养方案，其课程主要是对 2015 版安阳师范学院小学教育专业（普本）人才培养方案和 2016 版全科小学教育专业人才培养方案课程设置的借鉴。

2020 版小学教育专业（专升本）的课程一部分来自 2019 版全科小学教育专业人才培养方案；另一部分则是延续 2017 版小学教育专业（专升本）人才培养

方案的一些课程。

2021版小学教育专业（专升本）人才培养方案是在2020版全科小学教育专业人才培养方案修订而成，因此，其课程主要来自2020版，一部分是新增课程。2021年小学教育（全科）停招，这方面也无借鉴可言。

2022版小学教育专业（专升本）人才培养方案是2021版小学教育专业（专升本）人才培养方案的修订版，整体来自2021版，个别新增课程来自2022版全科小学教育专业人才培养方案。

以借鉴和延续的方式构建小学教育（专升本）课程体系有其合理性所在：一是小学教育（专升本）是在专科的基础上继续学习从而达到小学教育本科水平，借鉴同期的小学教育专业培养方案中的课程是专升本学生达到本科水平的重要保障。二是专升本小学教育专业招生的稳定性较弱，招生的不稳定给课程设置与师资准备带来困难，从同期普通本科人才培养方案或已有小学教育（专升本）人才培养方案中筛选课程是最为便捷有效的做法。另外，如果招生学生不足开班，也可以让专升本学生插入大三或其他年级学习相应课程，这也是其他专升本专业常用的方式。三是以借鉴和延续已有课程的方式构建小学教育（专升本）课程体系有利于保持课程的稳定性，加快一流课程建设，提高教学质量。

二、教育类课程是小学教育（专升本）专业课程的主体

教育类课程包括学科基础课程和小学教师教育类课程，是小学教育（专升本）专业课程的主体所在。

小学教育专升本的学习年限为两年，其中集中实习为一个学期的时间。第二年学生又以准备研究生入学考试或招教考试为主，其"安心""有效"进行常规课程学习的时间一般在前两个学期。在专业课程的设置上一般以教师教育课程为主，较少设置学科知识（本体知识）的课程。

2017版小学教育（专升本）人才培养方案的专业课程分为必修课与选修课，其中专业必修课10门均为教育类课程：小学心理学、教育原理、中国教育史、外国教育史、教育心理学、教育研究方法、教育统计学、小学语文课程标准与教学设计、小学数学课程标准与教学设计和小学英语课程标准与教学设计；选修课23门：学校管理学、家庭教育学、教育名著解读、教育专书解读、教育经济学、教育哲学、教师职业道德、小学班队原理与实践、教育行政学、现代教育技术、基础教育专题研究、小学生心理辅导、人文社会科学基础、大学生创业基础、公务员考录、儿童文学、音乐基础（乐理、视唱练耳）、美术基础

（素描、色彩）、教师礼仪练习、书写技能实践、说课技能训练、教师基本功实践、教学名师观摩、地方基础教育调查研究。除音乐基础（乐理、视唱练耳）、美术基础（素描、色彩）、人文社会科学基础、儿童文学4门学科类课程外，其他19门均为教育类课程。

2020版小学教育（专升本）人才培养方案的专业课程同样分为必修课与选修课两种类型，其中专业必修课12门均为教育类课程：小学教育学、小学教育心理学、中外教育简史、家庭教育学、小学综合实践活动设计、小学生心理辅导、小学生品德发展与道德教育、小学教师职业道德、小学教育研究方法、小学语文课程标准与教学设计、小学数学课程标准与教学设计、小学英语课程标准与教学设计；专业选修课23门，除人文社会科学基础、自然科学基础、音乐基础（弹唱与指挥）、美术基础（素描、色彩、简笔画）、小学数学思维5门科学课程以及程红旗渠研学旅行课程开发、甲骨文书法2门校本课外，其余16门均为教育类课程：小学班队原理与实践、小学教育哲学、SPSS基础与应用、教育政策法规、现代教育技术、微格教学指导、小学课程与教学研究、教师礼仪练习、书写技能实践、说课技能训练、教师基本功实践、教学名师观摩、教育名家名著解读、特殊教育概论（双语课程）、安阳师院小教发展史专题、全球小学课程与教学改革专题。由于非教育类课程是选修课，仅有的几门在实际教学中也没能全部实施。

2021版小学教育（专升本）人才培养方案中的专业必修课程设置11门，除学科基础（一）、学科基础（二）是学科类课程外，其他9门均为教育类课程：小学教育学、小学教育心理学、中外教育简史、家庭教育学、小学综合实践活动设计、小学生品德发展与道德教育、教师职业道德、小学教育研究方法、小学课程标准与教学设计；专业选修课设置20门，除音乐基础（弹唱与指挥）、美术基础（素描、色彩、简笔画）、红旗渠精神与校本课程开发3门外，其他17门均为教育类课程：小学班队原理与实践、教育哲学、SPSS基础与应用、现代教育技术、微格教学指导、小学课程与教学研究、教师礼仪练习、书写技能实践、说课技能训练、教师基本功实践、教学名师观摩、教育名家名著解读、小学生心理辅导、小学教师教育史研究、小学生心理学、特殊教育概论（双语课程）、小学数学思维。

2022版小学教育（专升本）人才培养方案中专业必修课与2021版没有变化，也是11门，也是除学科基础（一）、学科基础（二）是学科类课程外，其他9门均为教育类课程；专业选修课有所变化，2022版设置了21门，除音乐基础（弹唱与指挥）、美术基础（素描、色彩、简笔画）、舞蹈基础、小学数学思维、红旗渠精神概论 5 门外，其他 16 门均为教育类课程：小学班队原理与实践、教育哲学、SPSS 基础与应用、现代教育技术、微格教学指导、小学课程与教学研究、小学课程与教学论、小学教材分析、中国教育史专题、外国教育史专题、教育名家名著解读、小学生心理辅导、小学教师教育史研究、小学生心理学、特殊教育概论（双语课程）、全球小学课程与教学改革专题。

以教育类课程作为专升本小学教育专业的主体，主要原因有二：一是多数专升本学生在专科阶段已学习了系统的学科类课程，教育类课程的系统学习是多数专业起点的学生缺失的。因此，以教育类课程作为专升本小学教育专业的主体是必要与合理的。同时，专升本学生在校学习时间除实习外，仅有三个学期，也难以安排系统的学科类课程。二是专升本学生的毕业去向主要是通过招聘考试成为小学教师与通过研究生入学考试继续深造，而当前这两类考试除英语外，考试内容主要是教育类课程，因此，系统开设教育类课程有利于学生的就业与深造，有利于学生完成专科毕业未达成之心愿。

三、方向性课程数量逐渐增加

安阳师范学院 2017 版小学教育（专升本）人才培养方案没有设置学科方向性课程，这主要是其借鉴 2015 版小学教育（普本）和 2016 版小学教育（全科）人才培养方案也没有设置学科方向性课程，不同程度地影响到学生学科知识与教学能力的提升以及后期的专长发展。当然，部分学生缺乏系统的学科知识与相应学科的教学能力主要是其专科背景导致的，即"先天"原因所致。

2021 年和 2022 年河南省颁布的《本、专科专业对照及考试课程一览表》中规定小学教育（专升本）对应招生的专科专业有 22 个：小学教育、语文教育、数学教育、英语教育、物理教育、化学教育、生物教育、历史教育、地理教育、音乐教育、美术教育、思想政治教育、舞蹈教育、艺术教育、特殊教育、科学教育、现代教育技术。专升本毕业生倾向于应聘语文、数学、英语等学科小学教师，而其中不少学生缺少相应的系统学科知识和相应的教学能力，如与心理咨询、幼儿发展与健康管理、罪犯心理测量与矫正技术、早期教育、学前教育等专科毕业的学生，由于"先天不足"确实难以在招教考试中脱颖而出，从而影响学生的就业和专长发展。为了弥补方向性课程知识与能力之不足，在此后的培养方案修订中设置了方向性课程，并逐渐增加。

2020 版小学教育（专升本）人才培养方案在延续 2017 版把小学语文课程标准与教学设计、小学数学课程标准与教学设计、小学英语课程标准与教学设计同时作为必修课的基础上，开始设置语文、数学、英语方向性课程，2020 版设置了两门：一是提高学生教学能力的微格教学指导，二是提高研究能力的小学课程与小学研究。开课时具体分为小学语文微格教学指导、小学语文课程与教学研究，小学数学微格教学指导、小学数学课程与教学研究，小学英语微格教学指导、小学英语课程与教学研究。学生从语文、数学、英语中选修一个方向性课程，用于提高相应学科的教学能力和研究能力，促进个体专长发展。

2021版小学教育（专升本）人才培养方案沿着2020版的思路继续改进：一是小学语文课程标准与教学设计、小学数学课程标准与教学设计、小学英语课程与教学设计3门课不再统一规定为必修课程，把其纳入方向性课程行列，让学生任选其一，3门课程统一称为"小学课程标准与教学设计"；二是增加方向性科学课程，语文方向是现代汉语和中国文学，数学方向是高等数学和初等数论，英语方向是高级英语1和高级英语2。

2022版小学教育（专升本）人才培养方案又新增了3门方向性课程——小学语文教材分析、小学数学教材分析、小学英语教材分析方向，名称统一为"小学教材分析"。这样，截至2022版小学教育（专升本）人才培养方案，方向性课程就达到了18门。另外，为学生的后续发展进一步开阔研究视野、奠定研究基础、提高研究能力，2022版小学教育（专升本）人才培养方案还新增了中国教育史专题、外国教育史专题2门研究性课程，增加了全球小学课程与教学改革专题的课时数。

方向性课程的设置始于2020级小学教育专升本学生，2022年6月他们毕业离校。从他们参加教师招聘考试的反馈来看，效果明显好于往届，2022年8月底就业率已近90%，相当一部分学生在省会城市和其他城市成功应聘。教育学院领导和任课教师都认为这是本院目前专升本小学教育专业最优秀的一届毕业生。

四、学年制而非学分制

安阳师范学院小学教育（专升本）人才培养方案采用的是学年制，而不是学分制，目前主要采用"变通"的方式进行选课。

2020版小学教育（专升本）人才培养方案中的六门方向性课程在具体实施中分为两组，一组统称为"一门课"："小学语文微格教学指导、小学数学微格教学指导、小学英语微格教学指导"统称为"微格教学指导"；"小学语文课程与教学研究、小学数学课程与教学研究、小学英语课程与教学研究"统称为"小学课程与教学研究"。这样，在同一门课程名称下可以选学不同的具体学习课程，学生考核与评价，由担任具体课程的所有教师协同实施。

2021版小学教育（专升本）人才培养方案中的15门方向课程的实施，如法炮制，归为"五门课"，详见表9-12说明部分的"1~5"。2022版小学教育（专升本）人才培养方案方向性课程的实施照搬此方。

　　学年制有利于统一安排课程，有利于解决师资短缺或学科结构性失衡问题，有利于教务管理。但是，不利于学生个体选课的实施，不利于学生的专长发展。虽然目前逐渐形成了变通选课之方，但也确实给师生及相关人员带来诸多不便，探索实施学分制可能是一剂良方。

结　语

小学教师教育课程历史发展特点与启示

在上述各章的基础上，本部分主要分析小学教师教育课程的发展特点与启示。小学教师教育课程的发展特点主要有时代性、教育性、学科性与发展的曲折性、面向农村、通识课程所占比重越来越大、课程设置越来越丰富等，主要启示有小学教师教育课程改革应坚持时代性和思想性、课程的综合性与平衡性、学科类课程的基础性、把教师教育类课程作为核心课程、把握教育实践课程的时长限度和以学分制与弹性学制的实施为前提等方面。

一、小学教师教育课程历史发展特点

（一）小学教师教育课程的时代性

从百年小学教师教育课程发展史中，可清晰看到，在其发展的每一个阶段都体现了鲜明的时代特征。

清末新政以"中学为体，西学为用"为指导思想在小学教师教育课程设置上表现鲜明，彰德府安阳师范传习所既有修身、中国文学等"中学"课程，又有教育学、理化、体操等"西学"课程。

国民时期小学教师教育开设的三民主义、建国方略、建国大纲、法制知识、民众组织训练等"党义"课程体现了南京国民政府时期的教育宗旨，时代特征鲜明。

中华人民共和国成立后，仅从部分政治课程的变化就可以展示出其时代特征，如新中国成立初期的共同纲领、20世纪60年代和70年代的中国革命史、20世纪80年代和90年代的思想政治以及进入21世纪之后习近平总书记关于教育的重要论述等。

（二）小学教师教育课程的教育性

小学教师教育课程从清末课设之初就设置了教育类课程，除了个别阶段，均设置有教育学类课程，纳入高等教育后，又归属教育学类专业，教育性特征鲜明。

彰德府安阳师范传习所开设了教育学课程，民国时期设置教育概论、教育心理、教育测验及统计等课程，再到新中国成立后教育学类课程继续设置。但是，教育学与心理学类课程的设置也经历了曲折发展，如在社会主义师范教育探索时期，教育学与心理学课程曾一度取消，进入高等教育培养层次后，安阳师范学院的小学教育专业教育学和心理学类课程又呈现出多样性的特点，但也一度出现过度开设等问题。

（三）小学教师教育课程的学科性与学科课程设置的曲折发展

这里的学科性是与教育性相对而言的，对应的是学科课程，如语文、数学、英语、物理、化学、现代汉语、初等数论、综合英语、科学技术史等科目。无论是清末、民国时期，还是新中国成立后的小学教师教育课程，尤其是中等师范教育阶段，均表现为鲜明的学科性特点。但是，小学教师培养纳入高等教育之后，学科性及相应课程设置一度被忽视，呈现出发展的曲折性。

中等师范教育阶段，主要课程就是学科课程，无论是清末、中华民国，还是中华人民共和国成立以来。在中等师范教育课程长期发展的过程中，逐渐形成了除了"老三门"（教育学、心理学、教学法）之外，其他课程基本都是学科课程。小学教育（专科）与本科设置以来，学科课程呈现出弱化和曲折发展的特点。

安阳师范学院小学教育专业两年制专科课程设置有两大特点：一是学科方向类课程偏少；二是心理学课程占明显优势。连同通识课程在内仅有高等数学、文学名著欣赏、写作、大学语文4门学科课程。

安阳师范学院小学教育专业三年制专科教学计划设置了两个方向性课程模块——语文与社会、数学与科学。每个模块设置了6~7门课程。另外，设置了社会科学基础和自然科学基础两门专业限定选修课。这表明学科课程的设置得到了重视，课程数量与所占比重有所提高。

2007年制定小学教育专业本科教学计划中设置了语文、数学、英语三个方向性课程模块。每个模块设置了五门课程。另外，2007版其他课程模块还设置了专业英语、自然科学基础、社会科学基础、高等数学和大学语文五门课程。整体而言，2007版教学计划中学科类课程体现了小学教育专业的学科性。

2010版和2015版小学教育专业人才培养方案，学科类课程彻底走到低谷。2010版人才培养方案取消了方向性课程模块，学科类课程仅剩下"写作、儿童文学、社会科学基础和高等数学"四门，学科课程数量骤然下降，学科课程整体弱化。2015版人才培养方案中学科课程依然持续弱化，甚至是边缘化，仅有三门：阅读与写作、大学数学和儿童文学。

2016年开始培养农村全科小学教师，在河南省相关政策规定和影响下，2016版全科小学教育专业人才培养方案中的学科课程有所回升，设置了高等数学、人文社会科学基础、自然科学基础、儿童文学、音乐基础、阅读与写作、小学趣味数学、美术基础、小学数学思维九门学科类课程，由于之前学科课程的弱化、边缘化等原因，2016版人才培养方案没有设置方向性课程，有些基本的学科类课程也没有恢复或开设，如现代汉语等课程。

2019版全科小学教育专业人才培养方案，由于师范专业认证的强力推动和"素养全面，专长发展"卓越小学教师培养的导向，小学教育专业的学科性再次得到体认，学科课程数量进一步增加。2019版恢复了学科方向性课程，设置了四个学科方向性课程模块，即文科类课程模块、理科类课程模块、英语类课程模块和艺体课程模块，每个模块设置了13~14门学科课程，如文科类课程模块设置了现代汉语★、古代汉语★、小学语文课程标准与教学设计★、小学语文微格教学指导、小学语文课程与教学研究、儿童文学、阅读与写作、文学概论、中国文学、外国文学、朗读与讲故事指导、小学思想政治课程标准与教学设计、小学生作文指导、人文社会科学基础★14门课程，其中带"★"的课程为必选课程，其他课程为本方向学生的选学课程，体现了"素养全面，专长发展"的培养导向。

2022版全面落实"一专多能""素养全面，专长发展"等培养导向，按照"1+2+N"的培养模式整体设置学科课程：专设教师教育必修课程与选修课程模块。专业核心课程模块设置了13门学科课程：现代汉语、古代汉语、儿童文学、高等数学Ⅰ（微积分）、小学数学思维、小学趣味数学、综合英语、英语口语与听力、人文社会科学基础、自然科学基础、舞蹈基础、美术基础、音乐基础，这是实现"多能""素养全面"的重要课程模块之一。另，在2019版的基础上设置了语文、数学、英语方向性课程模块，整体设置道德与法治、科学、信息科技、艺术、体育、综合实践活动与劳动等专业选修课程模块，每一模块设置相应的学科课程，为"一专""专长发展"提供学科课程保障。至此，学科课程性质得到鲜明体现，学科课程得到了应有的重视。

总之，小学教师教育课程不论是中等教育层次，还是高等教育层次，抑或是发展的曲折，整体而言，学科类课程都是其重要的组成部分，特色鲜明。

（四）小学教师教育课程具有面向农村的特点

服务农村教育、农业生产的相关知识与技能的课程设置在不同发展阶段均有所体现。

清末，师范教育制度开启之时，初级师范学校就加授"农业"等与农村教育、农业生产相关的课程。

民国期间，乡村师范学校对学生从事乡村小学教育及其在农村社会生活中的实用性技能的培养十分重视。安阳县立师范学校设置了水利概要、农业经济及合作、乡村教育等与农业相关的课程，这类课程占学分总数的27%以上。这为学生毕业后从事乡村小学教育打下了坚实的知识基础与技能基础，还成为他们乡村生活能力的重要组成；安阳县立女子师范学校，除了开设植物、动物、生理、矿物等实用课程之外，还在第四学年增加家务课，用于培养学生的基本生活能力。

新中国成立后，中等师范教育开设了农业科学技术知识、劳动等课程，进入高等教育培养阶段又开设了劳动技术、劳动教育、农村教育问题专题等。特别是农村小学全科教师的培养更是直接为农村教育的发展培养师资，全科小学教育专业设置有劳动教育、农村教育问题等课程。

（五）教育实践时长逐渐增加

就教育实践的时长而言，从小学教师教育课程史上呈现出逐渐增加的特征，尤其是纳入高等教育之后。

中等师范教育阶段的教育实习情况如下。彰德师范传习所没有设置实习课程；民国期间明确设置了实习课程，如1932年（安阳）县立女子师范学校暂行课程标准草案中规定其课程总学分为185学分，实习为9.5学分，设置在第三学年，即最后一学年的两个学期之中，第五学期每周3节实习课，第六学期每周18节实习课，是在校学习为主的分散实习，没有离校集中实习的安排，而且在第五、六两学期同时开设着国语、数学、史地、党义等其他课程；中华人民共和国成立初期设有参观等教育实践课程，当时安阳师范学校的参观实习为64课时（合两周，教学计划设置的总课时数为3418），设在最后一学年的两个学期；1989的《三年制中等师范学校教学方案（试行）》规定教育实践为10周，安阳市第二师范学校依此执行。整体而言，除了个别时期之外，实习时长在逐渐增加。

小学教师教育进入高等教育层次阶段，教育实习时长也呈现增加的表征。

1995年教育部制定的《大学专科程度小学教师培养课程方案（试行）》规定，教育实践的实践为15周，贯穿于五年之中，约占总课时数的9%[①]，年均3周；2003年《三年制小学教育专业（专科）课程方案（试行）》规定，教育实践为10周，与1989年的《三年制中等师范学校教学方案（试行）》规定的教育实践时长10周相同，年均约为3.33周；2011年颁布的《教师教育课程标准（试行）》规定小学教育专业三年制专科、五年制专科、四年制本科的教育实践的总时间都是18周，年均为6周、3.6周、4.5周。教育实践时间整体呈增加趋势。

安阳师范学院小学教育专科教育实践时长的安排：2005年安阳师范学院的《三年制小学教育专业（专科）课程方案（试行）》规定教育实践设置4周，均为教育实习，年均1.33周；2007年安阳师范学院四年制小学教育本科专业的教育实践时间设置6周，均为教育实习，年均1.5周；2010年安阳师范学院四年制小学教育本科教育实践设置10周，年均2.5周；2015年开始教育实践增加了教育见习等类型，并实施了33周的毕业论文与实习一体化设计；集中安排在第七学期和第八学期，33周均在实习学校进行，其中14周的校外教育实习、19周的毕业论文设计；2015版教育实践时长为19周，其中包括14周教育实习和5周教育见习，年均4.75周；2016版、2019版、2022版全科小学教育专业基本延续2015版教育实践时长。本专科小学教育专业在内，教育实践时间从2005年的年均1.33周到2015年的年均4.75周，增加显著。

综上分析，小学教育专业教育实践时长呈现出明显的增加趋势。

（六）通识教育课程占比重越来越大

中等师范教育阶段，除教育学、心理学、教学法等教育类课程外的其他课程与中学阶段课程设置相似，属于基础教育课程，也是通识教育课程，如语文、数学、物理、化学等。进入高等教育的小学教师教育通识课程，即本、专科小学教育专业通识课程是与专业课程、教师教育（教育类）课程相对而言的，小学教育专业的通识教育课程一般由学校统一设置，面向全校所有专业，因此也称为"公共课"，又包括必修与选修两种。安阳师范学院小学教育专业的通识课程从科目和学分均为学校统一设置。从发展历程看，通识课程所占比重整体是逐渐增大的，从以下课程数量、学分和课时三个方面课可以清晰看到这一特点。

[①] 中华人民共和国教育委员会师范司. 大学专科程度小学教师培养课程方案（试行）[J]. 课程·教材·教法，1995（5）：1-4.

1. 通识教育课程数量

2005 版小学教育（专科）通识教育（公共）必修课共 13 门，没有设置公共选修课程。

2007 版小学教育（普本）通识教育必修课程 19 门，没有设置公共选修课程。

2015 版小学教育（普本）通识教育必修课程 18 门，选修门数不定，总学分不低于通识教育选修学分的要求。

2019 版小学教育（全科）通识教育必修课程 23 门，选修门数不定，总学分不低于通识教育选修学分的要求。

2022 版小学教育（全科）通识教育必修课程 24 门，选修门数不定，总学分不低于通识教育选修学分的要求。

上述可见，不含选修课程，仅必修课程就由 2005 版小学教育专科的 13 门、2007 版小学教育本科的 19 门增加到 2022 版的 24 门，小学教育专业通识课程数量在逐渐增加。

2. 通识教育课程学分数量

2005 版小学教育（专科）通识教育必修课程 28 学分，占总学分的 23%。

2007 版小学教育（普本）通识教育必修课程 47 学分，占总学分的 30.72%。

2010 版小学教育（普本）通识教育必修课程 45 学分、选修课程 10 学分，共计 55 学分，占总学分的 27.5%。

2015 版小学教育（普本）通识教育必修课程 38.5 学分、选修课程 3.5 学分，共计 42 学分，占总学分的 25%。

2016 版小学教育（全科）通识教育必修课程 47 学分、选修课程 3.5 学分，共计 50.5 学分，占总学分的 29.6%。

2019 版小学教育（全科）通识教育必修课程 53 学分、选修课程 4 学分，共计 57 学分，占总学分的 36%。

2022 版小学教育（全科）通识教育必修课程 55 学分、选修课程 4 学分，共 59 学分，占总学分的 34%。

上述可见，小学教育通识教育必修课程学分数量除 2015 版外，整体呈增加趋势。

3. 通识教育课程课时数量

2005 版小学教育（专科）通识教育必修课程为 508 学时，占总学时数的 25%。

2007 版小学教育（普本）通识教育必修课程为 814 学时，占总学时数的 35.31%。

2010 版小学教育（普本）通识教育必修课程为 874 学时，占总学时数的 40%。

2015 版小学教育（普本）通识教育必修课程为 662 学时，占总学时数的 31%。

2016 版小学教育（全科）通识教育必修课程为 718 学时，占总学时数的 33.8%。

2019 版小学教育（全科）通识教育必修课程为 902 学时，占总学时数的 40%。

2022 版小学教育（全科）通识教育必修课程为 938 学时，占总学时数的 36%。

上述可见，小学教育专业通识课程课时数从 2005 年专科的 508 学时、2007 年本科的 814 学时增加到 2022 年本科的 938 学时，整体在逐渐增加。

总而言之，从科目数量、学分数和课时量整体分析，小学教育专业通识教育课程所占比重在逐渐增加。

（七）课程设置的丰富性与综合性

中等师范教育后期增加了选修课与课外活动等，专科阶段的安阳师范学校小学教育专业课程类型渐趋丰富，由两年制的 33 门课程到三年制最初开设的 48 门课程，并在《三年制小学教育专业课程方案（试行）》中将课程分为公共必修课、专业必修课、专业限定选修课、专业任意选修课以及全校素质教育选修课五个方向，教师教育课程的结构重新整合，随着课程门类的逐步丰富，每一个模块都有相应的要求，从而更加有利于学生的专长发展。

纵观百年小学教师教育课程史，综合性是其重要特征之一，突出表现在两个方面：一是教育性与学科性的综合。从学科划分而言，小学教育专业归类于教育学，教育学是其学科性质，教育学类课程的开设一以贯之，虽然在不同的历史时期多寡不一。从培养目标而言，它是培养从事小学语文、数学等学科教学的专业人员，学科课程的开设也是一以贯之，中等师范教育课程体系更为凸显。二是学科性的综合。这里是指小学教师教育课程不像培养中学教师的汉语专业或数学专业，其学科课程的设置一般仅限于本学科之内，直接指向的是培养中学语文教师或数学教师。小学教师教育课程的开设则是综合性的，语文、数学、自然、社会、体育、音乐、美术等课程均有开设，其学科性是综合性的。

二、小学教师教育课程百年历史发展启示

《教育部关于实施卓越教师培养计划2.0的意见》（以下简称《意见》）要求到2035年，师范生的综合素质、专业化水平和创新能力显著提升，为培养造就数以百万计的骨干教师、数以十万计的卓越教师、数以万计的教育家型教师奠定坚实的基础。《意见》在分类推进培养模式改革中针对小学教师教育提出了"面向培养素养全面、专长发展的卓越小学教师，重点探索借鉴国际小学全科教师培养经验、继承我国养成教育传统的培养模式"的要求。要想达成这些目标，其中极为重要的一点就是小学教育专业的课程改革，构建适应新时代需要的小学教育专业课程体系是培养卓越小学教师的基础和关键。百年小学教师课程的历史发展对当前我国小学教师教育课程改革的主要启示如下。

（一）小学教师教育课程改革应坚持时代性和思想性

百年小学教师教育课程史告诉我们：无论时代如何变迁，小学教师教育的课程设置均体现着鲜明的时代特征。历史也告诉我们：小学教师教育课程改革总以国家倡导的主流思想为指导。"学高为师，德高示范"，坚持时代性和思想性也是教师道德素养要求所在。在中国特色社会主义新时代的今天，进行小学教师教育课程改革更应该坚持时代性和思想性。

坚持时代性，就要立足新时代，服务新时代。新时代的总任务是到21世纪中叶建成富强民主文明和谐美丽的社会主义现代化强国。小学教师教育课程建设就要以服务这一总任务的完成进行谋划；新时代教育的根本任务是立德树人，小学教师教育课程改革就应以完成立德树人之教育根本任务进行设计；新时代要培养"素养全面、专长发展"的卓越小学教师，小学教师教育课程改革就围绕这一总目标进行课程体系的构建与探索。

坚持思想性，就要坚持习近平新时代中国特色社会主义思想，以习近平新时代中国特色社会主义思想指导小学教师教育课程改革，认真学习和领会习近平总书记关于教育的重要论述，落实到小学教师教育课程改革之中。如习近平总书记提出了"四有好老师"的标准，新时代的小学教师教育课程改革就应以"四有好老师"为中心改革教师职业道德课程、加强师德师风建设，培养时代需要和人民满意的好老师。坚持思想性就要把课程建设与思政建设相融合，把增强"四个意识"、坚定"四个自信"、做到"两个维护"等融入课程改革和课程建设之中；坚持思想性还要将社会主义核心价值观、中华优秀传统文化等融入小学教育专业的课程建设之中；等等。

(二) 小学教师教育课程改革应坚持课程的综合性与平衡性

综合性是小学教师教育课程的重要特性，是教育学科与其他学科的综合，与中文专业、数学专业、物理专业、化学专业等培养中学教师的课程架构有着显著区别。中等师范教育的课程体系主要由普通教育课程与教育学类课程构成，普通教育是不分学科方向的，是综合的、全面的课程体系。高等教育层次的小学教育专业课程设置是朝向"一专多能"或"素养全面、专长发展"，同样是一种综合性的课程结构。因此，小学教师教育课程改革应该考量和坚持其课程的综合性，避免弱化学科课程的现象再度出现。

坚持小学教师教育课程的综合性最为重要的就是要把握其综合性的主要类别及其课程设置的平衡。在课程改革过程中，既要避免在高扬教师教育类课程改革中忽视学科类课程与其他课程，也要避免在"实践导向"的改革中淡化学科课程与教育学类课程，还要避免因学科方向性的设置而弱化教师教育类课程，还有通识教育课程所占比重过大对其他类型课程带来的影响。诸如此类问题，在小学教师教育课程发展过程中都曾发生过，理应引以为戒。

(三) 小学教师教育课程改革应确保学科类课程的基础性

"学高为师"，相应的学科知识是一个合格小学教师的首要条件。教师的职责是教书育人，"教书"就是传授知识，一个合格的小学教师至少要能教好其中一门课，能教好其中一门课的前提是扎实掌握相应学科的系统知识，体现在小学教师教育课程中就是学科类课程。这类课程是培养小学教师最基本的课程，没有学科类课程为基础，其他课程无论开设得多么完善都不能培养出合格的小学教师；如以教育学类课程为主，培养出来或许是教育学教师、教师教育教师或者是从事教育学、教师教育的教师教育理论研究者，而不是合格的小学教师。

小学教师教育课程的学科性在小学教师教育课程发展史，特别是中等师范教育中体现鲜明。但是，进入高等教育培养阶段，在小学教育专业课程改革中学科类课程的基础性一度被忽视或弱化。如安阳师范学院小学教育专业两年制专科的课程设置中连同公共必修课性质在内只有4门学科课程（高等数学、文学名著欣赏、写作、大学语文）。再如，2015年小学教育专业人才培养方案中学科类课程仅有3门（阅读与写作、大学数学和儿童文学）。学生在进入大学学习之前学习的相应学科知识，难以保证他们是拥有大学专科或本科水平的小学教师，难以保证他们拥有了成为卓越小学教师的扎实系统的学科知识。因此，小学教师教育课程改革中应该确保学科类课程所占比重，为小学教育专业毕业生成为专长发展的卓越小学教师打下坚实的学科基础。

确保学科类课程的基础性要确认小学教育专业的性质。从现行学科划分上，小学教育专业归属教育学，但其本质却是"教师教育"。现在，不少高校单独设立教师教育学院，把原来教育科学学院举办的"小学教育专业"划归到教师教育学院，这一改革的其他意义不谈，单就纠正小学教育专业课程设置中重视教育学类课程、轻视学科类课程的做法确实为积极举措。

在课程设置上将学科主干课程设置为专业核心课程，确保学科课程的基础性和专业性。同时，设置方向性课程模块供不同需求的学生选学，为学生的专长发展提供学科课程保障。这里以安阳师范学院为例进一步阐释方向性课程的设置问题：安阳师范学院2019年小学教育（全科）人才培养方案设置的文科、理科、英语、艺体四个学科方向课程模块，即基础教育人才课程Ⅰ——文科类课程模块，基础教育人才课程Ⅱ——理科类课程模块，基础教育人才课程Ⅲ——英语类课程模块，基础教育人才课程Ⅳ——艺体课程模块以及2022版设置的语文、数学、英语等方向性课程模块，就是为了支持学生的学科专长发展需要，在课程设置上为"一专"或"专长发展"提供保证。

确保学科类课程的基础性需要进一步完善课程管理架构。单独设立二级学院性质的初等教育学院（系），或者在初等教育系（教研室）内设置学科性质的课程室（课程组），是确保学科类课程有人"操心"，确保学科类课程教学质量的重要举措。自2020年起，安阳师范学院教育学院初等教育系采用了类似第二种方式的课程管理架构，在初等教育系（教研室）内成立了四个课程小组：英语艺体类课程组、教师教育类课程组、文科课程组、理科课程组，每个课程组由课程组长带领本组课任教师进行教研活动。课程组类似"兴趣小组"，是一种学习共同体，小组长没有任何行政职务和任何补贴。目前，课程小组运行良好，对学科类课程的改革与实施起到了重要作用。但是要更加长久有效地发挥作用，尚需制度化安排。

采用协同培养模式是确保学科类课程基础性的有效举措。学科类课程种类较多，单靠一个系或者一个二级学院的教师难以全面完成这类课程的教学任务，"协同培养"有利于这一难题的解决。安阳师范学院小学教育专业实施的是"一主体三协同"的培养模式："一主体"指初等教育系，负责小学教育专业人才培养方案的拟订、课程管理、课程建设和教研活动的开展等，它是小学教育专业课程实施的主体；"三协同"之一是指教育学院内部的协同培养，即学院内部初等教育系与教育学系、心理学系、学前教育系之间的协同培养；"三协同"之二是指校内二级学院之间的协同培养，即教育学院初等教育系与其他二级学院的协同培养；"三协同"之三是指教育学院初等教育系与校外相关组织的协同培养，包括与小学、地方政府等组织之间的协同培养。

（四）小学教师教育课程改革应把握教育实践课程的时长限度

2014年《教育部关于实施卓越教师培养计划的意见》要求教育实践不少于一个学期，但没有规定上限。2017年颁布的《小学教育专业认证标准》将"不低于一个学期"的要求定为小学教育专业教育实践的认证标准，即教育实践时间≥18周，也没有设置教育实践的时间上限或者所占总课时的百分比。安阳师范学院实施的连续33周师范生在小学进行"教育实习与毕业论文（设计）一体化设计"，经过多年实践，效果显著、特色鲜明，已经成为安阳师范学院教育实践课程改革的特色与亮点，具有协调各种资源有序推进、设计个性化方案做到因材施教、交叉设计提高论文和实习质量、突出实践活化理论等优势。但是，在实践过程中也出现集中实习时间偏长挤压了学生在校学习时间、讲授课程安排过于集中、实施方案尚需进一步完善等实施细节问题。

前文也分析了教育实践时间呈现出越来越长的特点，但是教育实践时间，特别是学生离开高校到小学集中实践的时间多长合适，这是小学教师教育课程改革应该进一步研究的问题。在这一问题上，国家应该设置集中教育实践时长上限，小学教师培养院校应该根据培养质量的需要，采取适宜的时长与适宜的时段，实施集中教育实践。

（五）以学分制与弹性学制的实施为前提进行小学教师教育课程改革

在百年小学教师教育课程的历史发展中，课程计划或课程方案多以学年学分制为主，实施中实质多以固定科目、固定学分、固定时空的学年制为主。中等师范教育课程设置更为凸显，不过由于中等师范教育是普通教育课程与教育学类的结合，而且普通教育课程为重，这方面与中学有相同之处，其学年制课程的设置在当时有其合理之处。高等教育小学教育专业逐渐实施学分制与弹性学制，这种方式更符合人才培养和课程设置的新理念，更加有利于提高课程设置的丰富性，更加有利于培养素养全面、专长发展的卓越的小学教师，也更加有利于学生制订个性化的学业规划，促进学生的个性发展。将来，小学教师教育课程应该以学分制与弹性制的实施为前提进行改革。

总之，小学教师教育课程改革要不忘本，积极汲取历史经验教训，立足中国特色社会主义新时代教育改革与发展之需要，面向世界，面向未来，改革创新，锐意进取，努力构建具有中国特色、中国风格、中国气派的小学教师教育课程体系，培养"素养全面，专长发展"的卓越小学教师，培养德智体美劳全面发展的社会主义建设者和接班人，为实现中华民族伟大复兴的中国梦贡献力量。

参考文献

[1] 舒新城. 中国近代教育史资料：上册［M］. 北京：人民教育出版社，1961.

[2] 安阳师范学院校史编写组. 安阳师范学院校史：1908—2008［M］. 北京：高等教育出版社，2009.

[3] 中国第二历史档案馆. 中华民国史档案资料汇编：第五辑：第三编：教育（一）［M］. 南京：凤凰出版社，2010.

[4] 河南省教育厅法令编辑委员会. 河南教育法令汇编［M］. 开封：开明印刷局，1932.

[5] 申志诚，孙增福，张振江，等. 河南近现代教育史稿［M］. 开封：河南大学出版社，1990.

[6] 何东昌. 中华人民共和国重要教育文献：1949—1975［M］. 海口：海南出版社，1998.

[7] 刘英杰. 中国教育大事典：1949—1990［M］. 杭州：浙江教育出版社，1993.

[8] 黄思记，朱海林，魏臣宇. 从"彰师"到"安师"——小学教师教育百年历史发展审视［M］. 南京：南京大学出版社，2020.

[9]《中国教育年鉴》编辑部. 中国教育年鉴：1949—1981［M］. 北京：中国大百科全书出版社，1993.

[10] 陈元晖. 中国近代教育史资料汇编：学制演变［M］. 上海：上海教育出版社，2007.

[11] 舒文著. 纪念辛亥革命100周年重庆辛亥革命史［M］. 重庆：重庆出版社，2010.

[12] 安树芬，彭诗琅. 中华教育通史：第9卷［M］. 北京：京华出版社，2010.

[13] 崔运武. 中国师范教育史［M］. 太原：山西教育出版社，2006.

[14] 刘向岫. 中国师范教育简史 [M]. 北京：人民教育出版社，1984.

[15] 罗廷光. 教育行政（下册）[M]. 福州：福建教育出版社，2010.

[16] 瞿葆奎. 中国教育改革 [M]. 北京：人民教育出版社，1991.

[17] 国家教育委员会师范教育司. 师范教育工作资料汇编：1988—1995年 [M]. 长春：东北师范大学出版社，1996.

[18] 联合国教科文组织总部中文科，译. 教育——财富蕴藏其中 [M]. 北京：教育科学出版社，1996.

[19] 顾明远，张东娇. 中国学制百年 [M]. 北京：教育科学出版社，2016.

[20] 吴圣苓. 师典 [M]. 上海：上海人民出版社，2004.

[21] 苏林，张贵新. 中国师范教育十五年 [M]. 长春：东北师范大学出版社，1996.

[22] 中国第二历史档案馆. 中华民国史档案资料汇编：第五辑：第二编：教育 [M]. 南京：凤凰出版社，1997.

[23] 曾煜. 中国教师教育史 [M]. 北京：商务印书馆，2016.

[24] 河南省沈丘县教育委员会. 河南省沈丘县教育志 [M]. 周口：沈丘县教育局，1986.

[25] 李友芝，等. 中国近代师范教育史资料：第4册 [M]. 北京：北京师范学院内部交流版，1983.

[26] 北京市教育杂志编纂委员会. 北京市普通教育年鉴：1949—1991 [M]. 北京：北京出版社，1992.

[27] 宫辉力. 教师教育课程重构：理论与实践 [M]. 北京：首都师范大学出版社，2008.

[28] 教育部高等学校教学指导委员会. 普通高等学校本科专业类教学质量国家标准（上册）[M]. 北京：高等教育出版社，2018.

[29] 贾谊，扬雄. 贾谊新书扬子法言 [M]. 上海：上海古籍出版社，1989.

[30] 中华人民共和国教育委员会师范司. 大学专科程度小学教师培养课程方案（试行）[J]. 课程·教材·教法，1995（5）.

[31] 潘懋元，肖海涛. 论我国高等教育学制改革——基于专升本的视角 [J]. 高等教育研究，2006（7）.

[32] 曹志芳. "专升本"何去何从？——关于"专升本"试办情况的报告 [J]. 中国高等教育，1994（5）.

[33] 王嘉毅，曹红丽. 国际视野下小学教育专业课程设置及其对我国的启

示［J］．课程·教材·教法，2020，40（1）．

［34］李梁．师范院校教育实践课程探索——以温州大学小学教育专业为例［J］．教育研究，2017，38（4）．

［35］谢培松．本专科小学教师教育课程方案的研究与构建［J］．课程·教材·教法，2004（3）．

［36］高慧珠．教师教育课程标准视野下的小学教师教育课程模式分类［J］．全球教育展望，2019，48（2）．

［37］《中共中央国务院关于深化教育改革全面推进素质教育的决定》（中发〔1999〕9号）

［38］劳赐铭．高职学生专升本存在的问题、原因分析与对策［J］．教育与职业，2022（16）．

［39］大力稳定和发展小学教育，培养百万人民教师［J］．人民教育，1951（10）．

［40］秦启轩．小学教育专业嬗变及其发展逻辑［J］．现代教育科学，2017（5）．

［41］教育部关于印发《幼儿园教师专业标准（试行）》《小学教师专业标准（试行）》和《中学教师专业标准（试行）》的通知［EB/OL］．中华人民共和国教育部政府门户网站．

［42］中华人民共和国教育部．教育部关于印发《幼儿园教师专业标准（试行）》《小学教师专业标准（试行）》和《中学教师专业标准（试行）》的通知［EB/OL］．中华人民共和国教育部政府门户网站，2022-06-08．

［43］中华人民共和国教育部．关于印发《三年制小学教育专业课程方案（试行）》的通知［EB/OL］．中华人民共和国教育部政府门户网站，2022-06-08．

［44］中华人民共和国教育部．2001年度经教育部备案或批准设置的高等学校本科专业名单［EB/OL］．中华人民共和国教育部政府门户网站，2022-06-26．

［45］中华人民共和国教育部　中华人民共和国财政部．教育部　财政部关于"十二五"期间实施"高等学校本科教学质量与教学改革工程"的意见［EB/OL］．中华人民共和国教育部政府门户网站，2022-05-06．

［46］中华人民共和国教育部．教育部关于大力推进教师教育课程改革的意见［EB/OL］．中华人民共和国教育部政府门户网站，2022-05-20．

［47］中华人民共和国教育部．教育部关于加强师范生教育实践的意见

[EB/OL］．中华人民共和国教育部政府门户网站，2022-06-09．

［48］中华人民共和国教育部．教育部关于印发《普通高等学校师范类专业认证实施办法（暂行）》的通知［EB/OL］．中华人民共和国教育部政府门户网站，2022-06-09．

［49］中华人民共和国教育部．教育部关于实施卓越教师培养计划的意见（教师〔2014〕5号）［EB/OL］．中华人民共和国教育部政府门户网站，2022-05-10．

［50］任友群：教育部：全国专任教师1673.83万人 地位待遇不断提升［EB/OL］．中华人民共和国教育部政府门户网站，2022-07-20．

［51］河南省教育厅，河南省财政厅，河南省人力资源和社会保障厅，河南省编办．关于印发《河南省农村小学全科教师培养工作实施方案（试行）》的通知［EB/OL］．河南省教育厅门户政府网站，2022-10-19．

［52］河南省教育厅．关于印发《河南省小学教育专业全科教师培养方案（试行）》和《河南省小学教育专业全科教师教育教学能力培养指导标准（试行）》的通知［EB/OL］．河南省教育厅门户政府网站，2022-10-19．

附　录

附录一

小学教育专业认证标准
（第一级）

《小学教育专业认证标准（第一级）》是国家对小学教育专业办学的基本要求，主要依据国家教育法规和小学教师专业标准、教师教育课程标准制定。

本标准适用于普通高等学校培养小学教师的本科和专科小学教育专业。

维度		监测指标	参考标准
课程与教学	1	教师教育课程学分[1]	必修课≥24学分（三年制专科≥20学分、五年制专科≥26学分）总学分≥32学分（三年制专科≥28学分、五年制专科≥35学分）
	2	人文社会与科学素养课程学分占总学分比例	≥10%
	3	学科专业课程学分占总学分比例	≥35%
合作与实践	4	教育实践时间[2]	≥18周
	5	实习生数与教育实践基地数比例[3][4]	≤20∶1
师资队伍	6	生师比[5]	≤18∶1
	7	教师教育课程教师占专任教师比例[6][7]	≥40%
	8	具有高级职称教师占专任教师比例[8]	≥学校平均水平
	9	具有硕博士学位教师占专任教师比例[9]	≥60%（专科≥30%）
	10	小学兼职教师占教师教育课程教师比例[10]	≥20%

293

续表

维度		监测指标	参考标准
支持条件	11	教学日常运行支出占生均拨款总额与学费收入之和的比例[11][12][13]	≥13%
	12	生均教学日常运行支出	≥学校平均水平
	13	生均教育实践经费[14]	≥学校平均水平
	14	生均教育类纸质图书[15]	≥30册
	15	微格教学、语言技能、书写技能、实验教学、艺术教育实训室等教学设施	有

小学教育专业认证标准
（第二级）

《小学教育专业认证标准（第二级）》是国家对小学教育专业教学质量的合格要求，主要依据国家教育法规和小学教师专业标准、教师教育课程标准制定。

本标准适用于普通高等学校培养小学教师的本科和专科小学教育专业。

一、培养目标

1.1 [目标定位] 培养目标应贯彻党的教育方针，面向国家、地区基础教育改革发展和教师队伍建设重大战略需求，落实国家教师教育相关政策要求，符合学校办学定位。

1.2 [目标内涵] 培养目标内容明确清晰，反映师范生毕业后5年左右在社会和专业领域的发展预期，体现专业特色，并能够为师范生、教师、教学管理人员及其他利益相关方理解和认同。

1.3 [目标评价] 定期对培养目标的合理性进行评价，并能够根据评价结果对培养目标进行必要修订。评价和修订过程应有利益相关方参与。

二、毕业要求

专业应根据小学教师专业标准，制定明确、公开的毕业要求。毕业要求能够支撑培养目标，并在师范生培养全过程中分解落实。专业应通过评价证明毕业要求的达成。专业制定的毕业要求应涵盖以下内容。

■践行师德

2.1 ［师德规范］践行社会主义核心价值观，增进对中国特色社会主义的思想认同、政治认同、理论认同和情感认同。贯彻党的教育方针，以立德树人为己任。遵守中小学教师职业道德规范，具有依法执教意识，立志成为有理想信念、有道德情操、有扎实学识、有仁爱之心的好老师。

2.2 ［教育情怀］具有从教意愿，认同教师工作的意义和专业性，具有积极的情感、端正的态度、正确的价值观。具有人文底蕴和科学精神，尊重学生人格，富有爱心、责任心、事业心，工作细心、耐心，做学生锤炼品格、学习知识、创新思维、奉献祖国的引路人。

■学会教学

2.3 ［学科素养］具有一定的人文与科学素养。掌握主教学科的基本知识、基本原理和基本技能，理解学科知识体系基本思想和方法。了解兼教学科的基本知识、基本原理和技能，并具备一定的其他学科基本知识，对学习科学相关知识有一定的了解。了解学科整合在小学教育中的价值，了解所教学科与其他学科的联系，以及与社会实践、小学生生活实践的联系。

2.4 ［教学能力］在教育实践中，能够依据所教学科课程标准，针对小学生身心发展和认知特点，运用学科教学知识和信息技术，进行教学设计、实施和评价，获得教学体验，具备教学基本技能，具有初步的教学能力和一定的教学研究能力。

■学会育人

2.5 ［班级指导］树立德育为先理念，了解小学德育原理与方法。掌握班级组织与建设的工作规律和基本方法。能够在班主任工作实践中，参与德育和心理健康教育等教育活动的组织与指导，获得积极体验。

2.6 ［综合育人］了解小学生身心发展和养成教育规律。理解学科育人价值，能够有机结合学科教学进行育人活动。了解学校文化和教育活动的育人内涵和方法，参与组织主题教育、少先队活动和社团活动，促进学生全面、健康发展。

■学会发展

2.7 ［学会反思］具有终身学习与专业发展意识。了解国内外基础教育改革发展动态，能够适应时代和教育发展需求，进行学习和职业生涯规划。初步掌握反思方法和技能，具有一定创新意识，运用批判性思维方法，学会分析和解决教育教学问题。

2.8 [沟通合作] 理解学习共同体的作用，具有团队协作精神，掌握沟通合作技能，具有小组互助和合作学习体验。

三、课程与教学

3.1 [课程设置] 课程设置应符合小学教师专业标准和教师教育课程标准要求，能够支撑毕业要求达成。

3.2 [课程结构] 课程结构体现通识教育、学科专业教育与教师教育有机结合；理论课程与实践课程、必修课与选修课设置合理。各类课程学分比例恰当，通识教育课程中的人文社会与科学素养课程学分不低于总学分的10%，学科专业课程学分不低于总学分的35%，教师教育课程达到教师教育课程标准规定的学分要求。

3.3 [课程内容] 课程内容体现小学教育的专业性，注重基础性、科学性、实践性，把社会主义核心价值观、师德教育有机融入课程教学中。选用优秀教材，吸收学科前沿知识，引入课程改革和教育研究最新成果、优秀小学教育教学案例，并能够结合师范生学习状况及时更新、完善课程内容。

3.4 [课程实施] 重视课堂教学在培养过程中的基础作用。依据毕业要求制定课程目标和教学大纲，教学内容、教学方法、考核内容与方式应支持课程目标的实现。能够恰当运用案例教学、探究教学、现场教学等方式，合理应用信息技术，提高师范生学习效果。课堂教学、课外指导和课外学习的时间分配合理，技能训练课程实行小班教学，养成师范生自主学习能力和"三字一话"等从教基本功。

3.5 [课程评价] 定期评价课程体系的合理性和课程目标的达成度，并能够根据评价结果进行修订。评价与修订过程应有利益相关方参与。

四、合作与实践

4.1 [协同育人] 与地方教育行政部门和小学建立权责明晰、稳定协调、合作共赢的"三位一体"协同培养机制，基本形成教师培养、培训、研究和服务一体化的合作共同体。

4.2 [基地建设] 教育实践基地相对稳定，能够提供合适的教育实践环境和实习指导，满足师范生教育实践需求。每20个实习生不少于1个教育实践基地[4]。

4.3 [实践教学] 实践教学体系完整，专业实践和教育实践有机结合。教育见习、教育实习、教育研习贯通，涵盖师德体验、教学实践、班级管理实践和教研实践等，并与其他教育环节有机衔接。教育实践时间累计不少于一学期[2]。学校集中组织教育实习，保证师范生实习期间的上课时数。

4.4 [导师队伍] 实行高校教师与优秀小学教师共同指导教育实践的"双导师"制度。有遴选、培训、评价和支持教育实践指导教师的制度与措施。"双导师"数量充足，相对稳定，责权明确，有效履职。

4.5 [管理评价] 教育实践管理较为规范，能够对重点环节实施质量监控。实行教育实践评价与改进制度。依据相关标准，对教育实践表现进行有效评价。

五、师资队伍

5.1 [数量结构] 专任教师数量结构能够适应本专业教学和发展的需要，生师比不高于18∶1[5]，硕士、博士学位教师占比本科一般不低于60%、专科一般不低于30%[9]，高级职称教师比例不低于学校平均水平[8]，且为师范生上课。配足建强教师教育课程教师，学科专业课程教师能够满足专业教学需要。基础教育一线兼职教师素质良好、队伍稳定，占教师教育课程教师比例不低于20%[10]。

5.2 [素质能力] 遵守高校教师职业道德规范，为人师表，言传身教；以生为本、以学定教，具有较强的课堂教学、信息技术应用和学习指导等教育教学能力；勤于思考，严谨治学，具有一定的学术水平和研究能力。具有职前养成和职后发展一体化指导能力，能够有效指导师范生发展与职业规划。师范生对本专业专任教师、兼职教师师德和教学具有较高的满意度。

5.3 [实践经历] 教师教育课程教师熟悉小学教师专业标准、教师教育课程标准和小学教育教学工作，至少有一年小学教育服务经历[18]。其中，学科课程与教学论教师具有指导、分析、解决小学教育教学实际问题的能力，并有一定的基础教育研究成果。

5.4 [持续发展] 制订并实施教师队伍建设规划。建立教师培训和实践研修制度。建立专业教研组织，定期开展教研活动。建立教师分类评价制度，评价结果与绩效分配、职称评聘挂钩。探索高校和小学"协同教研""双向互聘""岗位互换"等共同发展机制。

六、支持条件

6.1 [经费保障] 专业建设经费满足师范生培养需求，教学日常运行支出占生均拨款总额与学费收入之和的比例不低于13%[11][12][13]，生均教学日常运行支出不低于学校平均水平，生均教育实践经费支出不低于学校平均水平[14]。教学设施设备和图书资料等更新经费有标准和预决算。

6.2 [设施保障] 教育教学设施满足师范生培养要求。建有小学教育专业教师职业技能实训平台，满足"三字一话"、微格教学、实验教学、艺术教育等实践教学需要。信息化教育设施能够适应师范生信息素养培养要求。建有教育教学设施管理、维护、更新和共享机制，方便师范生使用。

6.3 ［资源保障］专业教学资源满足师范生培养需要，数字化教学资源较为丰富，使用率较高。生均教育类纸质图书不少于 30 册[15]。建有小学教材资源库和优秀小学教育教学案例库，其中现行小学课程标准和教材每 6 名实习生不少于 1 套。

七、质量保障

7.1 ［保障体系］建立教学质量保障体系，各主要教学环节有明确的质量要求。质量保障目标清晰，任务明确，机构健全，责任到人，能够有效支持毕业要求达成。

7.2 ［内部监控］建立教学过程质量常态化监控机制，定期对各主要教学环节质量实施监控与评价，保障毕业要求达成。

7.3 ［外部评价］建立毕业生跟踪反馈机制以及基础教育机构、教育行政部门等利益相关方参与的社会评价机制，对培养目标的达成度进行定期评价。

7.4 ［持续改进］定期对校内外的评价结果进行综合分析，能够有效使用分析结果，推动师范生培养质量持续改进和提高。

八、学生发展

8.1 ［生源质量］建立有效的制度措施，能够吸引志愿从教、素质良好的生源。

8.2 ［学生需求］了解师范生发展诉求，加强学情分析，设计兼顾共性要求与个性需求的培养方案与教学管理制度，为师范生发展提供空间。

8.3 ［成长指导］建立师范生指导与服务体系，加强思想政治教育，能够适时为师范生提供生活指导、学习指导、职业生涯指导、就业创业指导、心理健康指导等，满足师范生成长需求。

8.4 ［学业监测］建立形成性评价机制，监测师范生的学习进展情况，保证师范生在毕业时达到毕业要求。

8.5 ［就业质量］毕业生的初次就业率不低于本地区高校毕业生就业率的平均水平，获得教师资格证书的比例不低于 75%[16]，且主要从事教育工作[17]。

8.6 ［社会声誉］毕业生社会声誉较好，用人单位评价较高。

小学教育专业认证标准
（第三级）

《小学教育专业认证标准（第三级）》是国家对小学教育专业教学质量的卓越要求，主要依据国家教育法规和小学教师专业标准、教师教育课程标准及教育部关于实施卓越教师培养计划的意见制定。

本标准适用于普通高等学校培养小学教师的本科和专科小学教育专业。

一、培养目标

1.1［目标定位］培养目标应贯彻党的教育方针，面向国家、地区基础教育改革发展和教师队伍建设重大战略需求，落实国家教师教育相关政策要求，符合学校办学定位。

1.2［目标内涵］培养目标内容明确清晰，反映师范生毕业后5年左右在社会和专业领域的发展预期，体现专业特色和优势，并能够为师范生、教师、教学管理人员及其他利益相关方所理解和认同。

1.3［目标评价］定期对培养目标的合理性进行评价，并能根据评价结果对培养目标进行必要修订。评价和修订过程应有利益相关方参与。

二、毕业要求

专业应根据小学教师专业标准，制定明确、公开的毕业要求。毕业要求能够支撑培养目标，并在师范生培养全过程中分解落实。专业应通过评价证明毕业要求的达成。专业指定的毕业要求应涵盖以下内容。

■践行师德

2.1［师德规范］践行社会主义核心价值观，增进对中国特色社会主义的思想认同、政治认同、理论认同和情感认同。贯彻党的教育方针，以立德树人为己任。遵守中小学教师职业道德规范，具有依法执教意识，立志成为有理想信念、有道德情操、有扎实学识、有仁爱之心的好老师。

2.2［教育情怀］具有从教意愿，认同教师工作的意义和专业性，具有积极的情感、端正的态度、正确的价值观。具有人文底蕴和科学精神，尊重学生人格，富有爱心、责任心、事业心，工作细心、耐心，做学生锤炼品格、学习知识、创新思维、奉献祖国的引路人。

■学会教学

2.3［知识整合］具有较好的人文与科学素养。扎实掌握主教学科的知识体系、思想与方法，重点理解和掌握学科核心素养内涵；掌握兼教学科的基本知识、基本原理和技能，了解学科知识体系基本思想和方法；了解小学其他学科基本知识、基本原理和技能，具有跨学科知识结构；对学习科学相关知识能理解并初步应用，能整合形成学科教学知识。初步习得基于核心素养的学习指导方法和策略。

2.4［教学能力］理解教师是学生学习和发展的促进者。依据学科课程标准，在教育实践中，能够以学习者为中心，创设适合的学习环境，指导学习过程，进行学习评价。具备一定的课程整合与综合性学习设计与实施能力。

2.5［技术融合］初步掌握应用信息技术优化学科课堂教学的方法技能，具有运用信息技术支持学习设计和转变学生学习方式的初步经验。

■学会育人

2.6［班级指导］树立德育为先理念。了解小学德育原理与方法，掌握班级组织与建设的工作规律与基本方法。掌握班集体建设、班级教育活动组织、学生发展指导、综合素质评价、与家长及社区沟通合作等班级常规工作要点。能够在班主任工作实践中，参与德育和心理健康教育等教育活动的组织与指导，获得积极体验。

2.7［综合育人］树立育人为本的理念，掌握育人基本知识与技能，善于抓住教育契机，促进小学生全面和个性发展。理解学科育人价值，在教育实践中，能够结合学科教学进行育人活动。了解学校文化和教育活动的育人内涵和方法。积极参与组织主题教育、少先队活动和社团活动。

■学会发展

2.8［自主学习］具有终身学习与专业发展意识。了解专业发展核心内容和发展阶段路径，能够结合就业愿景制订自身学习和专业发展规划。养成自主学习习惯，具有自我管理能力。

2.9［国际视野］具有全球意识和开放心态，了解国外基础教育改革发展的趋势和前沿动态。积极参与国际教育交流。尝试借鉴国际先进教育理念和经验进行教育教学。

2.10［反思研究］理解教师是反思型实践者。运用批判性思维方法，养成从学生学习、课程教学、学科理解等不同角度反思分析问题的习惯。掌握教育实践研究的方法和指导学生探究学习的技能，具有一定的创新意识和教育教学研究能力。

2.11［交流合作］理解学习共同体的作用，具有团队协作精神，掌握沟通合作技能，积极开展小组互助和合作学习。

三、课程与教学

3.1［课程设置］课程设置应符合小学教师专业标准和教师教育课程标准要求，跟踪对接基础教育课程改革前沿，能够支撑达成毕业要求。

3.2［课程结构］课程结构体现通识教育、学科专业教育与教师教育深度融合，理论课程与实践课程、必修课与选修课设置合理。各类课程学分比例恰当，通识教育课程中的人文社会与科学素养课程学分不低于总学分的10%，学科专业课程学分不低于总学分的35%，教师教育课程达到教师教育课程标准规定的学分要求。

3.3［课程内容］课程内容体现小学教育的专业性，注重基础性、科学性、综合性、实践性，把社会主义核心价值观、师德教育有机融入课程教学中。选用优秀教材，吸收学科前沿知识，引入课程改革和教育研究最新成果、优秀小学教育教学案例，并能够结合师范生学习状况及时更新、完善课程内容，形成促进师范生主体发展的多样性、特色化的课程文化。

3.4［课程实施］重视课堂教学在培养过程中的基础作用。依据毕业要求制定课程目标和教学大纲，教学内容、教学方法、考核内容与方式应能支持课程目标的实现。注重师范生的主体参与和实践体验，注重以课堂教学、课外指导提升自主学习能力，注重应用信息技术推进教与学的改革。技能训练课程实行小班教学，形式多样，富有成效，师范生"三字一话"等从教基本功扎实。校园文化活动具有教师教育特色，有利于养成从教信念、专业素养与创新能力。

3.5［课程评价］定期评价课程体系的合理性和课程目标的达成度，并能够根据评价结果进行修订。评价与修订过程应有利益相关方参与。

四、合作与实践

4.1［协同育人］与地方教育行政部门和小学建立权责明晰、稳定协调、合作共赢的"三位一体"协同培养机制，协同制定培养目标、设计课程体系、建设课程资源、组织教学团队、建设实践基地、开展教学研究、评价培养质量，形成教师培养、培训、研究和服务一体化的合作共同体。

4.2［基地建设］建有长期稳定的教育实践基地。实践基地具有良好的校风，较强的师资力量、学科优势、管理优势、课程资源优势和教改实践优势。每20个实习生不少于1个教育实践基地[4]，其中，示范性教育实践基地不少于三分之一。

4.3［实践教学］实践教学体系完整。教育见习、教育实习、教育研习递进贯通，涵盖师德体验、教学实践、班级管理实践和教研实践等，并与其他教育环节有机衔接。教育实践时间累计不少于一学期[2]。学校集中组织教育实习，保证师范生实习期间的上课时数和上课类型。

4.4 [导师队伍] 实行高校教师与优秀小学教师共同指导教育实践的"双导师"制度。有遴选、培训、评价和支持教育实践指导教师的制度与措施。"双导师"数量足,水平高,稳定性强,责权明确,协同育人,有效履职。

4.5 [管理评价] 教育实践管理规范,能够对全过程实施质量监控。严格实行教育实践评价与改进制度。具有教育实践标准,采取过程评价与成果考核评价相结合方式,对实践能力和教育教学反思能力进行科学有效评价。

五、师资队伍

5.1 [数量结构] 专任教师数量结构能够适应本专业教学和发展的需要,生师比不高于16∶1[5],硕士、博士学位教师占比本科一般不低于80%、专科一般不低于40%[9],高级职称教师比例高于学校平均水平[8],且为师范生上课、担任师范生导师。配足建强教师教育课程教师,学科专业课程教师能够满足专业教学需要。本科具有半年以上、专科具有三个月以上境外研修经历教师占教师教育课程教师比例不低于20%,基础教育一线的兼职教师队伍稳定,占教师教育课程教师比例不低于20%[10],原则上为省市级学科带头人、特级教师、高级教师,能深度参与师范生培养工作。

5.2 [素质能力] 遵守高校教师职业道德规范,为人师表,言传身教;以生为本、以学定教,具有突出的课堂教学、课程开发、信息技术应用和学习指导等教育教学能力;治学严谨,跟踪学科前沿,研究能力和创新能力较强。具有职前养成和职后发展一体化指导能力,能够有效指导师范生发展与职业规划。师范生对本专业专任教师、兼职教师师德和教学具有较高的满意度。

5.3 [实践经历] 教师教育课程教师熟悉小学教师专业标准、教师教育课程标准和小学教育教学工作,每五年至少有一年小学教育服务经历[18],能够指导小学教育教学工作,并有丰富的基础教育研究成果。

5.4 [持续发展] 制订并实施教师队伍建设规划。教师培训和实践研修机制完善;建立专业教研组织,定期开展教研活动。建立教师分类评价制度,评价结果与绩效分配、职称评聘挂钩。高校和小学"协同教研""双向互聘""岗位互换"等共同发展机制健全、成效显著。

六、支持条件

6.1 [经费保障] 专业建设经费满足师范生培养需求,教学日常运行支出占生均拨款总额与学费收入之和的比例不低于15%[11][12][13],生均教学日常运行支出高于学校平均水平,生均教育实践经费支出高于学校平均水平[14]。教学设施设备和图书资料等更新经费有标准和预决算。

6.2［设施保障］教育教学设施完备。建有小学教育专业教师职业技能实训平台和在线教学观摩指导平台，满足"三字一话"、微格教学、实验教学、艺术教育、远程见习等实践教学需要。信息化教育设施能够支撑专业教学改革与师范生学习方式转变。教育教学设施管理、维护、更新和共享机制顺畅，师范生使用便捷、充分。

6.3［资源保障］专业教学资源及数字化教学资源丰富，使用率高。教育类纸质图书充分满足师范生学习需要[15]。建有小学教材资源库和优秀小学教育教学案例库，有国内外多种版本小学教材，其中现行小学课程标准和教材每6名实习生不少于1套。

七、质量保障

7.1［保障体系］建立完善的教学质量保障体系，各主要教学环节有清晰明确、科学合理的质量要求。质量保障目标清晰，任务明确，机构健全，责任到人，能够有效支持毕业要求达成。

7.2［内部监控］建立教学质量监控与评价机制并有效执行，运用信息技术对各主要教学环节质量实施全程监控与常态化评价，保障毕业要求达成。

7.3［外部评价］建立毕业生持续跟踪反馈机制以及基础教育机构、教育行政部门等利益相关方参与的多元社会评价机制，对培养目标的达成度进行定期评价。

7.4［持续改进］定期对校内外的评价结果进行综合分析，能够有效使用分析结果，推动师范生培养质量的持续改进和提高，形成追求卓越的质量文化。

八、学生发展

8.1［生源质量］建立符合教师教育特点的制度措施，能够吸引乐教、适教的优秀生源。

8.2［学生需求］充分了解师范生发展诉求，加强学情分析。设计兼顾共性要求与个性需求的培养方案与教学管理制度，鼓励跨院、跨校选修课程，为师范生的自主选择和发展提供足够的空间。

8.3［成长指导］建立完善的师范生指导与服务体系，加强思想政治教育，能够适时为师范生提供生活指导、学习指导、职业生涯指导、就业创业指导、心理健康指导等，满足师范生成长需求，并取得实效。

8.4［学业监测］建立形成性评价机制，对师范生在整个学习过程中的表现进行跟踪与评估，鼓励师范生自我监测和自我评价，及时形成指导意见和改进策略，保证师范生在毕业时达到毕业要求。

8.5［就业质量］毕业生的初次就业率不低于75%，获得教师资格证书的比例不低于85%[16]，且主要从事教育工作[17]。

8.6［社会声誉］毕业生社会声誉好，用人单位满意度高。

8.7［持续支持］对毕业生进行跟踪服务，了解毕业生专业发展需求，为毕业生提供持续学习的机会和平台。

注释

［1］教师教育课程学分

根据教师教育课程标准制定。1学分相当于学生在教师指导下进行课程学习18课时，并经考核合格。

［2］教育实践时间

根据教师教育课程标准和教育部关于加强师范生教育实践的意见要求制定。教育实践包括教育见习、教育实习、教育研习等环节，教育实践一学期指18个教学周。

［3］实习生

实习生指参加教育实习的本、专科生。

［4］教育实践基地

教育实践基地指学校与校外有关单位签署协议，为本专业人才培养提供服务的相对稳定的校外教育见习、实习场所。

［5］生师比

根据普通本科学校设置暂行规定相关内容制定。生师比=折合学生数÷专业教师总数。其中，折合学生数=师范专业普通本、专科生数+教育硕士生数×1.5+教育博士生数×2+留学生数×3+进修生数+成人脱产班学生数+夜大（业余）学生数×0.3+函授生数×0.1；专业教师总数=专任教师数+外聘教师数＊0.5。外聘教师指聘请的国内外其他高校、基础教育及科研机构、企业、行业的教师和退休教师（含本校退休教师），聘期为一学期以上。外聘教师按0.5系数折算后计入教师总数，且人数不超过专任教师数的25%。对于民办高校，自有教师及外聘教师中聘期二年（含）以上并满足学校规定教学工作量的教师按1∶1计入专业教师，聘期一年至两年的外聘教师按0.5系数折算后计入本专业教师总数，聘期不足一年的不计入专业教师总数。

［6］专任教师

根据普通本科学校设置暂行规定相关内容制定，指学校本专业在职教职工中具有教师资格，专门从事教学工作的人员。

［7］教师教育课程教师占专任教师比例

根据普通本科学校设置暂行规定相关内容制定。教师教育课程教师占专任教师比例=本专业教师教育课程在职教师÷本专业专任教师总数。

［8］具有高级职称教师占专任教师比例

根据普通本科学校设置暂行规定相关内容制定。具有高级职称教师占专任教师比例=具有副高级及以上职称的本专业专任教师数÷本专业专任教师总数。

［9］具有硕博士学位教师占专任教师比例

根据普通本科学校设置暂行规定相关内容制定。具有硕博士学位教师占专任教师比例=本专业具有硕博士学位的专任教师数÷本专业专任教师总数。

［10］兼职教师

指来自教学一线的中学/小学/幼儿园教师。

［11］教学日常运行支出

根据普通高等学校本科教学工作合格评估方案制定。教学日常运行支出指中学/小学/学前教育专业开展教学活动及其辅助活动发生的支出，仅指教学基本支出中的商品和服务支持（302类），不包括教学专项拨款支出，具体包括教学教辅部门发生的办公费（含考试考务费、手续费等）、印刷费、咨询费、邮电费、交通费、差旅费、出国费、维修（护）费、租赁费、会议费、培训费、专用材料费（含体育维持费等）、劳务费和其他教学商品和服务支出（含学生活动费、教学咨询研究机构会员费、教学改革科研业务费、委托业务费等），取会计决算数。

［12］生均拨款总额

根据普通高等学校本科教学工作合格评估方案制定。生均拨款总额指中央和地方财政通过一般预算安排用于支持高校发展的经费，按在校生人数折算的平均水平，包括基本支出和项目支出，不含中央财政安排的专项经费。其中，专业本科生生均拨款总额指按专业本科生在校生人数折算的拨款总额。专业专科生生均拨款总额指按专业专科生在校生人数折算的拨款总额。

［13］学费收入

根据普通高等学校本科教学工作合格评估方案制定。学费收入指普通本科专业学费收入，即按照核准收费标准实际收取的本科专业学费总额。只统计学费，不含住宿费、教材费等其他费用。专科专业学费收入即按照核准收费标准实际收取的专科专业学费总额。

［14］教育实践经费

教育实践经费指用于教育见习、教育实习、教育研习等教育实践活动的经费总额，不含实验室列入固定资产的设备购置经费。

[15] 教育类纸质图书

教育类纸质图书包括课程论、教学论、学科教学、教育科研、教育教学管理等方面的纸质图书。

[16] 毕业生教师资格证通过率

毕业生教师资格证通过率＝师范类毕业生通过教师资格证考试人数÷师范类毕业生数。

[17] 从事教育工作

指在各级各类学校、教育机构中从事与教育有关的教育教学、研究、管理工作，包括继续攻读研究生等学历。

[18] 教育服务经历

指在中学/小学/幼儿园从事教学、管理、研究等工作。

[19] 校外实践导师

指校外中小学、幼儿园中指导师范生教育实践的教师。实习生数与校外实践导师比例＝实习生数÷校外实践导师数。

附录二

河南省小学教育专业全科教师培养方案
（试 行）

一、指导思想

根据国务院《关于加强教师队伍建设的意见》（国发〔2012〕41号）、国务院办公厅《关于印发乡村教师支持计划（2015—2020年）的通知》（国办发〔2015〕43号）以及河南省人民政府《关于全面加强教师队伍建设的意见》（豫政〔2013〕59号）精神，按照省教育厅、省财政厅、省人力资源和社会保障厅、省编办下发的《关于印发〈河南省农村小学全科教师培养工作实施方案〉（试行）的通知》（教师〔2015〕881号）的总体要求，小学教育全科教师培养工作以党的十八大，十八届三中、四中、五中全会精神为指导，以习近平总书记提出的做"有理想信念、有道德情操、有扎实学识、有仁爱之心"的让党和人民满意的"四有"好老师为标准，以更新教师教育理念为先导，以培养适应时代需要的农村小学全科教师为目标，为河南省农村小学培养一批热爱教育事业、基础知识宽厚、专业技能扎实、德智体美全面发展、综合素质高、具有实施素质教育和一定教育教学研究及管理能力、能胜任多门学科教学、引领农村基础教育改革与发展"一专多能"的小学全科教师，积极推进河南省农村基础教育教师队伍整体素质的提高。特制订本方案。

二、培养目标与培养要求

（一）培养目标

学生通过本科或专科阶段的学习，成长为适应时代要求和农村小学教育改革需要，热爱农村小学教育事业，德智体美全面发展，具备良好的职业道德和文化素质，掌握学科基本理论、基础知识与基本技能，学科素养和教师专业素养高度整合，且富有社会责任感、创新精神和实践能力，能够胜任小学多门学科教学和教育管理工作，"下得去，留得住，教得好"的高素质农村小学教育全科教师。

（二）培养要求

1. 以马克思列宁主义、毛泽东思想、邓小平理论、"三个代表"重要思想和科学发展观为指导，领会和掌握中国特色社会主义道路、中国特色社会主义理论体系、中国特色社会主义制度的精神实质，具有坚定的理想信念和政治立场，带头践行社会主义核心价值观，积极投身农村教育事业。

2. 热爱农村小学教育事业，具有扎根农村长期从教、终身从教的使命感；具有良好的教师职业道德；具有社会责任感、改革创新意识；具有奉献精神和团队精神。

3. 系统掌握从事小学教育各科教学所必备的学科基本理论、基础知识和基本技能。主要包括数学、自然科学、汉语言文学、英语语言文学、思想品德教育、音乐、美术、体育等学科的基本知识和基本理论。掌握科学实验的基本技能和体育训练技能，具有良好的艺术理论修养，健康的审美观和一定的艺术教育能力。

4. 坚持育人为本、实践取向、终身学习的理念，掌握较丰富的科学文化知识，较扎实的学科基础知识；具有较强的组织协调能力、表达能力、教育科研能力、教育反思能力以及使用现代教育信息技术的能力和开发小学生潜质的能力。

5. 熟悉国家教育法规和方针政策，了解基于小学教育改革的发展趋势；能够正确认识和把握小学课程的性质、价值和目标；学会运用符合小学教育规律的教学方法和科学的教学评估原则、方法；能够胜任小学课堂教学、指导小学生课外艺体活动和参与校园文化环境建设。

6. 掌握标准的普通话，规范的"三笔字"和熟练操作计算机的能力。掌握一门外语，具有一定的外语应用能力。掌握体育运动的基本知识和技能，达到国家规定的《大学生体育合格标准》。

7. 养成良好的锻炼习惯、卫生习惯和生活习惯，具有良好的心理素质、健康的体魄和积极向上的生活态度。

三、培养特色

强化教师专业精神的养成，具有良好的教师职业理想、责任、使命、情感、态度和价值；强化教育教学能力的修炼，具有广博的文化知识、全面的教学能力、良好的言语水平和健康的身心。

四、修业年限

本科标准学制4年，修业年限3~6年；专科标准学制3年。

五、毕业要求

思想政治合格，在规定的年限内修完本专业人才培养方案的规定课程，取得毕业资格（本定向培养计划特指有毕业证书、教师资格证书，其中本科生还需有学位证书，下同）。同时，普通话达到二级甲等、"三笔一画"考核合格、学科教学能力达标，还要通过大学英语等级考试、计算机等级考试等学校相应要求方能毕业。

六、授予学位要求

取得毕业资格，并符合学校规定的授予学士学位的条件，授予教育学学士学位。

七、学时学分分配表（基于本科层次的标准，专科层次在此基础上由培养高校制订细则）

课程结构及学分学时比例建议

课程体系	课程类别	学分	合计	比例(%)	合计(%)	学时	合计	比例(%)	合计(%)
公共基础课程	必修课	38	38	20.9	20.9	676	676	25	25
学科基础课程	必修课	24	32	13.3	17.7	456	568	16.9	21.1
	选修课	8		4.4		112		4.2	
专业基础课程	必修课	27	39	14.8	21.5	520	712	19.2	26.3
	选修课	12		6.7		192		7.1	
教师教育课程	必修课	21	24	11.5	13.2	384	448	14.2	16.6
	选修课	3		1.7		64		2.4	

续表

课程体系	课程类别	学分	合计	比例(%)	合计(%)	学时	合计	比例(%)	合计(%)
信息技术与应用课程	必修课	8	10	4.4	5.6	120	152	4.4	5.6
	选修课	2		1.2		32		1.2	
教育管理与研究课程	必修课	5	8.5	2.7	4.6	104	148	3.8	5.4
	选修课	3.5		1.9		44		1.6	
实践教学		30	30	16.5	16.5				
合计		181.5				2704			
说明	实践教学30学分，占专业总学分的比例为15.58%。不包括课程教学中的实践部分。								

八、课程设置表

（一）公共基础课程

课程代码	课程名称	理论学时	实践学时	学时总/周	学分	授课时间（学期）
	思想道德修养与法律基础	39		39/3	3	1
	马克思主义基本原理	32		32/2	3	2
	中国近现代史纲要	32		32/2	2	3
	毛泽东思想和中国特色社会主义理论体系概论	24	24	48/3	3	3
	毛泽东思想和中国特色社会主义理论体系概论	24	24	48/3	3	4
	形势与政策	16		16/2	2	1
	大学生心理健康教育	10	6	16/2	2	1
	书写技能 I	3	10	13/1	1	1
	书写技能 II	6	10	16/1	1	2
	书写技能 III	6	10	16/1	1	3

续表

课程代码	课程名称	理论学时	实践学时	学时总/周	学分	授课时间（学期）
	书写技能Ⅳ	6	10	16/1	1	4
	书写技能Ⅴ	6	10	16/1	1	5
	书写技能Ⅵ	6	10	16/1	1	6
	大学体育Ⅰ（田径运动）	8	16	24/2	1	1
	大学体育Ⅱ（球类运动）	10	22	32/2	1	2
	大学体育Ⅲ（球类运动）	10	22	32/2	1	3
	大学体育Ⅳ（健美操）	10	22	32/2	1	4
	大学体育Ⅴ（中国传统体育）	10	22	32/2	1	5
	大学体育Ⅵ（体操）	10	22	32/2	1	6
	音乐基础Ⅰ（乐理、视唱练耳）	8	16	24/2	1	1
	音乐基础Ⅱ（乐理、试唱练习）	10	22	32/2	1	2
	美术基础Ⅰ（素描、色彩）	8	16	24/2	1	1
	美术基础Ⅱ（图案、平面设计）	10	22	32/2	1	2
	舞蹈基础Ⅰ	8	16	24/2	1	1
	舞蹈基础Ⅱ	10	22	32/2	1	2
	军事理论		2周		2	1
	合计	322	354	676	38	

（二）学科基础课程

1. 学科基础必修课程

课程代码	课程名称	理论学时	实践学时	学时总/周	学分	授课时间（学期）
	小学教育心理学	32		32/2	2	2
	小学儿童心理学	48		48/3	2	3
	语言基础Ⅰ	24	12	36/3	2	1
	语言基础Ⅱ	26	6	32/2	2	2

311

续表

课程代码	课程名称	理论学时	实践学时	学时总/周	学分	授课时间（学期）
	实用写作基础	22	10	32/2	2	5
	大学英语Ⅰ	30	6	36/3	2	1
	大学英语Ⅱ	40	8	48/3	2	2
	大学英语Ⅲ	35	13	48/3	2	3
	大学英语Ⅳ	35	13	48/3	2	4
	社会科学概论	32		32/2	2	3
	自然科学基础Ⅰ	32		32/2	2	5
	自然科学基础Ⅱ	16	16	32/2	2	6
	合计	372	84	456	24	

2. 学科基础选修课程

课程代码	课程名称	理论学时	实践学时	学时总/周	学分	授课时间（学期）
	经典文学作品鉴赏	32		32/2	2	5
	中国传统文化概论	24		24/2	2	1
	数学思想方法	32		32/2	2	6
	中外教育简史	24		24/2	2	8
	合计	112		112	8	

（三）专业基础课程

1. 专业基础必修课程

课程代码	课程名称	理论学时	实践学时	学时总/周	学分	授课时间（学期）
	文学史Ⅰ	32		32/2	2	2
	文学史Ⅱ	32		32/2	2	3
	文学史Ⅲ	32		32/2	2	4
	解析几何	26	6	32/2	2	4
	高等代数	40	8	48/3	3	3

续表

课程代码	课程名称	理论学时	实践学时	学时总/周	学分	授课时间（学期）
	概率统计	26	6	32/2	2	5
	微积分	24		24/2	2	1
	实用英语基础Ⅰ	2	30	32/2	2	2
	实用英语基础Ⅱ	16	16	32/2	2	3
	钢琴基础Ⅰ	8	8	16/1	1	3
	钢琴基础Ⅱ	6	10	16/1	1	4
	声乐基础Ⅰ	8	8	16/1	1	3
	声乐基础Ⅱ	6	10	16/1	1	4
	少儿合唱与指挥	6	26	32/2	1	6
	绘画基础（色彩"水粉"、简笔画）	8	24	32/2	1	3
	绘画基础（中国画工笔、立体设计）	8	24	32/2	1	4
	绘画基础（中国画写意、简笔画）	8	24	32/2	1	5
	校园应用美术	8	24	32/2	1	6
	合计	298	224	520	28	

2. 专业基础选修模块课程

课程代码		课程名称	理论学时	实践学时	学时总/周	学分	授课时间（学期）
	文科模块	文学概论	20	12	32/2	2	6	文科和理科模块二者必选其一；选定模块后在其中选修8分
		朗诵与讲故事指导	10	22	32/2	2	5
		演讲与口才	16	8	24/2	2	1
		美学基础	24		24/2	2	8
		河南作家作品选讲	32		32/2	2	5
		英语语音	12	12	24/2	2	1
		英语视听说	32		32/2	2	5
		英语语言与文化	28	4	32/2	2	6
		英美文学	24	8	32/2	2	6
		英汉互译	16	16	32/2	2	5

续表

课程代码	课程名称		理论学时	实践学时	学时总/周	学分	授课时间（学期）	
	理科模块	初等数论	32		32/2	2	5	
		数学文化	24	8	32/2	2	6	
		小学数学研究	16	16	32/2	2	6	
		思维数学	8	4	12/1	1	8	
		计算机程序设计	16	16	32/2	2	5	
		DV拍摄与制作	10	22	32/2	2	5	
		实用电子技术	24	8	32/2	2	6	
		实用生物技术	24	8	32/2	2	6	
	合计		64	64	128	8	按平均课时计算	
	艺体模块	合唱	6	10	16/1	1	3—4	任选4分
		管乐	6	10	16/1	1	3—4	
		民乐	6	10	16/1	1	3—4	
		舞蹈	8	24	32/2	2	5	
		儿童舞蹈编排	10	22	32/2	2	6	
		弹唱综合训练	8	24	32/2	2	5	
		钢琴基础Ⅲ	10	22	32/2	2	5	
		钢琴基础Ⅳ	8	24	32/2	2	6	
		水彩画技法	8	24	32/2	2	5	
		水粉画技法	8	24	32/2	2	6	
		儿童版画技法	8	24	32/2	2	5	
		电脑美术设计	8	24	32/2	2	6	
		校园手绘设计	8	24	32/2	2	5	
		体育游戏	6	26	32/2	2	5	
		定向运动	6	26	32/2	2	6	
	合计		32	32	64	4	按平均课时计算	

（四）教师教育课程

1. 教师教育必修课程

课程代码	课程名称	理论学时	实践学时	学时 总/周	学分	授课时间（学期）
	小学教育学	48		48/3	3	4
	课程与教学论	26	6	32/2	2	5
	普通话与教师语言	16	16	32/2	2	2
	小学音乐课程与教学设计	16	16	32/2	1	3+
	小学美术课程与教学设计	16	16	32/2	1	4+
	小学体育课程与教学设计	16	16	32/2	1	5+
	小学语文课程标准与教学设计	24	8	32/2	2	6
	小学数学课程标准与教学设计	24	8	32/2	2	6
	小学英语课程标准与教学设计	24	8	32/2	2	6
	小学科学课程标准与教学设计	24	8	32/2	2	6
	小学综合实践活动设计	24	8	32/2	2	5
	小学品德与社会课程标准与教学设计	10	6	16/1	1	3+
	合计	268	116	384	21	

2. 教师教育选修课程

课程代码	课程名称	理论学时	实践学时	学时 总/周	学分	授课时间（学期）
	小学生作文指导	18	6	24/2	1	8
	教师专业发展（讲座）	4		4/2	0.5	3+
	特殊教育基础	12		12/1	1	8
	小学科技活动指导	6	18	24/2	1	8
	合计	40	24	64	3.5	

（五）信息技术与应用课程

1. 信息技术与应用必修课程

课程代码	课程名称	理论学时	实践学时	学时 总/周	学分	授课时间（学期）
	大学计算机基础	16	8	24/2	2	1
	ACCESS（文科艺体）	20	12	32/2	2	2
	小学数字媒体艺术与应用	20	12	32/2	2	2
	现代教育技术及应用	20	12	32/2	2	4
	合计	76	44	120	8	

2. 信息技术与应用选修课程（任选一门）

课程代码	课程名称	理论学时	实践学时	学时 总/周	学分	授课时间（学期）
	微课设计与制作	16	16	32/2	2	5
	机器人设计与制作	16	16	32/2	2	4
	合计	16	16	32	2	

（六）教育管理与研究课程

1. 教育管理与研究必修课程

课程代码	课程名称	理论学时	实践学时	学时 总/周	学分	授课时间（学期）
	学校组织与管理	24		24/2	1	4+
	教育科研方法	20	4	24/2	1	8
	班队活动设计与指导	24	8	32/2	2	6
	农村留守儿童问题研究	24		24/2	1	5+
	合计	92	12	104	5	

2. 教育管理与研究选修课程

课程代码	课程名称	理论学时	实践学时	学时 总/周	学分	授课时间（学期）
	教育测量与评价	28	4	32/2	2	5

续表

课程代码	课程名称	理论学时	实践学时	学时 总/周	学分	授课时间（学期）
	小学课堂管理（讲座）	4		4/2	0.5	8
	教育政策与法规（讲座）	4		4/2	0.5	8
	小学德育与班主任工作（讲座）	4		4/2	0.5	8
	合计	40	4	44	3.5	

（七）教育实践教学

课程代码	课程名称	学分	周数	授课时间（学期）
	军事理论及训练	2	2	1
	专业见习Ⅰ	1	1	3
	专业见习Ⅱ	1	1	4
	专业见习Ⅲ	1	1	5
	专业见习Ⅳ	1	1	6
	专业实习	18	18	7
	毕业论文（设计）	6	4	8
	合计	30		

后　记

《小学教师教育课程史研究》是河南省基础教育教师发展研究创新团队项目"乡村振兴下河南乡村教师发展研究"（编号：教师〔2022〕41号）阶段性研究成果。本书第一章、第二章、第四章、第五章由安阳师范学院教育学院魏臣宇撰写，第三章、第六章由安阳师范学院教育学院荆怀福撰写，第七章、第八章、第九章和结语部分由安阳师范学院教育学院黄思记撰写。最后，由黄思记做了全书的统稿工作。

本书出版得到安阳师范学院教育学院的大力支持，学院领导、教师为本书的撰写提供了难得的资料和建议；河南大学李申申教授为本书的撰写提出了很多宝贵建议，并亲自为本书写序；教育史、课程论等相关专家的研究成果是本书撰写的重要参考；光明日报出版社张金良、王佳琪两位编辑为本书的出版付出了诸多辛劳。付梓之际，在此一并感谢！

限于研究水平，本书尚存一些不足之处，恳请大家批评指正！

黄思记

2022年9月10日于安阳师范学院和展楼A座